陳建守 —————— ● ——— 主編

時代的先行者

改變歷史觀念的十種視野

目次 contents

代序
近代西洋史學200年

李弘祺

從上帝到自然法

如果把西方中古的思想拿來和文藝復興以後的近代思想作對比，那麼可能最大的區別就是近代人對某一個大家一向認同的真理（西方的基督教）的挑戰，努力想從那個真理得到解放。文藝復興和宗教改革是第一步。但是嚴格地說，這兩個「運動」雖然打開了新的思想方式，也使人發現宇宙的真理非常複雜，但是人們還是認為宇宙之間有一定的真理，只是這個真理是不是為基督教或梵蒂岡所擁有，開始有人提出懷疑就是。文藝復興的訴求使得很多人認為古典文明的美和文學乃至於哲學也能印證永恆上帝的真和祂的萬能，這就開始了擴大真理向度的嘗試；到了宗教改革，《聖經》的權威是不是只該由天主教會所壟斷被正式提到台前。主張改革的人對真理的範圍作出廣泛的挑戰。天主教會不得不作出相當程度的讓步。

科學革命時，許多《聖經》上一向被人接受的說法也受到挑戰。例如地球是宇宙中心的說法就是最有名的例子。雖然教會拒絕讓步，但是大多數的人在心中已經無法接受傳統的立場。許多古典的學說也同時被接受或復興，並由此產生更多的新理論。例如因為發現血液的循環，人們遂能開始進行各樣的外科手術，對生命基礎的解釋也因此漸漸地物質化，不再接受聖經或教會的壟斷說法。

雖然科學定理或理論往往與《聖經》的教訓矛盾，人們還是願意接受科學家的說法，因為科學的說法比較合乎邏輯或可以實驗證明。不管是清晰地揚棄過去的信仰，或在與信仰有衝突時，勉強選擇接受科學的說法，人們都繼續假定自然界有一個不容懷疑的真理或規律。這個真理或規律的內容應該是沒有內在的矛盾，井然有序地規範著自然界一切的生存和運動。這樣的信念基本上是從宗教界來的，但它也同時是人們內心所不斷期望的永恆的，而且可以讓人們安身立命的依靠。就是中國人從孔子到朱熹，也都相信這樣的一個「理」的存在，儘管他們所說的非常玄虛，但跟基督教《新約聖經》的「道成肉身」相比，其實也未必就更為神秘或深奧。冥冥中有一個「理」，它默默地維繫一切的秩序和運動。

因為相信宇宙有一定的規律，因此開始有了所謂的「自然法」構想，指這一個真理是一切自然的存在及運動的根本；它是永恆的、不會因為時間的運行而改變，而且人類會終於找到這些法則。從天主教或基督教的觀點來看，「自然法」的存在可以用來證明一個無所不知、無所不能的上帝的存在；上帝制定了「自然法」來作為宇宙一切創造物可以依循的法則。這樣的信念在十七、八世紀非常流行。它顯然是科學革命時代的產物。當時，許多思考人類社會的道德規律或倫理法則的人們也因此認為宇宙間有一套系統的社會法則可以遵循，來建設完美的政府、社會及經濟活動。霍伯斯（Thomas Hobbes）、洛克（John Locke）、伏爾泰（Voltaire）、乃至於亞當斯密（Adam Smith），莫不是如此。雖然他們都不是一般天主教或基督教的信徒，但是都接受自然法的信念。

自然法的觀念因此是十七、八世紀最重要的代表性思維假設，是以前西方人所沒有仔細探討過（自然法的概念早在羅馬共和時代就已經有西塞羅〔Cicero〕等人提出），但是它變成主流思潮是在十七、八世紀。這就是歷史學家所說的啟蒙時代。對這個時代的思潮探討得最深刻的哲學家就是康德（I. Kant）。康德為了支持客觀的永恆真理的想法，還曾經提出過建造人類永久和平的藍圖，可見他擁抱永恆真理的熱誠和信心。雖然他認為人類在觀察和描繪事物（用現代的說法就是對客觀實體的再現）時，不可能真正準確，也無法參透什麼是他所觀察的對象的本真。但是他認為倫理還是可以準確地加以實踐，並且因為人的倫理生活會與人對永恆的倫理法則的憧憬相互作用，而建設起客觀完美的理性世界（就是所謂的「實踐理性」）。這也就是永久和平的到臨。

康德的這種想法是「自然法」思潮最高峰時代的產物。我們可以認為十八世紀思想家們的想法與中古時代相信上帝和上帝所立的一切律法有一脈相承的特點。因此貝克（Carl Becker）就認為啟蒙時代不過是中古時代的延續而已。這樣的說法在上世紀中葉頗為流行。不管如何，啟蒙時代的思想以「自然法」為它的基礎，這一點沒有爭論。

德國史學：歷史主義

就在歐洲盛行啟蒙的自然法思想時，在德國卻開始了一種新的歷史哲學。他們認為人間的種種價值，都是相對的，在歷史的過程中，沒有一個完美的、大家都遵循的法則或目標。各民族或文明都是他們各自歷史的產物；歷史經驗不同，自然發展出不同的理想和價值或世界觀。德國的經驗與其他國家（特別是法國）不同，因此德國人的歷史和對歷史的看法就自然與其他國家不同。提倡這種看法最著名的人就是赫德（J. G. Herder）。他寫了一本書，書名就叫做《另一種人類教養的歷史哲學》（*Auch eine Philosophie der Geschichte zur Bildung der Menschheit*，英譯通常把「人類教養」四個字略去），反映了他對當代主流歷史意識的不同看法。

赫德的看法帶有強烈的相對主義色彩，但是他認為文明發展，途徑雖然不同，但是它們相輔相成，始終是一個美好的歷程，這些文明就像英國花園一樣，色彩繽紛，表面上看不出規劃的痕跡，但是合而觀之，則展現出美好的和諧，令人嘆為觀止。這個樂觀的看法當然是赫德個人的願望，是讀書人的幻想。果不其然，後來的德國發展出強烈的民族主義（也稱國家主義，因為德國思想家認為同一個民族組成一個國家乃是最合乎人性倫理的做法），歸根究底就是這種文明相異是合理而美好的想法。

德國思想家這種見解，使她從啟蒙時代對普世價值的理想和信仰裡解放出來，開始追尋德國文明或民族的獨特性。既然各國的歷史不同，各國追求的自己的價值便沒有高下之分，而且也幾乎沒有普世的價值。雖然有些人對這樣的思想方法產生疑慮（例如黑格爾〔Hegel〕就應用歷史發展的學說來配合理性的觀點，認為歷史結束時，正是理性完全展現的時刻）。用歷史來解釋人類活動的方法很快的席捲了思想界，而大家也漸漸接受歷史相對性的說法。我們常常說歷史學是十九世紀的顯學就是這個原因。從十九世紀末葉開始「歷史主義」（Historismus; historicism）的名詞就開始出現（波普爾〔Karl Popper〕的「歷史定命論」也叫做「歷史主義」，但在這裡我就不討論這一個插曲。另外，五十年代中國也有「歷史主義」的用詞，而最新的文學批評界又有「新歷史主義」的思潮，這些也都因為與我的討論無關，因此不在這裡論列），基本上就是指用歷史來解釋人類的活動，並認定人類文明的發展方向都是歷史局勢的產物；人類沒有一個共同的歷史。

歷史主義雖然是解釋歷史發展的哲學，但是它很快地就影響了各樣人文學科的方法論。很簡單地來說，受啟蒙思想影響的政治學或社會學，它們都重視如何找到政治或社會活動的通例（共同的規律或原理），並引伸來定義什麼是所有的政治或社會可以永久遵守的倫理原則。但是在歷史主義影響之下，大家漸漸地接受說，沒有任何遊戲原則是永恆的，人類的政府、組織、或團體都是時勢（歷史）的產物。凡是研究人類的行為，我們都應該用歷史的眼光，並且接受說一切的事物都會因為時間的推移而改變。雖然大家不願說沒有真理，但是這樣的認識恐怕是避免不了的。我記得彼得・蓋伊（Peter Gay）的書（大概是他寫的有關威瑪社會那本書）曾經被《美國歷史評論》（*American Historical Review*）評說是在宣示不相信有歷史真實的觀點。他馬上寫信回應說他是屬於「新歷史實在論」（New historical realism）的看法，否認歷史不可能找到真實／真理的說法。歷史主義的見解的確很容易誤導人們以為是相對主義，而一般的歷史家如果被視為帶有相對主義的想法，馬上就會出來否認，並表示自己還是相信有歷史的真實及真理。

從歷史主義興起以後，許多學者在研究社會時，就開始注意要加入歷史的向度。這樣的發展，使十九世紀以後的社會或政治學變得與啟蒙時代非常不同。可以說，從前人們接受永恆的真理，相信它不會因時間而改變，但是到了歷史主義興起之後，大部分的思想家不得不接受人事是「變動不居」的看法。鮑默（Franklin L. Baumer）在他的名著《歐洲近代思想史》（*Modern European Thought*）中，因此認為近代西方思想的特色就是從「（永恆的）存有」發展成為「（變動不居的）變遷」，用英文講，就是“from Being to Becoming”。

歷史主義的式微

德國的歷史主義雖然因二戰結束而衰微，但是它的影響已經超越了國界。像科林烏（H. G. Collingwood）、克羅齊（Benedetto Croce）都有歷史主義的色彩。當然，對歷史是不是能找到真相感到懷疑的人並不都是受到歷史主義的影響，像上面提到的貝克，以及另一位美國著名歷史家畢爾德（Charles Beard）也都提出他們的懷疑，但是大部分的歷史學者都逃不掉對歷史研究是不是可以達到真實感到懷疑。到了七十年代，這些疑問激起了歷史方法能否客觀的極大辯論，而同時諾維克（Peter Novick）也寫了一本有趣的研究，題為《那高貴的夢》（*That Noble Dream: The "Objectivity Question" and the American Historical Profession*），總論前此美國歷史界對「客觀歷史」問題的各樣討論，說他們所追逐的不外是一個「高貴的夢」而已。我提到這本書，主要是為了它的最後一句話：「耶路撒冷沒有了國王，人人各行其是」。這句話引自《舊約聖經》，的確會令讀者感到極大的震撼。

二次大戰結束，歷史主義的說法開始受到批判，同時，西方學者繼續希望理出歷史知識的本質，以及描述真實的方法。在這方面用心的人非常多，面向也非常廣。但是他們大多還是承襲歷史主義的兩個重要的論述：第一是歷史相對主義，第二是政治社會的知識必須仰賴歷史方法。從五十年代到八十年代左右（諾維克的《那高貴的夢》出版於1978年），討論歷史學的書層出不窮，從宏觀著手的學者，賡續的是早期史賓格勒和湯恩比的方法，多以玄想、類比及歸納方法。但是更多的學者則以細密的、由其他學科得到的理論來解釋大、小文明的發展。然而，由於如何借用其他學科的理論來解釋歷史（文明）的興衰，還沒有成熟，因此繼續史、湯等人的宏觀研究的人就因此缺乏更為令人信服的方法。有趣的是宏觀研究的歷史家們到了最近二十年卻突然增加了不少人。我留待下面再舉例討論這類以全世界為他們研究對象的歷史著作。

更多研究歷史理論（或歷史哲學）的人則用比較微觀的方法，來繼續討論歷史知識的本質以及其可能。這方面的作品的確很多，我也不必在這裡敘述。它們很多與哲學上的認識論有密切的關係。但是它們的內容有時非常複雜，不是一般歷史學者所希望耗費時間去思考的。進一步說，這一類的思考與歷史學者從史料尋覓線索的實際做法，往往南轅北轍，因此許多歷史學者對他們的努力感到十分不耐煩。到了七十年代終，這方面的作品突然急速消失。其原因應該是大家都身心俱疲，摸索不出什麼新「典範」（paradigm），因此只好放棄。說起來，我用典範這個字，其實也是當時開始流行的一個術語，是研究科學史的孔恩（Thomas Kuhn）所提倡使用。他對科學史的研究貢獻不小，但是正統的科學家們對他的理論則並不重視，例如楊振寧有一次在香港中文大學參加座談會，便說他讀過了孔恩的書，甚至讀了兩次，但是覺得無法了解，而且感到孔恩所說的科學研究與楊振寧自己的實際經驗完全談不上關係。

正規歷史學者因此逐漸與探討歷史哲學的人分道揚鑣，雖然他們常常感到他們研究的「真相」與人類社會的日常經驗不一定完全一致，但是大部份人還是覺得歷史學者如果放棄追求真相的努力，那麼整個學問將會因為缺乏正當性，而完全崩潰。因此他們就開始大量引用其他學科的結論或方法來輔助自己的研究，並希望因此得到一種比較可靠，也與其他學科的發現可以相互印證的結論。

以上這一段可以簡單總結如下：二次大戰以後，德國歷史主義的影響式微，但是相對主義的陰影猶存，許多人努力希望從「變遷」的面向來重新出發，以了解及定義歷史學的本質及歷史知識的可能性。但是許多研究雖然十分深入，經常假手複雜的哲學理論，卻無法真正幫助歷史學者的實際工作，因此受到歷史學者們的質疑。於是繁榮了約三十年的歷史哲學或歷史學方法論的研究，到了八十年代以後就銷聲匿跡了。歷史學者對歷史哲學的興趣灰飛煙滅，從此分道揚鑣，各自就自己的實際研究經驗來繼續維護歷史學的正當性。

二次大戰以後歷史研究的多元性格

歷史學者對二次大戰之後的史學理論失去信心，重新回去實際的研究工作。這個現象有兩重意義：一個是對相對主義的拒斥，另一個是對各樣其他學科理論的引用更為廣泛，更為周延。我現在從第一點說起。

如上所說，歷史是一個求真的學問，因此如果歷史學者承認說他們無法求得完全客觀的歷史，那麼這豈不是等於要否定歷史研究的正當性？歷史主義有一個令人覺得困惑的特色，就是它從另一個角度來說是會導致價值相對的結論。歷史研究的結果是我們把所有文明的發展都當作是不可避免的歷史發展的結果，因此各文明的價值會不同，而它們也因此沒有高下之分。然而這個說法也等於是宣判歷史學死刑。換句話說，從認識論上以及從價值觀上來看，相對性都不斷地挑戰歷史研究，而由於它們對實質的歷史研究並無用處，因此歷史學者感到無法接受。而其結果是正統史學家拒絕繼續參與歷史哲學的討論，而只提倡嚴肅的歷史工作本身，認為努力對歷史事實作出令人滿意的敘述就是歷史學者的唯一任務。他們不再去問什麼纔是真實性，或客觀性。

這樣的發展其實有好有壞，因為我個人不相信歷史認識論的探討可以完全「括弧起來」存而不論（胡塞爾想跳過康德對實體〔物自身〕的交纏，所以提倡把這樣的問題存而不論）。事實上，這些年來，許多思想家的確希望迴避知識論的困窘，而嘗試從其他方面來定義歷史的本質。但是這些努力——像「歷史敘述」的討論，或「計量歷史」的方法等等，不一而足——也很難蔚然成風。有些人看到近代統計學的發達，就想用計算機來收集一切相關的統計資料，相信一旦收集完成，借用電腦的分析、計算，就可以對歷史發展的趨勢作出完全可靠、完全客觀的結論。這樣的想法和十九世紀末年的艾克頓公爵（Lord Acton）的幼稚想法有何不同？

排斥相對的看法固然是大部分史家內心的自我安慰，但是許多作者還是說自己的作品只是「一種」解釋。這就顯出歷史學者們的模稜兩可。早年的畢爾德說自己對美國憲法的書是「一種解釋」，彼得・蓋伊也說自己對啟蒙時代的書是「一種解釋」，眾多的世界史的書都自稱是「一個世界史」（讀為「一個」「世界史」，a world history；而不是「一個世界」「史」，history of a world）而不敢說是「〔唯一正確的〕世界史」（the world history或the history of the world）。這樣的曖昧給一些對哲學或思想史有興趣的人留下了一點繼續發展的空間。

現在就第二點來評論。顯然地，所有研究歷史的人都體認歷史學是一門有正當性的學問。但是大家都覺得一般的歷史方法有很多不足，需要用其他學科的方法來加以補足。當然，借用其他學科的方法或觀念來輔助歷史研究，這個情形從近代社會科學（十九世紀的孔德〔August Comte〕、涂爾幹〔Emile Durkheim〕等是有名的例子）發達以來，便常常有人主張，或至少默默地在作。這種情形在法國最明顯；二十世紀初年，有一個「綜合史學」（Synthese historique）的觀念興起，以貝爾（Henri Berr）為代表，這就是一個例子。他特別強調歷史學與社會學的整合，後來這一個思潮被年鑒（Annales）學派所承續發揚，成了二十世紀非常重要的史學運動。

但是大量從事跨學科的歷史研究還是要從拆除史學所沿襲的研究方法來開始。歷史主義的學術相當提倡史料的考據及辨別，以及用傳統語言學（以及其他所謂輔助科學，像錢幣學或碑刻文字的使用等等）的方法來考訂年代及源流，但是這一類的研究固然非常有趣，卻往往見樹不見林，因此在歷史主義大興之後，從事基本史料的收集、斷代及判讀已經顯得不夠，尤其在提出結論時，視野往往不如社會科學學者的有說服力。二次大戰之後，西方的學者們遂開始系統地從事跨學科的研究，從社會學，人類學，經濟學或政治學等處汲取靈感，以便對一定的歷史現象作出更為周延的解釋。這種情形在經濟學上面極為活躍，但是經濟學固然有很多的理論，在實際研究成果上，往往局限於工業革命以後經濟發展的題目，而工業革命前的經濟活動，由於缺乏數據記錄，因此研究的結果往往缺乏說服力，而被人放棄。

今天經濟史差不多是被當作經濟學的一部分，而專業史家往往無法真的能從中取得完整或系統的理論。另一方面，由於經濟活動是人類生活非常重要的部分，因此歷史學家不能隨便放棄探討經濟活動對歷史發展的影響。許多學者借用馬克思的理論，加以擴張，提出一些對世界史的解釋，倒也頗入人心。像霍布斯邦（Eric Hosbawm）、湯普森（E. P. Thompson）等對馬克思史學都有重要的發揮。布勞岱（Fernand Braudel）雖不算是馬克思主義的歷史家，但是他對地中海的商業及經濟網絡的描述以及對資本主義在世界史發展的探討都相當震撼人心。當然，有的史家因為過分被理論所綁架，以至於很快被否定。例如華勒斯坦（Immanuel Wallerstein）的

「世界系統」理論是最有名的例子。最近有些學者提出所謂大分流（the great divergence）的說法，指出十八世紀以前的世界，以中國的經濟力量為最大，十八世紀以後，這種情形才被改變。這個理論在中國（以及部份的臺灣）學界很受用，可以了解。當然，大分流的說法與馬克思史學沒有直接的關係，但是著力點（經濟力量決定人類歷史的發展）當然與馬克思史學的基本假設是一樣的。換句話說，差不多現在所有的歷史學者都接受了經濟力量是人類歷史活動及文明創造的基本動力。

我必須順便指出，引用經濟學的理論來研究歷史的，歐洲似乎比美國多，不管是研究小的歷史現象或探討人類歷史的大趨向（例如最近的弗格森〔Niall Ferguson〕或稍早的甘迺迪〔Paul Kennedy〕）很多都是歐洲（特別是英國；北歐可能也是如此）的學者或來自歐洲的背景。

社會學和人類學對史學的影響僅次於經濟學，至少這是我的感覺。如果回去看1980年以來這三十年間，那麼可以看出李維史陀（C. Levi-Strauss）、布赫迪厄（Pierre Bourdieu）及紀爾兹以及哈伯瑪斯（J. Habermas）等人類學或社會學學者都對歷史研究（或解釋）有可觀的影響。受到各種社會學或人類學的影響，社會史變成了相當引人的歷史研究路線，發展十分蓬勃，從婦女史、黑人史、到家庭史、性別史或地域／城市史，不一而足。其中最多人從事的不外是婦女史（以及跟著發展的性別史）及地域史（研究的常常是有特色的城市或農村的歷史）。例如史考特（Joan W. Scott）對婦女史這個課題的推動就產生莫大的影響。至於對地方史的研究，例子更是不堪枚舉。這裡只需提到瑟恩思忒隆（Stephen Thernstrom）、佛瑞利希（Christopher R. Friedrichs）對城市史的研究（其實還可以提到1961年孟佛德〔Lewis Mumford〕所出版的開山名著）以及在農村史成名的勒・華・拉杜里（E. Le Roy Ladurie）和年鑒學派的許多知名學者（早年的布洛克〔Marc Bloch〕也應該提到；雖然他早在二次大戰就被蓋世太保所殺，但是他的作品都是在戰後十多年才翻成英文，而開始產生廣泛的影響）。

事實上，幾乎可以說，基本上是受社會學訓練的人，如果他們觸及近代以前的課題，寫出來的書一般都會吸引歷史學生（以及他們的老師）的注意。而注意社會課題的歷史學者所寫的書，一般也會吸引社會學者的興趣。後者著名的學者有如提利（Charles Tilly）、史東（Lawrence Stone）、傅柯（Michel Foucault；傅柯似乎不該在這裡提到，後面再說明）等人。

至於政治學對歷史學的影響，這就不必多說了，因為傳統歷史研究都離不開宮闈或貴族的政治生活，而就是歷史主義的學者，他們所關心的也是以國家為人類生活（特別政治生活）最基本的單位，因此也還是以政治史為中心。同時，政治史的作品也一向最能吸引人，不會像經濟史，充滿統計表格或數目字，讀之乏味。在我看來，近來以政治史自居的學者也大幅減少。近數十年當中，可能只有英國史家埃爾頓（G. R. Elton）算是對傳統的歷史學，特別是政治史提出捍衛的學者。但是他的影響在美國不是很大，而觀點也顯得過時。但是研究美國政治歷史的學者卻為數不少，而且也常常寫出十分吸引人的作品，其中以人物傳記為最多。但是這裡必須指出，這一類的作者往往不是專業歷史學者，以致他們經常受歷史學者所排斥。我個人對這樣的情形非常不解，但事實便是如此。例如撰寫美國獨立戰爭時代以及一般美國歷史的麥卡勒（David McCullough）就是一個典型的例子。他雖然得過兩次普利茲獎，但是由於他「只是一個作家」，而不是專業歷史學者，因此在歷史圈子裡，並不受推崇（可能也是因為他並不從事第一手資料的收集、研讀與解釋）。以我自己有限的了解來說，二十世紀以來，對美國歷史的解釋而受到廣泛的尊敬或重視的（指歷史學界）有如米勒（Perry Miller，成名於二十世紀中葉，現在已漸漸被淡忘），戴維斯（David B. Davis；專研究奴隸制度），傅斯－傑諾維斯（Elizabeth Fox-Genovese；美國南方史，婦女史；對南方史的研究挑戰之前最有影響力的吳德我〔C. Vann Woodward〕），霍夫施塔特（Richard Hofstadter；研究早期美國的進步史觀歷史學者，該書至今仍為範本），凱南（George Kennan；影響了二十世紀後半美國對蘇聯的敵對外交）、史列辛格父子（Arthur Schlesinger, Sr. & Jr.，父親研究社會史，強調經濟因素，兒子是甘迺迪總統的最重要代言人，代表自由主義觀點。父子兩人提倡美國東部在早期歷史發展中的重要性，挑戰特納〔Frederick Turner〕有名的「邊界說」）、津恩（Howard Zinn）等等，都各有所見，在專業史家的眼中遠勝於像麥卡勒這樣的「暢銷書作者」。

雖然美國專業史家強調歷史研究的基本功夫，也重視象牙塔的寂寞工作，但是近數十年當中，歷史學者參與社會運動的也很不少。事實上，我們幾乎可以說婦女史及奴隸史的發達，乃是自由派歷史家的良心推動的結果。而一般對社會公益問題的關係也反映了美國歷史學者的參與性格。例如本書中的休斯克（Carl Schorske）從小就對社會主義運動不僅關心，而且身體力行去做宣傳。又如1970年代，後現代史學家懷特（Hayden White）就曾經去加州法院控告職業學生的活動。相對地，歐洲的學者則比較缺乏這種社會參與的興趣或心態。這兩個課題的研究在歐洲就不是那麼風行：研究歐洲婦女史的司探柏格（Mary Spongberg）是澳洲人，在澳洲教書；研究古希臘和羅馬的奴隸史的布萊利（Keith Richard Bradley）雖是英國人，但在美國發展。可見一般。

從這個角度看來，在本書中介紹的艾波比（Joyce Appleby）相當程度地代表了美國的婦女史學家的性格。她的專長是美國史（早期政治思想史），但是也對歷史方法論有相當的興趣。她與其他兩位女性史家所合編的《分辨歷史的真相》（*Telling the Truth About History*，中譯本翻為《歷史的真相》）流傳頗廣，引發許多注意。她們的警告或忠告非常實際，那就是不否認歷史真相的難以搜尋，但是強調歷史還是值得追求，即使追求不到，光是追求的過程也已夠令人欣慰和滿足。我認為他們的思考並非特別深刻，只是他們認真地替歷史學問作辯護，可提出的說法不是很周延就是。事實上，歷史哲學的沉思已經無法滿足超越故紙堆中的工作的歷史學家，所以歷史學家們似乎有一種轉而希望創造歷史的衝動。就像十七世紀的維科（G. B. Vico）說的，自然（物理學的研究對象）是上帝創造的，因此只有上帝能了解它，而歷史是人所創造的，所以只有人能了解它。近來許多歷史學者，研究一個題目的同時，也常常參與與該題目相關的社會活動。他們似乎認為惟其如此，不足以了解自己研究的對象。於是歷史家熱心參與社會活動，常常主張改革，這些活動自然與歷史的研究和解釋合而為一。本書中收入的戴維斯（Natalie Davis）女士的表現（跨足電影製作，以及寫作關於女性史的作品；雖然他自己研究的是法國近古史）也是有名的例子，可與艾波比相互輝映。而另一位女歷史學家，葛爾達・勒納（Gerda Lerner）更是一個以積極參與社會運動為職志的學者。一個人對歷史的描繪當然與他所希望創造出來的世界有關，因此很多歷史家都會參與政治社會的活動或至少對政策發言，希望他所提出的歷史解釋正與他所憧憬的未來理想世界相互共鳴。這種情形在過去三、四十年間非常明顯。

我最後講的這個觀念（歷史是史家與研究的對象間的不斷對

話）還不是很普遍的說法，因此我就暫時在這裡打住。重要的是西方史學界（特別是在美國）在過去這三、四十年間有了非常重要的變化。學者們一方面認為歷史的本質和求真的可能性遠遠超過歷史哲學家們的能力所能處理，這是一個重要的改變。另一個改變就是歷史學家們更廣闊地借用其他學科的理論來探索歷史的真實或解釋歷史的現象。從經濟學到社會學、到人類學、到政治學，不一而足，這就使歷史研究的範圍大為擴大，廣及於女性、平民或奴隸歷史的研究。但是這樣的範圍卻引發了究竟歷史學是一門學問與否的辯論（很多是歷史家自問自答），而它是不是有一致的問題意識與問題方向的這個基本問題也被提到台前來。另外，顯然地，歷史學在二十世紀的末葉，頗有「政出多門，莫衷一是」的樣子。雖然歷史學者們並沒有放棄他們繼續研究歷史或寫作歷史的責任或興趣，但是百花齊放的情形，總不免令人擔心是不是呈現出可以尋覓的條理或具備有一貫性。

後現代主義與思想史

上一段所提到的「政出多門，莫衷一是」是後現代主義思想的寫照。後現代主義其實與歷史主義在思想上面有相通的地方，都是起自對啟蒙思想的反動。否認有永恆不變的真理，認為這些真理都是十八世紀、死了的白男人（dead white male）創造出來的，現在就應該推翻他們，轉而迎接女人、黑人（以及黃種人）、窮人、同性戀者的世界觀和他們的歷史。歷史主義的相對觀，現在具體地體現在不同的「文化」議題上面，加上許多學者主張應該廣泛研究社會各階層、或各種族的生活方式（性別的不同及其衍生的世界觀的不同、儀式行為、心態史〔histoire des mentalités〕乃至於意識形態〔ideology〕）的歷史，於是文化史就成了一個被很多人稱道的研究歷史的方法。劍橋大學的柏克（Peter Burke）算是一個最能用淺顯的文字來宣揚文化史的學者。但是由於各「文化」的觀點分歧很多，所以就有了所謂的「文化戰爭」，充分反映出那種眾說紛紜，各行其是的紛亂。

後現代主義的思想因此挑戰上一段所說的歷史學者的自我感覺良好——把歷史知識的本質「括弧」起來，存而不論。如上所說，我對《分辨歷史的真相》一書感到不是很滿意，就是因為它的作者們與挑戰歷史知識或價值的理論的人之間的對話，事實上是站在不同的層次上面，而後者很多是後現代主義的思想家，他們常常在理論的深度上遠遠勝過艾波比等人。從1970年代開始，懷特（Hayden White）、拉卡普拉（Dominique LaCapra）乃至於提倡新歷史主義的葛林布萊（Stephen Greenblatt）都廣義地屬於後現代主義的學者（懷特曾親自對我說他接受後現代主義的稱謂），雖然他們在歷史學界的地位常常受到排擠，但是畢竟對歷史思想有相當的影響。有趣的是他們都與文學批評理論有相當的關係，拉卡普拉和葛林布萊都接受文學批評裡的「批判理論」（critical theory）；而懷特曾被邀請在拉卡普拉主持的「批判與理論夏季學校」（School of Criticism and Theory）講課。他們兩人都使用「比喻」（trope）的觀念。這裡應該注意的是批判理論雖然是這幾個人的努力才得以發展成目前西方歷史理論的一個風潮，但是它承受的影響實在是來自上面提到的傅柯。傅柯當然比上開三個人對歷史界的影響更為明顯。他的「論述」（discourse）就像孔恩的「典範」一樣，已經變成了一般史家常用的觀念。

與後現代主義有密切關係的還有像費許（Stanley Fish，事實上，他寧可被認為是反基礎主義者〔anti-foundationist〕）。他也是從文學批評出發，不願意隨便放棄其他學科得到的靈感。結果使得他對史學思想的影響受到限制。我在這裡之所以提到他，主要是希望帶出思想史（intellectual history；或譯為智識史）的問題。思想史在十九世紀後半、西方史學成為大學學科的一支以來，就已經有許多人研究。但是它形成一種自覺的研究及寫作方法卻得等到上一世紀的中葉之後。就思想史的研究方法言之，大概所有的學者都一定會接受它與哲學史相仿的說法，而處理的範圍更大。進一步說，一般思想史的學者，都接受歷史的背景是了解思想（或觀念）形成的重要脈絡，因此一定要把思想或觀念發生時的歷史境況當作背景或脈絡一併加以考慮。五十到七十年代在耶魯教授思想史的以鮑默為最重要。他所寫的有關思想史方法的論文當年頗為流傳，與勒夫喬（A. O. Lovejoy）在三十年代所提倡的觀念史（history of ideas）相互發明。總地來說，最近研究思想史的人都免不了在寫一個時代的歷史環境如何影響人的思想。另外，寫整個歐洲思想史的最近似乎比較不很流行。在這種情形下，帕利坎（Jaroslav Peliken）的《基督教教義史》（*The Christian Tradition: A History of the Development of Doctrine*）應該可以當作是一個異數，而影響深遠。我就很欣賞他提出的「以歷史來克服歷史」的說法。這句話的含義是什麼，這裡就不討論了。

在美國，思想史在二十世紀下半葉也受到許多從歐洲來的難民學者的啟發和影響。卡西勒（Ernst Cassirer）、克里斯特勒（Paul O. Kristeller）、洛維特（Karl Löwith）等人（以上三人都是猶太裔；這裡或許也應該包括研究極權主義的鄂蘭〔Hannah Arendt〕，她也是猶太裔德國人）都是有名的代表。克里斯特勒是著名的班頓（Ronald Bainton，專研究路德及宗教改革）引介到耶魯大學的，後來在哥倫比亞大學教書到退休。他對文藝復興時代的人文學問鑽研甚深，影響至大。本書中；另外收有晚近成名的布朗（Peter

Brown）。布朗也是歐洲的背景（愛爾蘭）。他對基督教早期神學（特別是奧古斯丁）的研究非常出色，立論非常新穎，惹惱了不少保守的基督教神學家（特別是*Augustine of Hippo* 2000年修訂再版之後）。以上這些人都對美國的歷史學界產生了莫大的影響。當前美國的思想史家或許應以葛睿夫頓（Anthony Grafton）為最有名。他研究近古歐洲思想史，對歷史學的方法也有相當的興趣，寫有十六、七世紀的史學方法論，很受歡迎。

英國歷史學者一向對政治思想史著述甚多，例如史金納（Quentin Skinner）就是有名的例子。而二次大戰中以難民身分來到英國的學者則對這個局面做了擴張的貢獻。柏林（Isaiah Berlin；柏林抵英的年代較早，但原因也是逃避反猶太主義）、莫米利亞諾（Arnaldo Momigliano；逃避意大利的反猶太主義）最為有名。柏林在西洋思想史上的成就，在二十世紀無人能出其右；他對維柯、馬克思等人的解釋都是當代研究者的範本，左右了一整個世紀西方學者的看法。莫米利亞諾在劍橋大學執教，布朗以及葛睿夫頓都曾經受過他的教誨。

世界史的視野

上面說過，戰後到二十一世紀初年，歐洲（特別是英、美）之間，歷史理論曾經興盛了很短的一段時間，但是到了八十年代，歷史學者對莫衷一是的歷史理論學說和討論已經感到疲乏，而轉向懸殊就歷史而言歷史。這樣的情形使得諾維克所說的「人人各行其是」變成了歷史學的正常現象，沒有一個統一的觀點或真理，甚至於沒有一致的歷史方法。這個情形一方面等於是宣佈歷史哲學的破產，另一方面也是因為在宣示自己學術的正當性時缺乏統一的看法。這是目前歷史學界的繽紛而「百花齊放」的情況。我個人對這樣的情形其實感到十分不耐，因為「分殊」畢竟不能視為常態，即使對一統的真理沒有信心，至少必須有一個內在的程序規則，以聯繫這些不同的關心、方法、和價值（乃甚至於各自標榜的「真理」），提供一個討論的平台。

既然歷史學術有點莫衷一是，至少有一些學者在從事宏觀的努力。這就是世界史的研究和寫作。嚴格言之，從世界史的研究想要理出一些歷史的規律或發展的模式，這樣的努力可以說是在基督教史學（特別是受奧圖〔Otto of Freising〕的末世觀及七段分期說以及波舒維〔J. J. Bossuet〕的影響者）開始式微以後，新興的一種課題。鞏多塞（Nicholas de Condorcet）在十八世紀末提倡十段說就是一個例子。他對人類文明進步的動力（特別是工技、物質以及隨著發展的文化與藝術）深信不疑。到了二十世紀，當然以史賓格勒和湯恩比最有有名。他們都認為文明的興衰過程顯出有一定的規律，並悲觀地認為西方文明已經開始走向衰亡。史賓格勒認為精神的價值和奮鬥是「文化」（他所用的歷史單位）能持續，並不衰落的根本動力，因此只發展技術和工業不足於防止西方文化的覆亡。但是不管如何，一切文化都很難逃避陷入它的冬天。湯恩比的世界觀比史賓格勒更為悲觀，認為「文明」（湯氏所用的歷史單位）的過程幾乎是循環的，只有發展出一種更為高級的宗教才能解救一個文明覆亡的命運。後者的理論層次比史賓格勒較為簡明，但是一樣對現代（特別是西方）文明缺乏精神層面的價值感到憂心。

史賓格勒和湯恩比到了二次大戰以後就遇到很多人批判，以至於基本上被逐出歷史學術的大門。但是在這樣的時代裡，卻有一位年輕的教授敢於公開承認他受了湯恩比的啟迪。這個人就是麥克尼爾（William McNeill）。1963年，麥克尼爾出版了他最有名的著作，《西方的興起》（*The Rise of the West: A History of the Human*

Community）。這本書奠定了他在世界史的地位，也受到大部份專業史家的認可。它出版時，介紹詞引用了湯恩比稱讚的話。這在當時反對史賓格勒和湯恩比的聲浪中，算是一個非常大膽的舉動。可幸，麥克尼爾的書出版之後，洛陽紙貴，成了非常流行的教科書和一般讀物。當然，很多人不免對他以一人之力來寫世界史表示反感，而嗤之以鼻，但是麥克尼爾至少沒有受到像湯恩比那樣的謾罵與排斥。他是第一個努力克服國界的藩籬，寫作全人類歷史的人。同時，他強調人類群體之間在文化上都有不斷的交流，相互影響，而世界史的目的就是要描述這不斷的交流過程。

麥克尼爾的確啟發了不少年輕的學者。我們可以說至少疾病史和環境史的興起都部分受到他的影響。這些史都是跨國界的研究，集中探討一個影響及於所有文明的共同自然（或人文）現象（例如疾病），以闡述各國歷史變化的相似之處。

由於世界史是美國許多中學及大學所必修，因此世界史的寫作在過去四十年中，突然發達十分蓬勃，而這個趨勢又受到蘇聯解體、美國稱霸以及中國崛起的興波助浪而幾乎變成顯學。這裡只需提到幾位歷史學家的名字：甘迺迪（寫有《強權的興衰》〔*The Rise and Fall of the Great Powers*〕）、莫理斯（Ian Morris，以嚴格歷史學者的立場評述西方應如何繼續保持其優勢）、弗格孫、達爾文（John Darwin，著《帖木兒之後》〔*After Tamerlane*〕，以上數人都是英國背景）、理夫金（Jeremy Rifkin，可能會被視為一個暢銷書作者，提倡「第三次工業革命」和人類應該以同情心來對待彼此），戴蒙（Jared Diamond）等。這幾個人當中，應該以戴蒙最有名，因為他的幾本書（特別是《槍炮、細菌與鋼鐵》〔*Guns, Germs and Steel*〕）都大量引述人類學及地理學的方法及理論來探索人類社會的興衰，而吸引一般讀者的主意。

另外，九十年代曾引發許多討論的杭廷頓（Samuel Huntington）在某個層次上也算是賡續湯恩比的「文明」觀念，主張文明與文明之間不可避免的衝突的一位學者。杭廷頓本身受的是政治學的訓練，但是敢於引用湯恩比、奎格利（Carol Quigly）以及很多社會科學家的理論。但是他的理論是他「第三波」想法的延續，要替當代美國發展成世界霸主的事實提出一種思想的基礎，並發揚民主思想及自由主義的優點。這本書不曾真正對歷史學者產生明顯的影響，但也可以當作是一種世界史的嘗試吧！

在我看來，世界史的研究和寫作正在方興未艾，應該繼續會有佳作出現，以解釋當前世界各國實力的消長。大體來說，世界史的寫作強調自然環境與人類科技間的互動，從而解釋文明或帝國興衰的脈絡。大部分成功的作家（不限於專業歷史學者）都以博學、文字淺白為勝，而他們尤其多以西方興起及其當前遭遇的挑戰為其中心議題。

結論

陳建守先生是當今歷史學界非常有眼光，勤奮而專心的年輕學者。他對歷史學及其方法論的探索有濃厚的興趣。我與他認識已經八年多，對於他一路努力上進，並保持研究史學方法及思想的初衷，感到非常高興。他先前主編的《史家的誕生》在相當程度上，反映了史學思想的關心。現在他編的《時代的先行者》，則比較集中於介紹實際寫作的專業史家。後者是一個重要的工作，即使這些學者的名氣可能比不上《史家的誕生》那本書所介紹的學人。

這兩本書各自的重點正好反映了近三、四十年來西方（特別是美國）史學方法及歷史哲學的發展過程。讀者有了這兩本書就應該可以對西方最新的史學特色有一些初步的了解。

陳先生要我寫一篇序，我覺得十分高興，所以決定寫一篇較長的導讀，好提供讀者們有關西方近兩百年來歷史學發展的背景，並點明最新史學的一些特色。相信讀者會因此對本書的內容有更全面的了解。

李弘祺

美國耶魯大學博士。曾任香港中文大學歷史系教授、美國紐約市立大學研究院教授兼大學部亞洲研究系主任、臺灣大學講座教授及東亞文明研究中心主任，2007年以後出任交通大學講座教授兼通識教育委員會主委、人文社會學院院長，並創立該校人文社會科學研究中心；現為清華大學歷史研究所講座教授。
研究領域主要集中於中國教育史及思想史。編撰有《學以為己：傳統中國的教育》、《中國教育史英文著作評介》、《東亞的教育與科學》、《理性、學術與道德的知識傳統》、《面向世界：現代性、歷史、與永恆的真理》以及英文著作多本。

代序
我的當代文化史大師的閱讀之旅

蔣竹山

陳建守主編的這本新書所收錄的文章是當代人文與社會科學大師的演講稿（除了最後一篇Charles Tilly），講者都有個共通點，皆是美國學術團體聯合會（ACLS）的哈斯金斯（Haskins）講座的得主。這個講座從1983年開始，至2014年已經有32位得主。本書所收錄的十位講者，最早的是1985年的勞倫斯・史東（Lawrence Stone），最近的是2012年的喬伊斯・艾波比（Joyce Appleby）。雖然有些學者和當前台灣史學界的關注焦點有點距離，且也非當今最著名的史家，但並未減損他們在西方學界的重要地位。此時經由建守結合一群年輕史學同好，共同翻譯出版，有其重要意義。就我來看，或許這些史家多少與這些年的新文化史發展有某種程度的關聯。

要在這長達二十年的得主講稿中找出一條清楚的學術脈絡，並非易事。我僅能嘗試從我接觸的經歷去談這些學人對我的學術之路的影響。有關這些學者的學術成果的引進台灣，我想，早期《新史學》的介紹及麥田出版社所推出的「歷史與文化」譯叢居功厥偉。

我對新文化史的認識，最早來自於《新史學》。1990年，梁其姿教授就已經在《新史學》創刊號中介紹了一本當時美國漢學界相當重要的明清通俗文化的論文集*Popular Culture in Late Imperial China*。透過這本書的引介，當時台灣學界已經認識了歐美新文化史的三位重要史家：Peter Burke、Carlo Ginzburg及Roger Chartier。[1]

除了柏克（Peter Burke）的歐洲大眾文化的研究外，梁其姿還舉金茲伯格（Carlo Ginzburg）的成名作*Cheese and Worms*（《乳酪與蟲子》）。[2]她認為這本書提醒了研究者必須注意：「在通俗文獻本身與農民及工匠如何閱讀這些文獻之間存有差距。」這篇書評中所提到的最後一位歐洲文化史家是侯瑞．夏提葉（Roger Chartier）。他認為：「所有閱讀文獻的行為對文獻的了解永遠與作者創作時的原意有所出入。」[3]這種閱讀活動並非消極的接受訊息的看法，則成為當前熱門的閱讀史的研究視野之一。[4]梁其姿此處所根據的是夏提葉的〈知識史或社會文化史？法國的軌跡〉。這篇文章更早在1984年，就已經出現在梁其姿所寫的年鑑學派的研究取向的〈心態歷史〉一文中。[5]在1990年代以政治外交史及社會經濟史為導向的史學環境中，這幾位史家的著作多少對有意從事文化史研究的學子，起了相當鼓舞的作用。

1989年，美國史家林．亨特（Lynn Hunt）首次在《新文化史》書中提出了「新文化史」這個名稱。不到三年，這個名詞就出現在

1 〔英〕彼得．伯克，《歐洲近代早期的大衆文化》（上海人民出版社，2005），頁2。

2 梁其姿所引的《乳酪與蟲子》是1980年的法文本*Le fromage et les vers*, Paris: Flammarion, 1980。

3 梁其姿，〈評David Johnson, Andrew Nathan, Evelyn Rawski編，*Popular Culture in Late Imperial China*〉，《新史學》創刊號（1990），頁145-153。

4 書籍史。

5 梁其姿，〈心態歷史〉，《史學評論》7（1984），頁75-97。

《新史學》的〈文化史與香港婦女的研究〉一文中。作者是葉漢明教授，她在文章的第一節就以「文化史、新文化史與婦女研究」為題。文中所謂的文化史指的是中西方史學的傳統文化史，在西方是布克哈特（Jacob Burckhardt）所提倡的「文化史運動」。[6]所謂的「文化史運動」指的是布克哈特這位經典文化史家於1860年發表了《義大利文藝復興時期的文化》，他所關注的是經典作品，也就是藝術、文學、哲學、科學等學科中的傑出作品的歷史。

相對於這些舊的文化史的書寫，葉漢明認為，在1991時，中外都響起更新文化史和擴大文化史領域的呼聲。另一方面，西方則興起了「新文化史」的浪潮。葉漢明是這樣形容新文化史的風潮：「批判只重菁英文化的研究，鼓吹繼續開拓大眾文化的領域；而當代法國『年鑑學派』的『心態史』研究，和英國馬克斯主義史家對工人文化的探討，也發揮了極大的刺激作用。」可見，對於香港史家葉漢明，這個時期的新文化史的特色在於強調大眾文化、心態歷史及馬克斯主義史家對工人文化的關注。其中，工人文化方面，葉漢明舉出了馬克思主義史家E. P. Thompson於1963年所著的《英國工人階級的形成》。[7]

由於葉漢明這篇文章的主旨是談文化史與香港婦女史的研究成果，新文化史與性別史的關係當然是她的論述重點。她特別提到性別分化研究對文化史方法的普及和發展起了相當作用。她認為婦女史和性別研究在當時是新文化史的前線，所根據的是林·亨特在*The Cultural History*書中導論〈歷史、文化與文本〉的觀點。亨特的看法是：「1960和70年代婦女史研究就與晚近對於性別差異（gender

---

[6] 葉漢明，〈文化史與香港婦女的研究〉，《新史學》2:4（1991），頁117-119。

[7] E. P. Thompson, *The Making of the English Working Class*（1963）。中譯本見《英國工人階級的形成》（台北：麥田出版社，2001）。

differentiation）的強調，在文化史的方法發展中普遍地扮演著一個重大的角色。尤其在美國，婦女史與性別研究一直站在新文化史的前線」。[8]葉氏進而舉了三位當時相當著名的性別史學者：瓊・斯高特（Joan Wallach Scott）、娜塔莉・澤蒙・戴維斯（Natalie Zemon Davis）以及史密斯・羅森柏格（Carroll Smith-Rosenberg）。

這是我第一次接觸到戴維斯的名字。時間是1991年，此時的戴維斯早已經在1975年出版了她那本著名的論文集《法國近代早期的社會與文化》。這位史家作品中所呈現的人類學特色，日後深深吸引著我。如同本書戴維斯的演講稿所說：「這個書名現在看來或許有點過時，但在當時看起來是滿新鮮、也滿人類學的。」雖然台灣很早就認識戴維斯的作品，但要真正對她有瞭解，應該要到她的名著《馬丹・蓋赫返鄉記》翻譯出版，此時已經是2000年了，那一年我是清華博四的學生。

葉氏另外提到與文化史關係最為密切的人類學。她所舉的學者是克利弗德・紀爾茲（Clifford. Geertz）與布赫迪厄（Pierre Bourdieu）以解讀語言符號為文化人類學和文化史的核心工作。布赫迪厄對「習性」概念的發明。這兩套人類學揭示語意的解讀技巧以及論說如何產生的解構方法，都為新文化史家所採用。[9]在介紹這些新文化史的作品與研究理論之後，葉氏開始紹介香港婦女研究的概況，分別從幾個主題談起：早期婦女移民的生活經驗、民俗學與通俗文化、地域社群與階級的文化、親屬與家族制度、文化變遷與社會經濟的衝擊、中西文化交流。由於早期香港的地理位置與移民特色，在中國大陸封閉的情況下，自然而然成為人類學家要瞭解漢人社會的一個有利的田野調查地點。

---

[8] 林・亨特，《新文化史》（台北：麥田出版社，2002），頁42。

[9] 〈文化史與香港婦女的研究〉，頁121。

最後，葉氏則建議如何運用新文化史研究中對知識與論述中權力運作的重視，檢討香港的通俗文化與宗教研究。她也引用了梁其姿所介紹的新書*Popular Culture in Late Imperial China*中的一段話：「婦女文化和婦女在文化流傳中的角色也是極具研究價值的課題。婦女文化在某些主要方面與中國的主流化相異，這種現象反映出一個著重男性血統的社會中婦女的邊緣地位」，進而認為婦女文化史的發展潛力無窮，目前僅處於起步階段。在文章末尾，葉氏引用Hunt的話說：「歷史學家實無須在人類學和社會學方法之間，或人類學和文學理論之間做出抉擇」。[10]的確，在她這篇文章之後的十年來，史學受到人類學的影響更為明顯。[11]

1992年，透過《新史學》中黃應貴的文章〈儀式、習俗與社會文化〉，我對克利弗德・紀爾茲（Clifford Geertz）的人類學的視角，有了更進一步的認識。在那篇文章裡，首次瞭解到人類學對儀式及習俗的處理方式，以及如何去呈現其與社會文化的關係。也首次接觸到紀爾茲的峇里島的鬥雞研究。日後，這個案在許多新文化史的作品中一再被提到。或許因為這位人類學對歷史學的重要影響，建守這書，才會將他和這些佔大多數的史家並列。雖看似突兀，但仍有其重要意義。紀爾茲是1999年的得主，透過這本新書，你會瞭解，相較於象徵人類學的稱呼，他為何會更加偏好「詮釋人類學」，無論是象徵或詮釋，這麼多的術語，有些是紀爾茲的，有些則是別人的。透過這些「深描」、「知識」、「典範」、「視界」、「框架」等術語，我們有可能打造出一個修正的「文化」觀念。

---

[10] 葉漢明，〈文化史與香港婦女的研究〉，頁143。

[11] 有關這方面的性別研究成果，可見李貞德在《新史學》所做的介紹：〈最近臺灣歷史所學位論文中的性別課題：從三本中古婦女史新書談起〉，《新史學》21:4（2010）。

在葉漢明的婦女史研究之後，緊接著介紹歐美史學走向的是楊豫的〈西方家庭使研究的發展現狀和未來趨勢〉。[12]作者認為在1950年代以來，在歐美的新史學運動中，家庭史作為社會史的一支迅速發展。到了1980年代，人類學及心理學取代了社會科學其它學科，對歷史的影響愈來愈大，遂出現一種新型的家庭史。首先，在法國出現了心態史，其研究領域首先是構成社會的基本單位——家庭，促使了新型家庭史的出現，開始著重探討家庭成員的價值觀與潛在意識。年鑑學派的心態史研究提供了許多方法為歐美各國的家庭史研究廣泛應用，例如「精神考古法」。

在介紹心態歷史的家庭史的研究時，他文中提到了三位日後對文化史有深遠影響的歐美史家：勞倫斯・史東、埃曼紐・勒華拉度里（Emmanuel Le Roy Ladurie）及研究兒童史著稱的阿里葉（Philippe Aries）。[13]在楊豫的文章中[14]，並未提到勞倫斯・史東那篇預告史學的敘事轉向的著名文章〈歷史敘事的復興：是創新還是懷舊〉；而是舉出了史東的家庭史研究成果，例如《英國十六至十八世紀的家庭、性與婚姻》，這書要到2000年，才有了麥田出版社的翻譯本。[15]

事隔十幾年，直到讀過建守本書中史東的演講稿，才對史東的史學歷程有更進一步的認識。知道他到了普林斯頓大學之後，是如何的受到人類學家艾德華・伊凡－普理查（Edward Evans-Pritchard）

[12] 楊豫，〈西方家庭史研究的發展現狀和未來趨勢〉，《新史學》，1:3（1990），頁89-115。

[13] 勞倫斯・史東，古偉瀛譯，〈歷史敘事的復興：是創新還是懷舊〉，《新文化史》（台北：胡桃木文化，2007），頁11-34。本文原文出版於1979年，之後古偉瀛於1989年翻譯。改寫於1999年，然後收錄於《歷史：理論與批評》（台北：台北人文書會，2001）。

[14] 楊豫，〈西方家庭史研究的發展現狀和未來趨勢〉，《新史學》，1:3（1990），頁106,107, 113。

[15] 中譯本見勞倫斯・史東（Lawrence Stone），《英國十六至十八世紀的家庭、性與婚姻》（台北：麥田出版社，2000）。

及符號人類學紀爾茲的影響。他又是如何中斷了進行多年的菁英流動的計量史計畫，而在1973年住院期間去寫大部頭的書《英國十六至十八世紀的家庭、性與婚姻》。而1979年的那篇被他形容為「惡名昭彰」的文章〈歷史敘事的復興：是創新還是懷舊〉有何主旨，又如何遭人誤解？這些在演講稿中都有清楚的自述。原來，他認為：「討論敘事的復興的文章的明顯意圖，是要進行我所觀察到的歷史同行們所正在走的路的事實陳述，而不是要成為邁向未來的指示路標。」

相對於葉漢明的文章僅針對歐美文化史與婦女史的互動所做的局部介紹，紐約大學歷史系教授夏伯嘉的〈戰後歐美史學發展趨勢〉則是《新史學》首次刊出直接介紹歐美史學趨勢的文章。[16]夏伯嘉這篇文章是在中研院史語所演講的文稿。文章主要介紹1960-1980年代法、德、義、美四個地區的史學發展，其中又以年鑑學派的紹介最為詳細。法國部份主要是年鑑學派一至三代的主要史家，其中與文化史較有關係的是第二、三代的學者。第二代的學者就是在上文梁其姿及楊豫同樣有提到的勒華拉度里。夏伯嘉詳細地介紹了這位學者的三個不同階段的史學取向變化。其中，在第二階段，勒華拉度里已經從經濟史、人口史及氣候史轉變到意識形態與結構的歷史，特別是強調對時間與宗教的觀念的研究。這個時期的代表作品就是1975年出版的*Montaillou*。在1992年的台灣史學界，已經連續有三位史家在論文中提到這位法國史家的作品，可見他在當時歐美學界的影響力。

然而，這本書所提倡的微觀史學的研究方法，卻要到2001年，麥田出版社的翻譯本出版，才有較清楚的認識。到了年鑑學派的第三代，他們已經放棄了社會經濟史與意識型態史的研究，而回到文

---

[16] 夏伯嘉，〈戰後歐美史學發展趨勢〉，《新史學》，3:2（1992），頁87-102。

化史及思想史的研究。這時期最著名的史家是侯瑞．夏提葉。夏提葉此時的研究重點集中在讀書的歷史與寫書的歷史。此處的讀書的歷史指的就是後來文化史研究中的「閱讀史」。夏伯嘉所引用的夏提葉的著作有兩本，分別是*Cultural Uses of Print in Early Modern France*（1987）及*Cultural History: Between Practices and Presentations*（1991）。其實，夏提葉已經出版了一本更有閱讀史取向的新著，可惜夏伯嘉並未介紹，這本書至今尚未有中譯本，書名為*The Cultural Origins of the French Revolution*（1990）。

在義大利的史學方面，夏伯嘉指出，義大利史家一方面採用了年鑑學派的創見，另一面在方法上也創造出新的領域。其中代表是《歷史季刊》（*Quaderni Storici*）。他們主要研究的是人的歷史，而非長期性、結構性的歷史。此外，他們研究的不是帝王將相，而是下層民眾。這之中代表人物是金茲伯格，代表作也是上文所介紹的*Cheese and Worms*（《乳酪與蟲子》）。他的研究和法國年鑑學派所擅長的不同，所用的史料大多不是數量性的史料，而是法庭審判資料。金茲伯格的幾部著作對英美史學也造成頗大的影響。從夏伯嘉所引資料中，指的是*Clues, Myths, and the Historical Method*（1989）及*Microhistory and the Lost People of Europe*（1991）。夏伯嘉在介紹歐美史學發展趨勢時，所引用的書目中，有一本當時相當重要談論法國史學方向的書*The French Historical Revolution*（1991）。在該期的《新史學》中，王汎森有針對此書作了更完整的介紹。王汎森寫作此文時，還在普林斯敦大學攻讀歷史博士，親聞年鑑學派對北美歷史學的影響，很快就對這本柏克於1991年剛出版的新著，掌握了相關訊息。[17]在這篇書評中，王汎森相當清楚地掌握到年鑑學派第一至第

17 王汎森，〈評Peter Burke著，*The French Historical Revolution*〉，《新史學》，3:2（1992），頁169-180。

三代的史學方向的轉變。

年鑑學派到了第三代，展現了三種特色：一是心態史的回歸；二是以計量的方法運用在文化史上；三是批評計量史學，改研究政治史，或採敘事史的途徑。在這篇書評中，王汎森還提到柏克此書對於年鑑學派的人類學轉向的探討。例如在勒華拉度里的《蒙大猶》一書中，多次引用人類學家維克多・透納（Victor Turner）及布赫迪厄的作品。另外像勒高夫（Le Goff）以文化人類學的角度研究西洋中古史，而塞杜（Michael de Certeau）以政治語言學的方法對法國大革命時期企求統一及中央集權化的分析。

到了1996年，我上博士班的第一年，正中書局翻譯了喬伊斯・艾波比、林・亨特及瑪格麗特・傑考（Margaret Jacob）三位學者合著的《歷史的真相》。這書引起了當時台灣史學界的廣泛討論，尤其對後現代史學觀念的衝擊，有些學者相當憂心忡忡，直覺可能會影響歷史學的根基。當時，我透過《歷史的真相》，才對後現代主義的歷史淵源、文化史的興起、後現代史家及敘事上問題等課題，有較清楚的理解。其中之一的艾波比，在2012年獲得哈斯金斯講座。看了她的演講記錄，才知這位近來寫過資本主義歷史的著名史家，曾被當前在兩岸走紅的哈佛經濟史家弗格森（Naill Ferguson）在篇評論中，暗諷她這本新著：「未受任何一張表格或圖表的玷污。」其實，瞭解她的作品的人應該都知道，她比較像是個思想文化史家，關心的是經濟發展如何影響人們解釋視界的方式；而非只注重制度的經濟史學者。

然而，這本書中所列的學者，也有一些是台灣學界甚少介紹過的。像是彼得・布朗（Peter Brown）及彼得・蓋伊（Peter Gay），我是讀了麥田出版社的翻譯才有機會接觸他們的作品。以彼得・蓋伊為例，他或許是除了霍布斯邦之外，最受台灣出版界歡迎的西方史家。蓋伊的作品是在何種機緣下引進台灣，並不可考，其研究成果，我幾乎未曾見到有台灣任何史學界引用或討論，卻又都透過立緒出版社，一本本引介至台灣。從《弗洛伊德傳》（2002）、《威瑪文化》（2003）、《歷史學家的三堂小說課》（2003）、《史尼茨勒的世紀：布爾喬亞文化經驗一百年・一個階級的傳記》（2004）、《啟蒙運動》上下冊到《現代主義異端的誘惑：從波特萊爾到貝克特及其他人》（2009）。這樣驚人的翻譯量，的確少見。可惜的是，蓋伊的五卷本的十九世紀布爾喬亞的研究，未受出版社青睞，讀者只能靠姊妹作《史尼茨勒的世紀》過過乾癮。

透過陳建守的這本編著，我們才瞭解蓋伊的學思歷程。在此之前，我們僅能靠米卡利（Mark S. Micale）及戴鐸（Robert L. Dietle）合編的紀念集*Enlightment, Passion, Modernity*（2000）來瞭解他的重要性。從蓋伊的演講稿，我們得知，他那五本維多利亞時代的布爾喬亞研究，看似替十九世紀的中產階級做了辯護，但最初的動機並非如此。在他寫作的那時，他正結束上個著名課題，有關啟蒙運動的研究，其跨入新的領域的風險可想而知，但他卻未因此感到卻步。他認為布爾喬亞是進入十九世紀的關鍵，但過往的社會史研究，卻相對忽略了人數最多的中間階層：布爾喬亞。

最後，要來談談卡爾・休斯克（Carl E. Schorske），這位以《世紀末的維也納》一書為他贏得1981年普立茲非文學獎的作者，最早我是透過李歐梵的著作得知的，直到2002年，麥田出版社才將這部經典翻譯出版。透過演講稿，我們才知道，他是如何在1970年代的普林斯頓，將學術生涯的重心，由歷史系轉向整個人文學科。而這次轉向，再次將他重新定位，其核心是社會科學與人文學科的對立化，此時的普林斯頓，正是社會科學大為流行的時代。此外，他還提到，他的學術生涯的大部分時光，都是努力將藝術作品納入歷史中，作為歷史進程不可或缺的一部分。其著作雖然不多，卻歷久耐讀。儘管與部分新文化史對菁英文化的排斥作法大相逕庭，但依然受到新文化史大師柏克《什麼是文化史》的大力讚許。

如同蓋伊在文章中所言，「一個人年輕時許下的願望，將有可能在成年時實現。」這本書所蒐羅的學思歷程，對於年輕學者而言，都是彌足珍貴的經驗。儘管學思歷程不同，成長背景不同，社會政治局勢不同，十個人有十個不一樣的故事，但讀者仍然能夠從中，各自找到屬於自己的那條學術連結或學術脈絡。就我而言，文化史這條主線顯而易見。在這個所謂大師凋零的時代，要編輯翻譯出這些稿子，得憑著一股傻勁，若非對歷史學的學術思想史有濃厚的情感，很難持續下去，陳建守的這番努力，相當值得肯定。

蔣竹山

國立清華大學歷史博士。現任國立東華大學歷史學系副教授，兼任人文社會學院大眾史學研究中心主任。主持熱門網站「新文化史部落格」及「大眾史學部落格」。著有《當代史學研究的趨勢、方法與實踐：從新文化史到全球史》（五南，2012）、《島嶼浮世繪：日治台灣的大眾生活》（蔚藍文化，2014）。

主編序
致歷史學徒的十封信

陳建守

學習歷史也是理解歷史學的動向。極端地講，沒有歷史的編纂（歷史研究、解釋），也就沒有歷史。

——入江昭，《我與歷史有個約會》

有一種演說形式稱之為「自我敘史」（ego-historie）。意思是指「自傳」嗎？不，這說的是演說者學思歷程的敘述——他所處理過的議題、他在這歷程中遇見的人及經歷過的探險。我覺得挺有意思的。

——Peter Berger，《柏格歐吉桑的社會學奇幻旅程》

書寫故事一點都不簡單。在化為文字的同時，想法就枯萎在紙張裡，而思想與意象也會疲軟乏力。如何才能讓這些恢復生氣呢？很幸運，有大師在此，可以效法他們，並以他們為榜樣。

——Mario Vargas Llosa，《公羊的盛宴》

從新生南路的側門拐進臺大校園，迎面可見的是一排櫛比鱗次的廣告。這些廣告大抵可分為兩類：一類是學會、社團招募新血的海報，另一類則是臺大校方所舉辦的名人學思歷程講座。這兩類廣告在驕陽的映照下，倒是交會折射出共有的特點。前者是專屬於每個年輕世代的書寫，從其所採擇的文字、圖樣，內中可以見到恣意揮灑青春的氣息。後者的講座則是見證這些術業有專攻的名人能士，過去那段不羈投注青春年華的歲月回顧。每天步履在這段兩、三百公尺距離的校園，我心中總是在想，什麼是專屬於歷史學徒的學思歷程講座呢？這個念頭時而浮現、時而模糊在我心頭縈繞不已，然而伴隨著每天的案牘勞形，這個想法竟暫時被我拋至九霄雲外。我很難形容我的「意識」是否如同量子物理學家最新的研究所云，有其波長可以影響人類的思緒與大腦，我竟然在某日接獲一封來自大西洋彼岸的信件，這才促使我思考出版本書的可能性。這是來自本書原作者之一休斯克教授的信件，時間是2008年12月20日，距離我申請版權已有三年之久。當時《時代的先行者——改變歷史觀念的十種視野》的姊妹篇《史家的誕生：探訪西方史學殿堂的十扇窗》才剛付梓出版，我深知製作翻譯書籍的複雜與困難。從無償繁體中文的授權、勇於任事譯者的尋找、翻譯薪金的償付，以迄後續的出版、校對，至少需要三年以上的時間。然而我又禁不起休斯克教授無償授權的誘惑，幾經思考之後，我決定找來身邊一群志同道合的朋友，與他們商討出版的可能性。令我意想不到的是，本書的譯者群均稍做考慮便答應承負譯事工作，唯一的條件是，要我去申請完整的繁體中文授權。

我本來以為有了前一本書的經驗，繁體中文授權的工作本該得心應手，想不到該書的授權程序遠較前一本書更為艱難。理由在於哈斯金斯講座的版權並不在美國學術團體聯合會，而是分別歸屬在該年度講者的手上。這意味著我必須找到逝世講者的法定繼承人，這對我來說不啻為一個絕大的挑戰。我先致信該講座的管理人Stephanie Feldman女士，幸虧Stephanie女士伸出援手，提供了許多有用的聯絡資訊。我便先後致函給史東教授的哲嗣Robert Stone先生，以及紀爾茲教授的遺孀Karen Blu教授，申請他們對於中譯版權的首肯。這時已經是2009年的5月中旬。布朗教授亦在此刻傳來同意中譯的許可。在等待授權期間，我還申請了提利教授的文稿。這是因為提利教授在2008年4月罹患淋巴瘤逝世。知道提利教授辭世的消息後，我總是在想提利教授晚年在病床上與癌症進行纏鬥，倘若他活得更長一點，健康因素不致影響他寫作回憶錄的話，那麼展現在注重社會結構影響力的提利筆下的二十世紀史肯定別有一番景致。因此，我決定尋找一篇適合的文稿以為悼念。本書因而收入一篇體例不符，由提利教授高足Craig Calhoun和Andreas Koller寫就的文稿。Craig Calhoun和Andreas Koller兩位教授告知我，提利教授沒有類似學思歷程講座的稿件，建議我直接翻譯他們倆人合寫的文稿。該文針對提利教授重要的作品與概念進行簡要的速寫，文稿雖然不長，但讀來便可知提利教授研治學問的梗概。

至於克里斯特勒教授和蓋伊教授的授權過程，就只能以峰迴路轉來形容。蓋伊教授的講座是我原先就鎖定的對象，無奈傳遞了幾封信件都得不著蓋伊教授的回覆。我在苦思之下，只好硬著頭皮寫信到耶魯大學歷史系辦公室，徵詢求取蓋伊教授住宅的地址。我的辦法是將兩封內容相同的信件，分別寄往蓋伊教授的私宅和耶魯大學歷史系系辦，這樣一來，蓋伊教授至少會見到兩次申請版權的信件。不過，此事一直延宕到2009年10月29日才有回音。我接獲蓋伊教授寄來的信件，函中將兩封授權信件裝在一起，蓋伊教授不改其率直作風，僅在其上簽署“permission granted”以及“Peter Gay”字樣。我將其中一封信件交付出版社留存，另一封信件迄今仍保留在我手上。事實上，我在信中曾提及，為了避免作業繁瑣，可以請蓋伊教授直接以電子郵件告知我授權與否。從這件事情上，我們便可獲窺一位知名學者的堅持。克里斯特勒教授的講座，是本書較晚決定的一篇文章，要一直到了2011年9月5日我才驚覺漏收該文，這是由於我的才疏學淺與懶散所致。在此之前，譯事工作已經開展，我一來不想耗費太多心力在這項翻譯工作上，二來總覺得無法遍收每篇講座，勢必會有遺珠之憾。但後來有機會閱讀文藝復興研究的作品，我才發現克里斯特勒教授是早期文藝復興研究的巨擘，便隨即去信申請版權。然而，克里斯特勒教授的身後事，統一交由一位在紐約執業的律師Lya Freidrich女士管理。Stephanie Feldman女士和我一時半刻都無法聯繫到她。後來我利用網路關鍵字的檢索，將可能有用的資訊逐一整理給Stephanie Feldman女士。終於在2011年11月4日接獲Lya Freidrich女士的同意，開始啟動克里斯特勒教授講座的中譯。附帶一提的是，本書重新收入戴維斯教授的講座一文，這是為了求取講座選譯之完璧。戴維斯教授不僅慨然同意重新收入她的鴻文，更是提供許多寶貴的資訊供我參考。《時代的先行者》重新收錄的戴維斯教授文稿，較之前一個版本，在內容上重新請譯者修訂潤飾過一遍，加入詳細的譯注，並且更新著作目錄。在可讀性上會比前一個版本更高，且相關的資訊亦更加豐富。讀者諸君閱畢，便可知我所言不假。這是本書交付給出版社審查前的雛形。《時代的先行者》最後收入的兩篇文章是勒納教授和艾波比教授的講座。這是出自於本書導讀人之一的蔣竹山教授之建議。我在2013年4月13日去信申請兩位教授的中譯版權。艾波比教授在一週後即覆信答應授權。但勒納教授在該年一月辭世，這意味著我再次需要尋找其法定繼承人。勒納教授的法定繼承人是其愛女Stephanie Lerner女士。Stephanie Lerner女士極為重視母親的講座，要求先將中譯文給其過目審閱後才同意授權，此事在8月21日塵埃落定。Stephanie Lerner女士委託高彥頤教授進行中譯文的審查工作。高教授不僅通讀全文，還替該文加上譯注，實是本書之光。

《時代的先行者》各篇講座的前頭，有些會附上對講者的介紹，有些則付之闕如；介紹者有些會在文末署名，有些則否。本書的編譯皆按原文樣貌呈現。書前美國學術團體聯合會和哈斯金斯講座的介紹，則由我按照既有的敘述再加上其他資料，重新編寫而成。每篇學思歷程的副標題（例如勞倫斯・史東一篇的副標題為「敘事的復興」）為原文所無，是中譯本為使讀者迅速掌握主角特色，特別添加的。在內容安排上，依照哈斯金斯講座的得獎年份依序排列，文前並附有一份講者著作目錄的清單。這份清單是由譯者先編製而成，再由我逐一檢核增補得來的結果。希望可以提供給有興趣的讀者按圖索驥，作進一步的查考與閱讀。哈斯金斯講座所蒐羅的範圍極廣，本書無法篇篇翻譯收入，只能挑選與歷史學研究較為相關的部分予以翻譯。譬如以鑽研人文地理學享譽於世的段義孚教授，就是1998年講座的得主。本書只能以遺珠之憾視之，還請讀者諒察。細心的讀者可能會發現，《時代的先行者》與前此編輯的《史家的誕生》在製作的程序上有所相似。然而，本書並非該書的「續集」，而是姊妹篇。我在製作《史家的誕生》一書時，腦中本欲編輯一本全然以訪談錄呈現的書稿，另一本則完全以史家自述呈現的形式。不過，由於申請版權的時間曠日廢時，我耐不住性子，迨有十篇翻譯版權到手，就組織譯者進行翻譯。這使得《史家的誕生》只收錄了七篇訪談錄。《時代的先行者》更因為我的私心，收入一篇體例不合的文稿。由今視昔，當初我腦中策劃的兩項計畫，似乎都未臻於最初的構想。本書的特點就如同布朗教授講座文前的介紹所云，哈斯金斯講座不希望講者對於學術研究的「成品」

（product）進行介紹，反之是希望與其他學者分享學思歷程中的個人體驗。這是兩書最大的不同點。哈斯金斯講座的內容仿若是市面上「寫給青年學者的信」一般，透過講者的口吻娓娓道出學術這一行的潛規則，以及如何在學術研究的路途上踽踽獨行，享受旁人無法領會的樂趣與辛酸。《時代的先行者》所收錄的內容可能較之《史家的誕生》卡司沒那麼星光熠熠，甚至有些學者尚嫌陌生。但讀者可以放心的是，哈斯金斯講座的得主是有一定遴選的標準，絕對是出色當行的學者，才可以獲得青睞登上講座之林。我倒覺得本書所呈現的內容是這些學者對於研究生涯的洞見，從童稚之年的經驗、就學的經過，一路迤邐而至學院內的氛圍，與讀者分享剖析學者從業生涯的激動與挫折，處處充滿著大師的睿智篤學。這些講座的學者配合著他們學術「成品」寫作的經歷，信手拈來記憶的吉光片羽，雜揉交會出己身研究的經驗與看法。這些講座的得主早已自成一家之言，試圖從各個視角，提供各種可能的選項供我們參考。無論你／妳是正在史學門徑之外徘徊不已的學徒，亦或是已經進入山中修行的學徒，《時代的先行者》絕對是一本寫給「歷史學徒的十封信」。

本書的編輯時間遠比前一本書更加費時，編輯過程中的最大功臣當屬辛苦的譯者群。當初我規劃的標準程序是譯者各自認領文稿翻譯，翻譯初稿完成後再交由另外一位譯者閱讀，這樣一來每篇文章等於有兩位譯者看過。所有稿件除了艾波比教授的文章有原注外，其餘各篇的註腳皆是譯者的心力結晶。每位譯者對於譯注的書寫有所不同，我的工作在於統一寫作的格式，並逐一核對、刪補內容，遇到有漏缺的部分，再由我自行補上。為了服務讀者的需求，書中將所有已經出版中譯本的書籍予以標明，提供讀者參酌。由於書籍製作時間過久，有幾位譯者在中途已經負笈海外，攻讀學位。我們只能憑依網路社群的便利，進行最後的校稿工作。每位譯者都要接受出版社和我不時的催稿與緊迫盯人。在譯者群中，我要特別感謝陳建元先生，陳建元翻譯了本書的三篇文章，其中一篇文章還得到高彥頤教授高度的讚賞。出版前夕，出版社發現有篇文章漏譯前言，在緊急之下，我得親自補譯該段落，同時委請他為該文潤飾。本書選譯美國學術團體聯合會出版的哈斯金斯講座，有賴講座管理人Stephanie Feldman女士悉心處理中譯授權事宜。每篇文章的版權擁有者，皆樂見中譯文稿的問世，且不厭其煩地援助譯事工作的進行，在此特申謝悃。本書有幸請來兩位出色當行的學者進行導讀的書寫，亦須在此申致謝悃。李弘祺和蔣竹山兩位師長，對於西方史學的脈動和紹介皆有所領會與成果。李老師更是底氣十足地為本書撰寫一篇長達一萬多字的導言，在某種意義上，這其實是一篇個人觀察學術動向的反思。由於本文寫作之際，尚不知有何學者列名推薦，我無法一一道謝，謹代表本書譯者群，致上最高的敬意。本書可以在臺灣出版市場的低迷狀態下，花落秀威資訊，也在此對秀威及其編輯鄭伊庭小姐的付出表示感謝。

《時代的先行者》付梓之際，我的母親林淑靜女士在一次例行健康檢查中，發現左胸罹患腫瘤。在接受開刀全切除之後，隨即開始進行一連串的化學治療。我在幾年前有機會讀到香港作家西西的《哀悼乳房》的幾個短篇，當時讀來只覺得是一種對身體器官不捨的繾綣書寫，沒太多額外的感受。直至這次母親罹病，我往來醫院與家中的路途上，似乎有點理解西西筆下的情態。然而，我不能也不敢叩問母親術後的心境變化。只能盼望本書的出版，有那麼一點聊慰她身心的靈力。

陳建守寫於

2014年3月8日婦女節

主編　陳建守

1981年生於台南。國立台灣師範大學歷史學系學士、碩士。現為國立台灣大學歷史學研究所博士候選人。2014-2015哈佛大學費正清研究中心訪問學員。

研究興趣為中國近現代思想文化史、中國近現代學術史以及當代西方史學理論。樂於觀察傳統與現代交會下，極度扭曲的人性樣態。著有《燕京大學與現代中國史學發展》，主編《史家的誕生：探訪西方史學殿堂的十扇窗》、《德／賽先生・五四運動研究書目》。另有〈近代中國概念詞彙之研究與展望：以『文藝復興』和『啓蒙運動』為例〉等單篇論文、翻譯及書評三十篇。曾獲2013年中央研究院歷史語言研究所「黃彰健院士學術研究獎金」、2012-2013中央研究院近代史研究所博士候選人培育計畫訪問學員。

American Council of Learned Societies

美國學術團體聯合會

美國學術團體聯合會（American Council of Learned Societies，簡稱ACLS），成立於1919年，代表美國在國際學術聯盟（Union Académique Internationale, UAI）中推動合作與交流，其宗旨在於提倡人文學與社會科學領域中的人文研究，以及鞏固與強化投身於人文研究的全國性學術團體間的聯繫。美國學術團體聯合會的出版項目來自國際學術聯盟成員的分支機構，內容包括語言學、考古學、歷史學、行為科學、政治科學以及社會科學等。美國學術團體聯合會目前擁有71個學術團體會員。

Charles Homer Haskins Prize Lecture

查爾斯・霍默・哈斯金斯講座

本系列講座的命名是為了紀念哈斯金斯先生（Charles Homer Haskins, 1870-1937），他曾在1920-1926年間擔任美國學術團體聯合會（ACLS, American Council of Learned Societies）首任主席。哈斯金斯先生1887年取得約翰霍普金斯大學學士，並以十九歲的早慧之姿於1890年即取得博士學位。哈斯金斯先生博士畢業後，曾前往巴黎和柏林進行博士後研究。爾後，並在約翰霍普金斯大學該校首執教鞭，後曾任教威斯康辛及哈佛大學。哈斯金斯先生是美國第一代的專業史家中，擁有首屈一指歐語能力的學者。哈斯金斯先生敏銳地認識到當時美國在歐洲史研究中扮演的疏離學術位置。因此，哈斯金斯先生極力地說服同儕，歐洲史對於美國人來說，是極具深遠意義的重要性。哈斯金斯先生形塑了二十世紀初期美國對於中古史研究的學術樣貌。在哈佛，哈斯金斯先生曾於1908-1924年間任文理研究所（Graduate School of Arts and Sciences）所長，1931年退休時，任中古史查理李教授職位（Henry Charles Lea Professor of Medieval History）。1922年，他擔任美國歷史學會（American Historical Association）會長；他也創立美國中古學會（Medieval Academy of America），並在1926年擔任第二任主席。哈斯金斯先生不僅在美國桃李遍地，對於美國學術在海外的名聲更是貢獻良多。曾獲多校榮譽學位，包括史特拉斯堡大學、帕多瓦大學、曼徹斯特大學、巴黎大學、魯汶大學、卡昂大學（Caen）、哈佛大學、威斯康辛大學、以及阿利根尼大學（Allegheny College），而阿利根尼大學也正是他自十三歲起接受高等教育所在。1980年代，在美國以哈斯金斯先生之名成立了一個國際性的學術社群：「查爾斯・霍默・哈斯金斯學會」（Charles Homer Haskins Society），並發行會訊以及年刊《哈斯金斯學報》（*Haskins Society Journal*），由此足見哈斯金斯先生在二十世紀美國高等教育中，不可抹滅的貢獻。

1983年，美國學術團體聯合會為表彰哈斯金斯先生對美國學術界之卓越貢獻，特別規劃一系列名為「學思歷程」（The Life of Learning）的演講以茲紀念此位學者。演講規劃的宗旨，在於表揚各學者一生學術上的成就，特邀學術聲望卓著的人文學者，於年會發表演說，請他們回顧探思身為學者的人生、動機、種種抉擇，以及在學習這一路上的美好與辛酸。

LAWRENCE STONE

雖然我十分倚重量化——我大部分的著作和文章都包含圖表和表格——但我首要關注的還是人，誠如馬克・布洛克的箴言：「我的獵物，是人類。」("Ma proie, c'est l'homme.")。

1

勞倫斯・史東

1919－1999

1919年生於英國薩里郡的艾普森，二次大戰期間在英國皇家海軍服役五年，戰後取得牛津大學文學士、碩士學位。1947-1950年任英國牛津大學國際學院講師，1950-1963年任牛津大學韋德漢學院研究員，1958年起參與《過去與現在》（*Past and Present*）的期刊編輯工作。1963-1990年赴美擔任普林斯敦大學歷史系客座教授，並自1969年兼任戴維斯歷史研究中心主任。

研究領域為英國近代早期史，特別是以英國內戰、家庭史、社會史與貴族等研究聞名於世。著作多次在歷史學界掀起新浪潮，如1948年一篇討論伊莉莎白女王時代的貴族的文章，引發了「英國鄉紳」的論戰；1979年以「敘事的復興」為題的文章，帶動了歷史著作的研究取向、書寫方式與寫作風格之討論。

References

01. *Sculpture in Britain: the Middle Ages* (Harmondsworth: Penguin Books, 1955).

02. *An Elizabethan: Sir Horatio Palavicino* (Oxford: Clarendon Press, 1956).

03. *The Crisis of the Aristocracy, 1558-1641* (Oxford: Clarendon Press, 1965)；中譯本：于民、王俊芳譯，《貴族的危機：1558-1641年》（上海：上海人民出版社，2011）。

04. ed., *Social Change and Revolution in England 1540-1640* (London: Longman, 1965).

05. *The Causes of the English Revolution: 1529-1642* (London: Routledge & Kegan Paul, 1972).

06. *Family and Fortune: Studies in Aristocratic Finance in the Sixteenth and Seventeenth Centuries* (Oxford: Clarendon Press, 1973).

07. ed., *The University in Society* (Princeton, N.J.: Princeton University Press, 1974).

08. ed., *Schooling and Society: Studies in the History of Education* (Baltimore: Johns Hopkins University Press, 1976).

09. *The Family, Sex and Marriage in England 1500-1800* (London: Weidenfeld and Nicolson, c1977)；中譯本：刁筱華譯，《英國十六至十八世紀的家庭、性與婚姻》（上）（下）（台北：麥田，2000）、《英國的家庭、性與婚姻：1500-1800》（北京：商務印書館，2011）。

10. *The Past and the Present* (Boston: Routledge & K. Paul, 1981).

11. with Jeanne C. Fawtier Stone, *An Open Elite?: England, 1540-1880* (Oxford [Oxfordshire]: Clarendon Press; New York: Oxford University Press, 1984).

12. *The Past and the Present Revisited* (London; New York: Routledge & Kegan Paul, 1987).

13. *Road to Divorce: England 1530-1987* (Oxford; New York: Oxford University Press, 1990).

14. *Uncertain Unions: Marriage in England 1660-1753* (Oxford; New York: Oxford University Press, 1992).

15. *Broken Lives: Separation and Divorce in England 1660-1857* (Oxford; New York: Oxford University Press, 1993).

16. *ed., An Imperial State at War: Britain from 1689 to 1815* (London; New York: Routledge, 1994).

敘事的復興
勞倫斯・史東的學思歷程*

莊勝全　譯

一如各位預料，我非常榮幸受到「美國學術團體聯合會」（ACLS）的邀請，來到第三屆哈斯金斯講座（Charles Homer Haskins Lecture）。雖然有些自以為是，但對於我是至今三位演說者中，首位現任學者和教師，而非已退休的榮譽教授這一點，我感到十分榮耀。我原本不知曉為何協會決定邀請相對年輕如我來到這個場合；但仔細思量之後，我發覺這似乎不是件值得驕傲的事，因為渥德主席（President Ward）告訴我，今晚演講題目是「學者的學思生涯之感想與追憶」。我想他大概認為我的生命已走到盡頭，江郎才盡——當然，這與事實其實相去不遠。

為了準備這場演講，我要求先讀過前輩的講稿，於是收到了第一屆由梅納德・邁克（Maynard Mack）[1]教授演講的內容。我讀了之後，心情盪到谷底；聰明與詼諧兼具、飽學與風趣齊驅，在在讓我自認無能比肩。這是我無法企及的。在我寫完第一篇草稿之後，我

* 本文譯自：Lawrence Stone, "The Charles Homer Haskins Lecture: A Life of Learning," *ACLS Newsletter* 36:1-2 (1985), pp. 3-22.本文所有註腳均為譯者所加。

[1] 梅納德・邁克（1911-2001），美國文學研究者、評論家，耶魯大學榮譽教授。

因為邁克夫人辛辣的評論而特別心煩意亂，當邁克教授向她展示自傳的首篇草稿時，她說：「我猜想沒有像你這位老傻瓜的傻瓜。做你自己：但不要忘記寫到這裡至少要講一小時又十分鐘之久」。我發狂地數著我的講稿的頁數，共計51頁。從邁克夫人令人惶恐的指責中退縮，我近乎要投降並且告訴渥德主席我無法演講。但是之後我咬緊牙關並且開始作業，而在此所述的就是我的成果。

這是我近五十多年來，歷經充滿風暴、漩渦和暗礁的智識冒險旅程（intellectual Odyssey）的故事。我想我們可以放心地略過生涯的前八年，因為只有佛洛伊德忠實的追隨者會對此感到興趣——他們深信人格和性都在這段時期定型。這些年間可能有意義的事，就是我開始成為狂熱的收藏家：從郵票、蝴蝶、化石到香菸圖卡（cigarette cards），無所不包。在我早年這種目的不明確的收藏直覺，與往後身為學者，在圖書、檔案中對事實（fact）的求索之間，有種顯而易見的關係。這些事實為我的假設和解釋提供可以相信的憑藉（plausibility），而非萬無一失的證據（proof）。

八歲時，我開始上英國預備學校（English Prep. School），開始在密集經典訓練的智識鹽礦（intellectual salt-mines）裡，擔任為期八年的奴隸。我接受的是一種當時被怪誕地視為「自由教育」（liberal education）[2]的教育方式。實際上，它是一個極為偏狹的計畫，由四百年前威夫斯（Juan Luis Vives）[3]和伊拉斯莫斯（Desiderius Erasmus）[4]進行的教育課程扭曲地衍生而來。1930年代的「自由教育」內容便是呆板又枯燥地記誦希臘文與拉丁文這兩種逝去已久的字彙及文法。它們其中之一的發音——拉丁文——

2 liberal education一般譯為博雅教育，但史東此處意在以奴隸的比喻反諷這種教育方式一點也不「自由」（liberal），故譯為自由教育。

3 威夫斯（1493-1540），西班牙人文學者。

4 伊拉斯莫斯（1466-1536），文藝復興著名人文學者。

在當時的英國，是以一種無論是對古羅馬人或是二十世紀任何其他國家的住民來說，都全然無法理解的方法來教授。因此，雖然我的法國籍岳父在二次大戰集中營時，發覺可以用拉丁文跟匈牙利貴族和波蘭知識分子進行聯繫，然而我所學到的拉丁文——所謂的「古老發音」（old pronunciation）——並不能運用到如此實際的用途上。

我學到拉丁文有用的部分——雖然是在鞭打的懲罰之下艱困地學習——是其文法規則，這或許有助於增進我的英文文體，但我對此仍是半信半疑。這種訓練方式，很容易讓人寫出西塞羅那般正經八百的散文，在抑揚頓挫的句子之間，講究完美的平衡。雖然我讚賞吉朋（Edward Gibbon）[5]和柴斯特菲爾德男爵（Lord Chesterfield）[6]的文體，但這般風格與我不合；我天生就是在自由自在的氣氛中感覺最為舒暢。讓我用比喻說明。我在十二歲的時候，被認為可能是大有可為的板球打擊手。因而學校雇用一位親切但無趣、年長的前職業板球員，來教導我直握球板。他教得太過成功了，我的球板總是直挺挺的，但我卻再也無法打出好的比賽，因為他設法扼殺我用完全非正統，但卻很有效的方式去擊球的天賦。這個悲傷的小故事——對於曾經夢想有一天能夠加入英格蘭國家隊的我而言是個悲劇，但對於一般教學而言，或許有一些值得汲取之處。

我在八到十六歲這八年歲月裡，幾乎可以說唯一學到的，便是把《泰晤士報》的社論從英文散文翻譯成拉丁文散文；從拉丁文散文翻成拉丁文韻文；從拉丁文韻文譯成希臘文散文，然後又從希臘文散文再譯回英文散文。各位或許已經猜到我並不善於此道，一部分是因為這件事於我不合，一部分是因為缺乏意願。我無法看出

---

[5] 吉朋（1737-1794），英國著名作家、歷史學者，代表作為《羅馬帝國衰亡史》（*The History of the Decline and Fall of the Roman Empire*）。

[6] 柴斯特菲爾德男爵（1694-1773），英國政治家與外交家。

這到底對我的人生有何益處，現在仍是如此。甚至連我們當時閱讀的拉丁文書籍率皆沈悶無趣。或許是我缺乏品味，但我覺得維吉爾（Virgil）[7]和李維（Livy）[8]都很沈悶。我們從未接觸既能夠刺激我們的興趣，又能提供成年生活所需資訊的書籍，例如塔西佗（Tacitus）[9]談論暴君宮廷政治，或是奧維德（Ovid）[10]論異性戀情藝術等。

就像大多數人一樣，我會想像，我最終會被少數幾位天資穎悟的教師教導去愛上學問。我不詳述我在英國公立學校（English public school）的經驗——我就讀於查特豪斯（Charterhouse）——因為這是小說家和自傳作者已經做得有點乏味的題目。假如在那個時候我已經知道任何社會人類學（social anthropology）或極權主義（totalitarianism）的政治學理論，我應該可以瞭解到更多。但我當時並不瞭解，我正在經歷的不過就是一段男性青春期儀式的延伸，實際上和許多世界上其他更原始的社會非常相似：與異性完全隔絕；在堅忍的沈默下忍受定期的毆打；屈辱儀式（humiliation rituals）；以講究的服裝規定象徵複雜的階級形式；不足的食物；來自較年長男性的性啟蒙（sexual initiation）；學習如拉丁文這般的神秘語言等等。

我從古典作品的束縛中獲得自由得要感謝一位新校長的直接介入，那就是憑一己之力改變我的人生的羅伯特・波利爵士（Sir Robert Birley）[11]。他親自指導我，用一年半的密集訓練讓我獲得牛津大學歷史系的獎學金。他擔任歷史教師之所以如此耀眼地成功，

---

[7] 維吉爾（70 BC-19 BC），古羅馬著名詩人。
[8] 李維（59 BC-AD 17），古羅馬歷史學家。
[9] 塔西佗（56-117），古羅馬歷史學家。
[10] 奧維德（43 BC-AD 17），古羅馬著名詩人。
[11] 羅伯特・波利爵士（1903-1982），英國教育學者。

就是他對任何在他心目中有著最崇高地位的主題抱持永不消退的熱情。

波利不僅在十八個月裡一舉成功地訓練我去獲得歷史獎學金進入牛津大學，他也再次改變了我的智識發展途徑：在考試之後，馬上就派我到巴黎，花六個月的時間浸潤在另一個歐洲文化。在那裡我第一次見識到（雖然不是親身遇到）卓越的人才，即巴黎顯要的知識份子，如以布洛克（Marc Bloch）[12]和費夫賀（Lucien Febvre）[13]為代表的年鑑學派（Annales school）的歷史學者。這是與畢生深刻影響我的學思生涯的法國智識文化之間，既讚賞又批評的關係之起點。

讓我暫時轉回羅伯特・波利爵士身上。他是一個與眾不同的人物——一方面是英國統治菁英和英國國教的忠實成員，另一方面又是改革的反對派與理想主義的夢想家。舉例而言，身為年輕的伊頓公學（Eton）校長，他在1926年大罷工（the General Strike of 1926）期間，坦率地表達他對罷工者的憐憫，這種立場對某些人來說是絕不能原諒的。他先是擔任查特豪斯的校長，然後是伊頓公學；在這兩間學校的任期之間，曾在戰後短暫地擔任英國駐德國軍事佔領區副首長教育顧問。之後他在約翰尼斯堡的維瓦特斯蘭大學（University of Witwatersrand）擔任教育學教授。他是保守的激進份子（conservative radical），在伊頓公學為數不多的保守黨份子（Tories）口中，他的綽號是「左派羅伯特」（Red Robert）。他不只是偉大的教師，還是一位偉大的道德改革者。戰前他就在對抗納粹主義（Nazism），並花了幾個小時，試著說服我改變原本的綏靖主義（pacifist）傾向。戰後他致力於帶領自由的德國新世代回到歐

[12] 布洛克（1886-1944），法國著名歷史學家。
[13] 費夫賀（1878-1956），法國著名歷史學家。

洲的聯盟。之後在1960年代，他依舊致力於將教育帶給南非黑人，在索韋托（Soweto）[14]親自授課；最後，他窮盡畢生之力，教化那些非常野蠻的機構，即查特豪斯和伊頓公學。

如果說羅伯特・波利爵士啟發了我對學術的興趣，並深刻地影響我的道德和政治態度，第二個深深影響我的人是一位牛津大學中古史教師，其名為約翰・普雷斯特維奇（John Prestwich）。他一如牛津常見的學者，擁有很高的在地名聲，卻因為缺乏著作而沒有國際的能見度。我在他的門下學習第三次十字軍東征（the Third Crusade），那是一個特別的主題。起初，我每週在課堂上的報告，都被有條不紊地摧毀，除了成堆瓦礫，幾乎什麼也沒留下。我最後決定自我防衛的唯一希望，就是用資料來壓倒他。既然指定的文本全都出自基督教十字軍的手筆，我找到一批為數不少又鮮為人知，由穆斯林阿拉伯人撰寫的編年史。機巧再加上學習上的偶然，我在我的報告裡穿插一些來自這些晦澀又可疑的材料裡的隱匿事實，結果我至少讓普雷斯特維奇有一瞬間的窘迫不安。我沒有打過勝仗，我的論點總是被有效地推翻，但是這小小的勝利還是提高了我的自尊心。這個經驗教導我要在學思生涯的激烈競爭下生存，純粹的事實訊息——也就是博學，假如你喜歡這麼稱它的話——是不可或缺的。我覺察知識就是權力。與約翰・普雷斯特維奇共處的那個學期的經驗，讓我決定要成為一位歷史學家，而且是一位以檔案為基礎的歷史學家。

第三位對我作為一位歷史學家的發展有深刻影響的是陶尼（R. H. Tawney）[15]。每個人都認識陶尼，他是基督教社會主義者（the Christian socialist）；既是推動時代的要角，又是二十世紀上半葉英

[14] 索韋托，位於約翰尼斯堡西南面的衛星城鎮。

[15] 陶尼（1880-1962），英國經濟史家、社會批評家。

國勞工運動的良心；是平等雄辯的宣傳者，也是資本主義放任無度之弊害嚴厲的非難者。他同時也是對盎格魯－薩克遜世界有關於韋伯（Max Weber）[16]所構想的新教倫理與資本主義之關聯的再詮釋者（re-interpreter），以及讓1540-1640年間的英格蘭被稱為「陶尼世紀」（Tawney's Century）的偉大史學家。他雖然有點不切實際，但品格高潔無庸置疑；他是我所遇過唯一發自內心不喜財富的人，也嘗試盡可能不靠金錢過活。他那慷慨激昂地描寫關於十六世紀的英國農民在無情的資本家地主的土地圍籬中所遭遇的苦難，以及對於近代早期商人、企業家和放高利貸者的邪惡與腐敗，同樣激情四射地譴責的著作，把我帶進了十六世紀，並刺激了我的頭兩本著作的出版。

我首次見到陶尼是在二次大戰期間，我總是把握機會，在下船回到倫敦時，培養和他之間的友情。雖然我只是來自牛津的懵懂大學生兼船員，不過他總是熱情地招呼我。那時候他家已經毀於戰火，正住在布倫茲柏利（Bloomsbury），髒亂到難以名狀的破舊馬廄中，被混亂的書本、論文、貓和剩餘食物的盤子給包圍。在他為工黨企圖在戰後建立更加平等的英國而規劃起草的藍圖（blueprints）中，交相混雜著十七世紀早期英國社會史的筆記；破碎泛黃的紙片上，是關於中國農民的隨筆。我多次與全身包裹著大衣的陶尼，在這令人倒盡胃口的環境裡促膝長談。我專注聆聽他所說的話，內容關於世界的局勢以及如何將之導入正軌；他也談到十七世紀的英國。我必須要提醒各位，專心聽他說話並不容易，因為隨時得提防他惹火上身。這時常發生，因為他隨興地塞進煙斗裡的野草莖太長，著了火後，便掉到他的夾克或長褲上，結果他的衣服總有

[16] 韋伯（1862-1920），德國社會學家、哲學家、政治經濟學家。

著焦黑的破洞。

我從陶尼身上學到，近代早期歷史的文件還保有充足的數量，讓研究者得以進入歷史行動者的心靈之中。這個事實，讓我從一個中世紀史家，轉而成為近代早期史家。其次，我學習到西方世界歷史中最重大的變遷，幾乎都在這時期的英國上演：從封建制度到資本主義的轉變；從單一天主教變成多種新教，之後再轉為世俗主義（secularism）；清教主義（Puritanism）的興起與衰落；具有無上權力的民族國家失敗的發展；西方歷史中第一次激進的革命；兼具權力制衡、宗教寬容、權利法案的相對自由之政體首次大規模建立；由在歐洲獨一無二，同時兼具企業經營傾向、父家長制和對政治權力近乎壟斷的地主貴族，所統治之社會的創建等。我從陶尼身上學到的最後一件事，如同我從波利那裡學到的一樣，就是歷史是兼具道德與學術的事業，它既不應也不該與當代的世界觀和秩序毫無關聯。

第四位影響我的想法的重要教師，是另一位特立獨行的人物，凱斯・漢考克爵士（Sir Keith Hancock）[17]，我直到戰後才與他謀面。他的學術生涯和對話第一次向我證明了對歷史學而言，有所謂跨學科（interdisciplinary）和跨文化（trans-cultural）的取徑。他的自身和著作展示了用這樣的方式去瞭解那些有顯著差異性的事物，確實可行而且成果豐碩，好比托斯卡尼（Tuscany）的土地所有制（land tenure），史慕斯將軍（General Smuts）[18]的南非生涯，澳洲的經濟發展，和現代戰爭史。

我很幸運能夠在早期的階段就接觸到這四位卓越的人物。由於他們的影響，我在某種程度上，就如同恐龍一般，是罕見的舊時代

---

[17] 凱斯・漢考克爵士（1898-1988），澳洲歷史學家。

[18] 史慕斯將軍（1870-1950），南非政治人物、軍事領袖。曾任南非（Union of South Africa）首相（1919-1924）、二次大戰英國陸軍元帥。

生物；既是最後的輝格黨人（Whigs），在很多方面也仍深受啟蒙運動的影響。在他們的薰陶之下，我對理性、物質和道德進步有限的可能性、父家長式責任制領導，以及法治（而非人治），都秉持著一貫的信念。今日，這樣的信念已如風中殘燭，搖搖欲滅；只能由孕育陶尼和波利的維多利亞時代自由（liberal）世界，專業階層的昔日風華中，尋得些許殘跡。澳洲出身的漢考克爵士，於牛津大學的萬靈學院（All Souls College）就讀期間，也是浸淫在此昔日風華當中。

在第二次世界大戰期間，我有五年的時間在海上與皇家海軍（Royal Navy）為伍。任何經歷過的人都知道，戰爭是99.9%的無聊和不安，以及0.1%全然的恐怖。但這種糟糕的情況因為我有一處固定的住艙（當然，是與同袍同寢），以及食物，特別是酒類穩定且充足的供應，而有所改善。如果在歷史上真的有過正義戰爭（just war）這種東西的話，鐵定就是我曾與役的這場；因此，我不會後悔這五年從學思生涯中分歧出去的歲月。

事實上，我在這五年也非一事無成。畢竟我的第一篇歷史論文，就是在南大西洋擔任驅逐艦領航員時，在巡邏途中寫下的。我應該不是令人非常滿意的驅逐艦的領航員——我坦承讓船艦擱淺了兩次——但至少我是在船上開啟了我的學思生涯。這篇文章的主題是英國政府對參加1588年西班牙無敵艦隊征英之役的英國水手之羞辱待遇。這個主題很明顯跟我當時的切身經驗相關，但更有趣的是我從何處獲得資料。答案是典型的具有維多利亞中期特色的機構，也就是倫敦圖書館。該館在二次大戰期間，依然樂意又有效率地配送罕見而有用的研究書籍到地球最遠的盡頭，通常會在向他們調閱後的三至六個月送達。在英國，私人圖書館對學思生涯的貢獻，特別是在戰爭期間，並未被高估。

戰爭結束讓我有機會藉著美國第七艦隊離開日本。戰後，我即刻就從太平洋飛回家，因為一些不為人知的官方理由，裁定以下三種類別的人最優先回英國復員：煤礦工人、神職人員和學生。這次的飛行是我在戰爭中最危險的經驗，因為這個飛行員出過五十次飛越德國的飛行任務，他的心理和生理飽受創傷而顫抖著雙手。不過我仍安然在1945年11月初返回牛津，剛好及時在這一年入學，也因此參加了期末考，然後在1946年6月以文學士（B.A.）的資格畢業。在同一個場合，我因為多付了五英鎊，也獲得了文學碩士（M.A.）的學位，所以我只當了十分鐘的文學士，就把學士服和學位披掛給換了。我認為這可能是創紀錄的事。我也是少數今日還活著的人中，透過現金而非著作來獲得一流大學的文憑。

我並沒有繼續著手寫作博士論文，因為當時在牛津或劍橋的畢業生覺得這是有失尊嚴的事情——一個像是德國人、法國人和美國人等外國人才參加的特殊學術儀式（rite de passage）。相反地，我用研究補助金安頓下來，並且憑我一己之力去寫一本書，絲毫沒有意識到此乃初生之犢的行徑。當然，這是一個可怕的錯誤，我非常需要密集的訓練和建議，而那只有盡責的正規指導者才有辦法提供。結果，我必須在我的錯誤中學習——非常大量的錯誤。

我選擇寫作一位十六世紀的具企業冒險精神的野心家的傳記，一位身兼財務大臣、間諜、招募傭兵的外交官、世界明礬（alum）壟斷者（一種衣服染色必備的原料），以及一位涉及許多（通常不堪聞問）生意的商業大亨。這位古怪人物出身著名的熱那亞（Genoese）商人家庭，而後成為劍橋鄉紳，由伊利莎白女王授予英國爵位，並有一位荷蘭籍的富裕妻子。他既溫文儒雅又不擇手段。寫到後來，我發現我對我所書寫的主角，有著難以言喻的情感。此外，這本著作《一位伊莉莎白一世時代的英國人：霍雷蕭・

帕拉文西諾爵士》（*An Elisabethan: Sir Horatio Palavicino*）確實也達到我原本設定的目標：闡明早期國際金融資本主義，醜陋不為人知的一面。

我的下一個課題是受到陶尼一篇關於英國內戰前的一個世紀裡，英國鄉紳崛起的開創性文章所啟發——撇開有關布爾喬亞（bourgeoisie）興起的馬克思主義意識型態，和某些可疑的統計命題，文章的論點絕大部分是正確的。我首次闖進這個領域就大難臨頭。我發表了一篇文章聲稱絕大多數伊莉莎白晚期的貴族瀕臨破產邊緣。不幸的是，我對資料的掌握太差。我的老師休・崔姆－路普（Hugh Trevor-Roper）[19]是第一個引導我注意到這個缺陷的人，但是並沒有點出資料解釋裡固有的問題。我的錯誤提供他機會寫下一篇智識恐怖主義（intellectual terrorism）的鑑賞家至今仍然珍視的謾罵文章。我從這個事件中所學到的——用艱難的方式學到的——就是在一頭栽進公開的檔案之前，首先必須要發覺這些記錄為何和如何被保存，以及對於製作條目的書記而言，它們有何重要性。

在描述我如何對這個挫折做出回應前，我必須先暫停，去解釋一個特殊的、智識上的插曲：自1946年起，我開始為一部由尼可拉斯・佩夫斯納爵士（Sir Nikolaus Pevsner）[20]所編輯，關於中世紀英國雕塑的古典藝術史系列的大部頭教科書工作著。這項難以置信的冒險事業在專業藝術史的範疇中，出現了如下的典型英式作風。第一，蒐羅所有事物和任何事物的熱情，如我之前提及的，驅使我在十五、六歲時去蒐集英國羅馬式雕像的照片。我準備了一部車——總計花費三英鎊——和一台柯達布朗尼箱型相機（Kodak Box Brownie camera）——花費五先令但卻奇蹟式地有個近乎完美的鏡頭

[19] 休・崔姆－路普（1914-2003），英國歷史學家。
[20] 尼可拉斯・佩夫斯納爵士（1902-1983），德裔英國藝術史、建築史學者。

——在1936年至1939年間的假日時期漫遊在鄉間，拍攝英國教堂裡的羅馬式雕像。1938年，我和大英博物館的湯瑪士・肯德里克爵士（Sir Thomas Kendrick）[21]聯繫。他當時正從事盎格魯－薩克遜雕像的全國調查，並且慷慨地將我——當時我只是一個大學一年級的學生——帶進他的攝影團隊進行1938年和1939年兩度的夏季考察。

二次大戰結束後，在1946年初，肯德里克受到尼可拉斯・佩夫斯納的邀請，在他的培理肯藝術史系列（Pelican History of Art Series）中寫作一冊英國中世紀的雕刻。肯德里克婉拒了，或許是因為他已經有望成為大英博物館的館長，而這不久之後也成真了。當被詢問到誰能頂替這項工作時，這位不謹慎的肯德里克，竟指名了我。我在那個時候是牛津大學的歷史系學生；我從未修過一門藝術史的課程，或是在我的生涯裡寫過關於藝術史的隻字片語；而且我才剛結束五年的海上生活。受藝術史德國學派（German school of art history）訓練的佩夫斯納，理所當然被肯德里克不負責任的建議驚嚇到。但是他覺得他必須給我一份合約，當我們會面時他非常坦率地向我解釋原因：「肯德里克不做這項工作」；他這麼說：「而且很明顯的在這個國家沒有人對這個主題感興趣。肯德里克說我必須給你一份合約。我一點都不信任你，因為你完全沒有進行這項工作的文憑，但我不知道我還能怎麼做。我只希望盡快看到章節草稿。」在相當有威脅性的叮嚀中，我們的會談結束了，而在幾天後我開心地簽下合約。暗地裡，我也像佩夫斯納一樣對於這個無知的、缺乏教育的、業餘的前水手兼現任大學生，是否有能力完成這項任務感到憂心。這段奇異的插曲只會發生在像英國這樣的社會裡，仍然維持像十八世紀藝術愛好者的全盛時期那樣，深刻地沈浸

[21] 湯瑪士・肯德里克爵士（1895-1979），英國考古學家、歷史學家。

在對業餘者的崇拜中。這段插曲也只有可能發生在仍然運行著十八世紀恩庇網絡體系的社會，由少數既得利益的菁英，分配工作和恩惠給依附他們的人、朋友和門生。

在回歸正題之前，應該來談談就在二次世界大戰結束後那些遙遠的日子裡，牛津大學的學術氛圍。在牛津，現代學派（School of Modern）（相對於古代學派〔School of Ancient〕）的教學模式和為考試設計的課程，自從十九世紀末創設以來就沒有太大的改變。課程的設計令人感到窒息，無論是英國孤立心態（national insularity），或是維多利亞時代晚期從歷史學經典中挑選教授主題的狹隘眼光。長此以往，學生沒有學過除了歐洲之外任何大陸的歷史，對於英國以外的國家——甚至是蘇格蘭或不幸的愛爾蘭——都幾乎一無所知，就能以最高榮譽畢業，是絕對有可能也的確是正常的。學過一些些，甚或沒有學過社會的、經濟的、人口統計學的、文化的、藝術的、智識的、教育的或家庭的歷史，並且對於計量方法論（quantitative methodology）與工人階級史（history of working class）的門路完全無知，也並不異常。學生對社會科學毫無認識，就算略有所聞者，也打從心底看不起這門學問。不過，從另一方面來說，在天賦異稟和犧牲奉獻的教師們的指導下，牛津確實讓大學生具備流暢與清晰的寫作，與對證據進行細緻分析的能力，並使學生能在面對單一事件或多重相關事件各種不相同的詮釋時，保持開放的心靈。我對於有幸經歷這段非凡的受教經驗，感到十分幸運。

在英國，戰後時期是一個無止境的樂觀主義和自信的時代——事實上，回憶起來是難過的，更遑論瞭解，在蕭條又幻想破滅的後帝國時代（post-imperial times），除了純粹智識範疇之外，幾乎在所有的領域中，英國已經沒落成為三流的強權。對於我們這些在1945年從戰爭中回歸的年輕人而言，整個世界好像都是我們的囊中物

（oyster），而且所有學術上的問題——更不用說那些惱人的人文學科（suffering humanity）——都被認為是可以解決的。某些這種對未來的信心，可能是受到戰爭期間與我們的美國盟友緊密合作的刺激。無論如何，這是一種由核子物理學家、牛津的哲學家（Oxford philosophers）、社會史學者，以及凱因斯派經濟學者還有政治人物，所共享的樂觀主義。我清楚記得一場和彼德・史卓生（Peter Strawson）[22]的晚餐對談，他現在是牛津最著名的哲學家之一，席間他表現出對未來的焦慮，因為既然事物發展的方向如此清晰無虞，到了他中年之後，將沒有留待解決的重大哲學問題，因此他也不知道到時還要進行什麼研究。在歷史學門，我們當中的某些人也對一種全新的取徑有著同樣傲慢的自信。我們是奠基於巴黎的年鑑歷史學派（the Annales school of history）的虔誠皈依者，而且我們確信最棘手的歷史問題在計量的社會和經濟調查之下，很快就會無所遁形。史學前輩們的政治史敘事模式（the political narrative mode）——被貶抑地稱為「歷史工匠式的歷史」（L'histoire historisante）——遭到我們的蔑視。在當時，我們相信那些迄今還沒有解決的問題，好比說英國革命或是法國大革命的緣由，資本主義的起源和布爾喬亞的興起，都能夠藉由我們的新工具和新方法來解答。在1945年，活著和當個激進的社會史學者是無上的幸福。我們屏息等待每一期新的《年鑑》（*Annales*）或《經濟史評論》（*Economic History Review*）的發行，似乎每期都包含了一篇開啟歷史研究和詮釋的宏大新願景的文章。我要強調這種自信的氣氛及令人興奮的刺激，是因為這與1985年的今日，所有人文學科的分支對於真相完整的存在和企及真相的方法的苦惱，所具有的自我懷疑、不確定感、謹小慎

---

22 彼德・史卓生（1919-2006），英國哲學家。

微與懷疑態度相比，乃是最極端的對照。

受到1940年代晚期有關實現新社會史的樂觀氛圍的鼓舞，加上來自崔姆－路普對我學術誠信的攻擊的刺激，我決定對英國革命爆發前那一個世紀的英國貴族的經濟資源和管理、社會地位和軍事與政治權力、生活方式、價值、教育和家庭結構，進行大規模的調查。我最初的設想是在這個時期的英國貴族，乃是無能、輕佻和墮落的統治階級，即將被崛起中的布爾喬亞所取代。然而經過十五年仔細的調查，讓我確信這個過分簡化的模型並不合於事實。我原先作為研究起點的馬克思主義對英國革命中貴族角色的詮釋，在近距離接觸經驗證據下，顯得支離破碎。

我對韋伯遲來的發現解決了我的困境，隨著或多或少可以理解的英文翻譯本慢慢地出版，他的著作對我的影響或許超越了任何一位學者。韋伯對於階級（class）和階層（status）細緻的區分，還有他對於社會和政治實體的觀念（ideas）和意識型態（ideology）之關係的高度前瞻（intense pre-occupation），從1950年代中期到現在，引導著我的思考並啟發我的研究。

不過，馬克思以及韋伯對我的影響，無法解釋我為何耗費大半學思生涯，研究統治菁英而非普羅大眾（the masses）的行為和想法。如此關注這些鳳毛鱗角的菁英，一個正當理由是，因為他們是唯一一個，生活、想法及情感都有足夠的細節被記錄下來的群體，而得以進行充分的社會和精神的深度調查。只有這群少數人具備完整的讀寫能力，他們持續地寫給彼此和記錄彼此，而他們的書寫則被保存下來。假如有人想要挖掘人性的怪癖與本質、私密的愛恨情仇、金融投機或惡行的啟示，以及背後操縱權力和地位的陰謀，那麼就必須無情地迫使自己致力於關注菁英，因為在過去只存在著極少數遠低於這個高社會階層的個人之證據。雖然我十分倚重量化（quantification）——我大部分的著作和文章都包含圖表和表格——但我首要關注的還是人，誠如馬克・布洛克（Marc Bloch）的箴言：「我的獵物，是人類。」（Ma proie, c'est l'homme）。在這樣的追尋裡，我不屈不撓地描繪著菁英。

另一個關注於菁英的理由，是因為這個群體在過去的幾個世紀都扮演國家的政治統治者，及其高雅文化的贊助者與主要消費者。一位英國人，比起其他西方國家的居民，遠不需要去閱讀帕雷托（Villefredo Pareto）[23]來認識有關於菁英的統治。從最初的孩提時期，英國人就會很敏銳的察覺到他是生活在社會的哪一個階層裡。這個精細複雜的階層分層，即便在今日仍然藉由像是口音、遣辭用字、衣著、餐桌禮儀，甚至是身體的體型等外在的特徵，無時無刻地展演著。因此，我花費了人生中最菁華的時刻去追尋英國擁有土地的菁英們在記錄裡的蹤跡，他們在好幾個世紀裡廣泛地壟斷龐大的財富、地位和權力這三大項韋伯式的本質。

當我一頭栽進英國貴族私人檔案中研究時，1940年代晚期是個絕佳的時機，當時許多貴族檔案因為持有者陷於財務危機而得以開放。有十五年的歲月，我享受著令人頭暈目眩的興奮感，翻箱倒櫃和閱讀著存放在檔案室、地下室和閣樓裡，之前從來沒有人檢閱過的浩繁卷帙。最戲劇性的一刻總是發生在第一眼見到一筆私人檔案的時候，從井然有序到雜亂無章均有之。在某一幢豪宅裡，已故的公爵花了一生的時間排序、編目，然後填補進了他對家族文件龐大的蒐集，而且在他要病故時，據說還叫人把他帶到檔案室裡躺到工

[23] 帕雷托（1848-1923），義大利經濟學家、社會學家，以帕雷托法則（Pareto Principle）知名。該法則認為任何現象百分之八十的結果，都源自於百分之二十的原因，即所謂80/20法則。帕雷托法則源自於帕雷托對義大利社會的觀察，即百分之八十的土地，都擁有在百分之二十的人手中。史東此處乃借帕雷托之意，喻菁英乃掌握大多數資源的少數人。

作檯上，為的是要在他鍾愛的文件包圍下與世長辭。他的兒子是一位花花公子，太忙於追求異性而懶得回覆學者們糾纏不休的信件。但是因為十足的好運氣，由他年邁的保姆回撥了一通電話，她和藹地同意讓我進去翻出塞滿了好幾個房間，令人驚喜又井井有條到出人意料的檔案。我相信自從已故的公爵遺體被移開之後，我是第一個坐在工作檯前面的人。

在另一個高貴的座位上，我曾經於隆冬中瑟縮在大衣和毛毯裡，在狹長的寒冷房間的一端潦草地抄著檔案；另一端則坐著兩個年邁的僕人，旁邊有幽微閃爍的煤火，他們悠閒地擦拭十七世紀的盔甲以便於招攬來年夏天的遊客，並且不停地——而且惡意地——對他們的男主人和女主人說長道短。當我的手指凍僵到無法握筆時，我就會加入他們圍著煤火一陣子。那是一個曾經在十七世紀出現過的場景。

另一幢房子約莫在三十年前被火舌吞沒了，但是檔案室裡的東西有被救出來，並且被匆忙地丟進以前是馬廄、現在是車庫上方的房間裡。擠過他那輛巨大的勞斯萊斯（Rolls-Royce），物主帶我們走上咯吱咯吱響的樓梯，在生鏽的門鎖裡轉動鑰匙，然後推了門，但門紋風不動。再用力的推進後，房門開啟了一部分，露出了汪洋一片的文件和羊皮紙稿蓋滿了整個地板，高度有一到三英尺。唯一能夠進去的方式就是踩過紙堆，然而，當我謹慎地踏過時，從十三世紀到十九世紀所有年代密封文件的蠟封，就在我腳底下破碎和嘎吱作響。我很少感受到如此的罪惡感，但是隨著我幫助這一大批檔案存放到地方檔案局裡，獲得安全的保護和編目，後來罪惡感有所減輕了。

偶爾，文件的所有人會邀請我共進午餐。這類的經驗總是近乎相同：壯麗典雅的餐廳，牆上掛著價值好幾百萬元的畫作；製作精良的美酒；討厭的食物，因為引不起食慾以致於經常難以下嚥；被衣衫襤褸而且有時喝得相當醉的男管家提供怪異的服務。這些都是當我在寫作《貴族的危機》（*The Crisis of the Aristocracy*）[24]時，學思生涯裡的樂趣與痛苦。

在1950年代晚期，先是起於對韋伯的發現，繼而受到兩件事情進一步的刺激，擴展了我的興趣。第一件事是在1958年，我加入了《過去與現在》（*Past and Present*）的編委會，在我看來——誠然存在著偏見——這是世界上最好的兩本史學期刊的其中之一（另一本是《年鑑：經濟・文明・社會》〔*Annales: Economies, Civilisations, Societes*〕）。在當時，編委會勢均力敵地分成馬克思主義者（他們許多人是共產黨的長期黨員，最近才因蘇聯入侵匈牙利之故而退黨），和像我這樣的自由主義者（liberals）。雖然它是一個非常活躍又常爭論不休的委員會，但是就我到目前為止的記憶所及，從來沒有一次意見的分歧是來自馬克思主義者和自由主義者在意識型態上的對立。雖然我沒有為這個情況提供解釋，但我相信這是英國智識史上，一個值得記錄下來的小事實。

第二件對我作為學者的人生有著重大影響的事件，是在1963年從牛津轉換到普林斯頓。作這個變動——除了結婚之外，這是我人生中做過最明智的事——有一部分是推力（push）所造成——我厭倦在牛津所樹立以英國的政治史和憲法史為核心，難以跨越的學術藩籬，以及數個小時單調的個別指導教學（tutorial teaching）的沈重負擔；有一部份是拉力（pull）所導致——在到高等研究院（the Institute for Advanced Study）之前，我在普林斯頓訪問的兩年間所觀察到的，對於世界的新觀念、新方法和新領域的開放思想。在普林

[24] 中譯本見：于民、王俊芳譯，《貴族的危機：1558-1641年》（上海：上海人民出版社，2011）。

斯頓，我發現了兩件事。首先是歷史學術成就的世界性，所包含的不只是歐洲整體，還有美洲（我初來乍到時還完全不瞭解美洲史）以及近東和東亞。這種整體的新式世界觀最早的成果之一是一篇聯名發表的文章，由我和我的同事兼朋友馬里厄斯・詹森（Marius Jansen）[25]所合寫，比較英國和日本的教育及現代化過程。

在1960年代短短幾年內，就對我有關歷史發展的詮釋有著極大影響的另一個領域的學術成果，是當時由美國政治理論家對「現代化」（modernization）和革命（revolution）問題的討論作品。回顧起來，我想我對他們的模型建構（model-building）之熱情或許是被誇大了，但至少他們提供給我兩個有價值的工具讓我得以寫出關於17世紀中葉《英國革命的起源》（*The Causes of the English Revolution*）一書，那是我在1972年出版的著作。第一個工具是把革命爆發的原因，進行有些武斷但是有用的長時段、中時段和短時段的區分。第二個工具是「相對剝奪」（relative deprivation）的概念，讓我擺脫了荒謬地將觀察到的行為與生活的客觀條件進行連結的必要性。但是一這麼做，我落入了專業術語的小泥沼裡（a small puddle of jargon），隨意地使用像是「前提」（pre-conditions）、「誘發因素」（precipitants）、「觸發」（triggers）、「多重機能失調」（multiple dysfunction）、「J曲線」（J curve）等等。所有這些術語和相對剝奪的理論惹惱了我的英國籍評論者，他們喜歡嘲諷我對這些從北美飄洋過海而來的術語和社會科學概念的熱情。假如我是在今天寫這本書，我會更精確地地去使用這些術語。

在普林斯頓的另一個重大發現，為當時在美國發展中的電腦化計量史學研究之規模和範圍。在我對這個美麗新世界（brave new

---

[25] 馬里厄斯・詹森（1922-2000），普林斯頓大學日本史榮譽教授。

world）的熱忱裡，我首次構想而後獲得資金進行一個從十六到十九世紀，英國社會在較高能力範圍的社會流動性之大規模的統計調查。指導研究者、對資料進行編碼、與電腦工程師溝通，以及從大量堆疊的綠色列印資料（green print-out）中製作出一覽表（summary table）等任務，非常幸運地由我的妻子來承擔，她花了十五年來執行這個計畫。我本身的工作則遭受中斷，原因我等會會解釋；成果就是我們去年（按：1984年）才出版的著作《開放的菁英？1540-1880年的英國》（*An Open Elite? England 1540-1880*）。

政治學理論和電腦化的計量統計並不是我來到普林斯頓之後，所發現唯一新奇的事物。在當時另一項影響我的智識發展是社會學家莫頓（R. K. Merton）[26]的作品，除了別的之外，我還從他那邊學到了的中程歸納（medium-range generalization）的重要性。在我看來，這項對於亞里斯多德式工具的追尋，就待解決的問題而言，是最能保障避免落入難以檢證之全球性推測的陷阱裡，或是掉入眼界過於狹窄、態度過於實證，以至於除了少數專家之外無人關心的經驗研究的泥沼中。後者是今日許多年輕研究者最常陷入的困境。

雖然我們在牛津是同事，但是直到普林斯頓之後我才首度發現伊凡－普里查德（Edward Evans-Pritchard）[27]這位偉大的人類學家的著作，甚至近來我仍然受到新的符號人類學家（symbolic anthropologists）的流派之影響，當中最卓越也最優秀的實踐者是我的朋友克利弗德・紀爾茲（Clifford Geertz）[28]。人類學家最重要的貢獻是使歷史學家注意到「深描」（thick description）的力量——

[26] 莫頓（1910-2003），美國著名社會學家。
[27] 伊凡－普里查德（1902-1973），英國著名人類學家。
[28] 克利弗德・紀爾茲（1926-2006），美國著名人類學家。

那是一種貼近又廣泛地關注著像是細微的動作、事件、符號、姿勢、說話或行動的模式，而得以用來揭示整個思想體系；並且讓我們關注到親屬關係（kinship）、家世（lineage）或共同體結構（community structures）的問題，沒有他們的指引，這些事物的重要性我們將一無所知。

最後，對家庭和性關係史的興趣無可避免地引領我進入心理學（psychology）的領域。在此，我發現佛洛伊德（Sigmund Freud）[29]的助益不大，一部分的原因是他侷限在十九世紀末中歐的價值觀念，並無法回推到過去；一部份是因為他那種基本上沒有歷史概念的想法，主張人的性格約莫定型於人生最初的幾個月或幾年之中。最近自我心理學者（ego-psychologists）所演繹出的發展模型，例如艾瑞克・艾瑞克森（Erik Erikson）[30]或是傑若米・凱根（Jerome Kagan）[31]，對於對天性（nature）與教養（nurture）之間、本能的慾望與壓倒性的文化形塑之間，持續不斷的交互影響，感到興趣且正在操作的歷史學者來說，是更有用處的。佛洛伊德在他的著作《文明及其不滿》（*Civilization and its Discontents*）[32]中也確實承認這樣的文化型態（cultural configurations）的存在，卻僅僅只用消極又悲觀的方式來處理。

在總結之前，我必須解釋為何我中斷了我進行多年討論菁英流動的計量史計畫，而去寫作一本大部頭的書《英國十六至十八世紀的家庭、性與婚姻》（*Family, Sex and Marriage in England 1500-1800*）[33]。

---

[29] 佛洛伊德（1856-1939），精神分析之父。

[30] 艾瑞克・艾瑞克森（1902-1994），美國發展心理學家和精神分析學家。

[31] 傑若米・凱根（1926-），美國心理學家，發展心理學先驅。

[32] 中譯本見：賴添進譯，《文明及其不滿》（台北：南方書出版社，1988）；金學勤註釋，《文明及其不滿》（上海：上海外語教育出版社，2006）；嚴志軍、張沫譯，《一種幻想的未來、文明及其不滿》（上海：上海人民出版社，2007）。

[33] 中譯本見：刁筱華譯，《英國十六至十八世紀的家庭、性與婚姻》（台北：麥田

這本著作幾乎是奠基於來自菁英階層的非計量印刷文學材料，而它也同時強調情緒和結構的發展。這本著作是這樣誕生的。我曾花費許多時間東修西補一篇關於家庭的演講稿，而當1973年我有輕微的心臟病發作並且入院治療六個星期時，期間沒有任何的電話、訪客以及其他和外部世界的聯繫。我感到十分舒適，一天有八個小時的睡眠，而在我眼前展開的前景是我能夠在沒有任何人打擾的情況下閱讀42天、一天16個小時。假如我的算數是對的——有些人認為這是很難得的——我總計有672小時的閱讀時間。因此，我囑咐我的妻子自大學圖書館的書架上，將所有英國從十六世紀、十七世紀和十八世紀的家庭信件（family letters）、自傳（autobiographies）、建議書（advice books）、日記（journals）等等的收藏，搬到我的床邊，順便供應我大量的紙張。配置完成後，我一而再、再而三的閱讀，在六星期後就浮現了幾乎足以寫書的材料。就此我從有關社會流動的電腦化計畫中轉移注意力，五年後的1977年才又回頭。

在牛津和普林斯頓的所有歲月裡，我對巴黎的年鑑學派史家們的（總是保證的）敬佩未曾動搖過。然而這卻是時間和心境變化的映照，雖然現在我仍然對年鑑社群作為世界上最有天賦、最創新和最有影響力的歷史學者，保持由衷的仰慕，不過關於他們基本的原則和方法，我已經有若干程度的保留，並陳述於我在1979年發表的那篇惡名昭彰的〈歷史敘述的復興〉（The Revival of Narrative）[34]中。我對於他們特別喜歡在靜態的「結構」（static "structure"）和動態的「局勢」（dynamic "conjuncture"）之間，作方法論上的區分並認為這是最佳方式的論點是懷疑的。我也不太能接受他們發源於

出版社，2000）。

[34] 中譯文見：古偉瀛譯，〈歷史敘述的復興：對一種新的老歷史的反省〉，《歷史：理論與批評》，第二期（2001.5），頁19-46。

經濟學和人口統計學的基礎，經過社會結構的中間層，到意識型態（ideology）、宗教（religion）、政治信仰（political beliefs）以及心態（mentalité）所衍生的上層結構（derivative superstructure），這種決定歷史發展的三層模型（three-tiered model）。這類結婚蛋糕式的分析模式預設了物質因素的優先地位要高於文化因素——這是我否認的——而且也排除了韋伯曾精闢闡釋的可能性，亦即這三個層次是處於持續性的動態交互作用的狀態裡，而不是在支配和依賴的層次結構中。

最後，有一種強烈的實證主義唯物論（positivist materialism），隱藏在年鑑學派對於與物質世界相關的可量化資料之渴望中，在戰後我即刻就發覺這是不可能毫無保留接受的。舉例來說，儘管布勞岱（Fernand Braudel）[35]的《菲力普二世時代的地中海世界》（*The Mediterranean in the Time of Philip II*）[36]討論了相當長的歷史時段，也是年鑑學派裡最傑出的先驅作品，但書中幾乎沒有談論到宗教，無論是基督教或伊斯蘭教。

我在1979年討論敘事的復興的文章明顯的意圖，是要進行對我所觀察到的歷史同行們所正在走的路的事實陳述，而不是要成為邁向未來的指示路標。我是要點明、指出一個原本就長期存在的現象，將之寬鬆地（現在我想是有些誤導地）定義為「敘事」（narrative）。然而，這篇論文卻遭許多人誤解，以為我是有計畫地號召武裝對抗社會科學量化方法與分析史學。擔心地盤和獎金遭受威脅而暴跳如雷的辯護者，幾乎在每一本同業刊物裡，批評我對這門好的老事業所宣稱的背叛。我的老朋友羅伯特・福格爾

[35] 布勞岱（Fernand Braudel, 1902-1985），法國年鑑學派著名史家。

[36] 中譯本見：曾培耿、唐家龍等譯，《菲力普二世時代的地中海與地中海世界》（北京：商務印書館，1996）；曾培耿、唐家龍譯，《地中海史》（台北：臺灣商務，2002）。

（Robert Fogel）[37]的悲傷要多於憤怒，他以會長之名向社會科學歷史學會（Social Science History Association）提出，鄭重地將我從學會裡開革出教。某些人則毫不猶豫地對我表示唾棄。但在往後的幾年裡，我相信我的預言已被完全證實了。除了仍然佔有絕對優勢的經濟史之外，老式宏偉的計量社會科學史現在已經被逼到牆角。對歷史更具人文主義和更多敘事手法的情形確實有所成長，單獨的個人或一起事件的微觀歷史（micro-history）成為一種流行的文類（fashionable genre），還有緊扣著社會和意識型態基礎的新型態政治史，現在正重新流行著。甚至連智識史（intellectual history）——不再是那種沈悶、逐頁搜索的，總是以柏拉圖或亞里斯多德結尾的「觀念史」（History of Ideas）——也已經經歷了驚人的轉變與復甦。

我所有的作品都以兩個有關歷史進程（historical process）是如何變動的基本假設為基礎。第一個假設為重大的事件必然有重要的起因，而且不是只有瑣碎的緣由。第二個是所有重大事件必然都有多重的原因。這種探究因果關係的折衷方式引起了一定程度的負面批評。許多我尊重他們意見的學者，將對於任何特定的現象，給予多重原因的組合，描述為「購物清單」（a shopping list），僅僅只是沒有重點地列舉一系列廣泛的不同類型和意義的變數。這是事實，然而一個可以將多重的因果關係組合起來的論據，就是以馬克思‧韋伯所採行的立場為基礎。這些因果關係是有說服力的，提供它們形成一套「選擇性親近」（elective affinities），不只是把隨機的可能性連結在一起，也藉由一套邏輯整合的體系把它們指引到相同的方向，並且讓它們彼此強化。因此，儘管遭到批評，我仍然支持

[37] 羅伯特‧福格爾（1926-），美國經濟史學家，1993年諾貝爾經濟學獎得主。

多種趨勢相互強化的反饋模型（feed-back model），要勝過因果關係要素直線排列的階序構造。然而，我的確承認有時候我忽略了去呈現「選擇性親近」這個黏著機制實際上是如何運作的。

回顧過往，我的學思生涯很顯然有一個獨特之處，那就是我從不在某個地方久留。大多數的歷史學者選擇一個相當狹隘的個別領域做為他們自身的智識領土（intellectual territory），然後花費一生的時間，用越來越溫柔深情的照料去耕耘同一塊地方。這類常規的優勢在於某人會成為那一片草坪上的世界級專家，建立一套已蓄積一生的學問、專門知識和經驗的架構。我有意走往一道不同的方向，寧願在歷史的大草原上特立獨行地自由遊走，雖然我仍把自己限制在一個單一的文化，也就是英國，而且絕大部分鎖定單一階級，即土地貴族（landed elite）之上。但首先，我涉及的時代從中世紀到十九世紀。其次，我從一個主題跳到另一個主題，從傳記陸續到經濟史、藝術史、社會史、文化史、教育史、家庭史。再者，我從早年就意識到歷史智慧的暫時性本質，因而無休止地追尋比以前還要更令人滿意的理論、概念、方法和模型，以及更令人滿意的方法論的啟發，從馬克思到韋伯，再到一些現代的美國社會科學學者，先是社會學家，然後是政治理論家，而最近是人類學家。

在各個世紀裡遊蕩、在不同主題間遊走，而這些靈感上轉變無可避免地帶來危險和缺陷。其一，這樣的轉變意味著我的研究進展得很快，而會在過程裡招致錯誤，通常是細微的但有時則是嚴重的。其二，我的學術專長的水準在任何一個主題、任何一個世紀、任何一個英國的區域，都必然不如花費一生的時光耕耘某個特定領域的某位學者。其三，對一個複雜問題帶來秩序和輪廓的慾望，例如英國革命的起因或是家庭的演化，必然會導致過於宏觀的泛泛之論，必定要再進一步修正微調。畢竟，在歷史學或其他學科，是沒有不需要修正的概括性論述。其四，我的專業知識範圍主要集中在社會金字塔頂端的菁英上之事實，有時候會對下層階級的行為做出輕率與資訊不足的論斷。這些就是為何這麼多更嚴謹的學術評論者，在接獲我的著作後就直覺地拿起他們的筆寫下：「史東又來那一套了」的理由。另一方面，我已經從帕森斯功能論（Parsonian functionalism）、法國結構主義（French structuralism）和語言解構（linguistic deconstruction）中免疫——如果免疫是合適的字眼的話——部分原因是我沒有能力去理解他們所有的內容，但主要原因為，我有一種它們太過於簡化（simplistic）所以一定是錯誤的直覺反應。

我對公眾事務（public affairs）一貫的關心，以兩種形式影響了我的學思生涯。首先，我試圖藉由訴求更廣泛的讀者，以避免自身困在學術的象牙塔裡。也就是在擁有大規模的全國性讀者的期刊上，通常是相當批判性地，評論各式各樣的書籍。這當然是一個經常帶來懲罰的高風險策略，因為許多我的受害者遲早會經由抨擊我的書來尋找報復之道。除了在全國性的期刊上發表評論之外，我透過讓大部頭學術研究成果在精裝本（hard-cover）之外，也附帶著便宜的平裝刪節版本，試著讓我的著作為一般大眾所接受。

另一個關心學院外的世界的結果，其重要性是更為深刻的。雖然此時在我身上還不是很清楚，但卻很明顯的反映在過去我有歷史興趣的題材，在與現行的事件和流行的價值觀互動之下，已有轉變的傾向。我的第一篇文章，討論伊莉莎白時代的海軍水手的一生，是寫作於1942年在南大西洋的驅逐艦上。我的下一個學術抱負，一本關於一位不正派的國際金融家的著作，主要是寫作於社會主義者陶醉在戰後首次由英國工黨（British Labor government）

執政初期。第三項作品，討論十六世紀末及十七世紀初的貴族，是寫於那個階級處在最大的財務危機，宏偉的鄉間豪宅遭到棄置，任其崩裂傾頹的戰後時期。我討論大學的學生和學院的著作是開始於1960年代，正是史上最大規模復甦發展的時代之一，也對高等教育有著最高昂的樂觀態度。這在歷史上有其先例。在當時，我對於1560年到1680年間類似的教育榮景的原因特別好奇。我這方面的興趣雖然持續，但1968至1970年間的學生運動的騷亂，與令人陶醉的發展榮景的嘎然而止，使我在心境上已較為悲觀。之後我的注意力因而集中在1680到1770年間，文法學校（grammar schools）、大學及律師學院（Inns of Court）的註冊人數急遽下降的原因。我談論家庭、性與婚姻的著作是構思與寫作於1970年代，受到急速上升的離婚率、大幅降低的婚姻生育率、更多的性濫交（sexual promiscuity）、因為婦女解放運動（women's liberation movement）導致的性別角色（sex-roles）之轉換，以及在勞動力中已婚婦女的比率急速上升，諸如此類爭議的刺激，導致焦慮感提升的時刻。

《開放的菁英》是寫在當高貴的貴族家族消亡，而大眾對於他們在大英帝國的躍升和衰落中所扮演的角色的興趣漸次加強之時刻。例如艾佛林・渥夫（Evelyn Waugh）[38]的《慾望莊園》（*Brideshead Revisited*）的電視版，或是馬克・吉羅德（Mark Girouard）[39]的著作《英國的鄉間宅邸》（*The English Country House*），都在當時引起廣泛的興趣。我的著作是開始於當住在這些宅邸裡的菁英被認為已行將就木，以及當批評者將英國當代的衰落，歸因於維多利亞時代的企

[38] 艾佛林・渥夫（1903-1966），英國小說、傳記、旅遊書籍作家。
[39] 馬克・吉羅德（1936-），英國建築史家、作家，英國鄉間宅邸建築權威。

業家的子孫們，受到貴族閒散的生活方式，及其根深蒂固不事生產（amateurish）的價值體系污染所致之時。

雖然我那時候還沒意識到，但我似乎一直是因為受到當下事件的刺激，才探究回過往，去發掘以前是否曾發生相似的趨勢和問題，以及如果有的話，過去人們是如何處理的。這樣的歷史生產究竟是好是壞，我無從得知。但像這樣由現實關懷驅動的歷史探究，即便在進行之時並非有意為之，也會包藏嚴重的禍心，亦即過去是透過未來的觀點，而不是在它自身的條件下被省視。如果歷史學家心中最至高無上的主要問題，為我們如何用過去饜足現在，就會冒著很明顯的輝格式目的論的扭曲之風險。另一方面，正是這個對當下事件解釋的需要，才是人們會對歷史有興趣的主要理由。遠離目的論式的扭曲的主要防衛措施，就是要在心裡牢記著過去的人們跟我們是不同的，而且彼此間的差異始終必須要被調查與闡明。更進一步的防衛措施，是一直要在心裡惦記著，在歷史裡會有偶發事件的因素，承認在任何時候，歷史都有朝另一個方向發展的可能性，應該已經發生的事但事實上卻沒有發生，將之名為埃及豔后的鼻子法則（the Cleopatra's nose principle）[40]亦可。

那麼現在，就是我的學思生涯多變的冒險旅程的終點。我不斷遭受到食人魔（ogres）、惡龍（dragon）和海蛇（sea-serpents）的攻擊；我有好幾次受到看似誘人的女海妖的誘惑；我犯了航行上的錯誤，

[40] 埃及豔后的鼻子法則，為一歷史發展可能不同的替代說法，源自於17世紀法國哲學家帕斯卡所言：「若埃及豔后的鼻子短些，世界歷史可能改寫。」此段話可有兩種解釋，一為大而長的鼻子，自古埃及、希臘以迄羅馬，代表智慧及力量。因此，若埃及豔后的鼻子短些，或許她就缺乏與羅馬爭雄的魄力，歷史也會因而改寫。另一說指若埃及豔后鼻子短些，她就缺乏魅惑羅馬諸雄的美艷容貌，歷史也將因此走向不同方向。

至少一度讓我幾乎要沈船。雖然我倖存下來並且繼續航行，而我也尚未看到伊薩卡島（Ithaca）[41]的海岸。但我希望，故事還沒有結束。

譯者　莊勝全

1981年生於台灣屏東，國立台灣師範大學台灣史研究所碩士、國立台灣師範大學歷史學系學士。現為國立政治大學台灣史研究所博士班研究生。

研究興趣為清領、日治時期台灣社會史與文化史。著有《萬文遙寄海一方：清帝國對台灣的書寫與認識》、《「小的」台灣史》（合著），以及單篇論文、書評十餘篇。

[41] 伊薩卡島為希臘神話英雄奧德賽（Odyssey）的故鄉，奧德賽歷經劫難返鄉，此處喻為史東學思生涯冒險旅程的終點。

CARL E. SCHORSKE

我始終未曾遠離學術生涯的初衷：始終未曾遠離智識文化的價值判斷與社會權力的結構間，錯綜複雜的互動。

2

卡爾・休斯克

1915-

1915年生於紐約，哥倫比亞大學學士、哈佛大學博士，知名智識史家。曾在二次世界大戰期間於美國情報部門服役。首部探討1905至1917年間，德國社會民主黨派系分裂的專著《德國社會民主》即在學界取得一席之地。曾任教於韋斯里安大學、加州大學柏克萊分校和普林斯頓大學，並獲《時代》雜誌選為美國十大學術領導人物。

References

1. co-author with Hoyt Price, *The problem of Germany* (New York: Studies in American Foreign Relations, 1947).

2. *German Social Democracy* (Harvard University Press, 1955).

3. *Fin-de-Siècle Vienna: Politics and Culture* (New York : Knopf: 1980)；中譯本：黃煜文譯，《世紀末的維也納》（台北：麥田出版社，2002）；李鋒譯，《世紀末的維也納》（南京：江蘇人民出版社，2007）。

4. *Gustav Mahler: formation and transformation* (New York: Leo Baeck Institute, 1991)

5. *Thinking With History: Explorations in the Passage to Modernism* (New Jersey: Princeton University Press, 1998).

6. co-edited with William L. Langer and Elizabeth Schorske, *Explorations in Crisis: Papers on International History* (New York: Belknap Press, 1969).

7. co-edited with Thomas Bender, *Budapest and New York: Studies in Metropolitan Transformation : 1870-1930* (New York: Russell Sage Foundation, 1994).

8. co-edited with Thomas Bender, *American Academic Culture in Transformation: fifty years, four disciplines* (New Jersey: Princeton University Press, 1998).

9. edited by Michael S. Roth, *Rediscovering History: Culture, Politics, and the Psyche: Essays in Honor of Carl E. Schorske* (Stanford: Stanford University Press, 1994).

藝術的歷史之眼
卡爾・休斯克的學思歷程*

謝柏暉　譯

我的人生與學術結下的不解之緣，始於孩提時期。根據家人略為斑駁的記憶，我在紐約斯卡代爾（Scarsdale）讀幼稚園時，在豪爾老師炒熱氣氛的鼓勵下，自告奮勇地獻唱了一首名為黎明（Morgenrot）的德文歌曲，為我帶來了麻煩。這首我在家中耳熟能詳的曲調其實相當灰暗，訴說著黎明戰場上，戰士面對死亡宿命的沈思。時值1919年，美國對戰時敵人的厭憎依然記憶猶新，豪爾老師因此暴跳如雷，立刻把我這名她口中的「小德佬」抓到校長辦公室。幸好校長明辨是非，沒有把政治和教育混為一談，並立刻把我升到一年級貝爾太太的班上。貝爾太太是位好老師，總是鼓勵我認真學、少唱歌。

這段人生早期的插曲是我日後學術生涯的序幕嗎？恐怕不盡然。但這的確是一齣當時不自覺的前戲，預見了我日後觀察文化與政治交互影響的學術興趣。

* 本文譯自：Carl E. Schorske, "The Charles Homer Haskins Lecture: A Life of Learning," *ACLS Occasional Paper* No. 1 (1987).本文所有註腳均為譯者所加。

六十年代早期，我在柏克萊大學講授歐洲智識史的課堂上，便特別探討相同的文化素材，如何在不同的國家與社會中，有不同的使用方式。其中一堂課，我談到莫理斯（William Morris）[1]和華格納（Richard Wagner）[2]這兩位藝術家兼思想家的異同。雖然兩人的智識思路頗異其趣，但莫理斯和華格納卻不約而同地在思想的歷程上，共享幾個文化交會點。莫里斯起先以亞瑟王傳說支持一種信仰美感宗教的存在，繼而熱衷於北歐神話和民間藝術，終而成為社會主義者。華格納的思路歷程與莫里斯相似，但方向相反。他先是一位基進的社會主義者，而後致力於北歐神話，最後以亞瑟王式的英雄「帕西法爾」（Parsifal）[3]成就了一種帶宗教色彩的藝術。

在授課當下，一幅自小熟悉的莫里斯畫作突然從我腦海中一閃而過（事實上，此畫出自瓦茲〔George Frederic Watts〕[4]之手，畫風近於前拉斐爾派〔Pre-Raphaelites〕）[5]。這幅畫的彩色複製品就在我家樓梯轉角，主角是圓桌武士之一的加拉哈德爵士（Sir Galahad）[6]，一身閃亮的盔甲，俊秀的臉龐流露出女性般的敏感氣質，籠罩在謎樣的藍霧之中，堪稱前拉斐爾派畫風的傑作。

[1] 莫理斯（1834-1896）為英國織品藝術家、作家、烏托邦社會主義者，與前拉斐爾畫派有密切關係。其著作對《魔戒》作者托爾金（J. R. R. Tolkien, 1892-1973）有直接影響。

[2] 華格納（1813-1883），德國著名作曲家、劇作家。

[3] 「帕西法爾」（Parsifal），華格納著名歌劇，描述傳說中的亞瑟王騎士尋找聖杯的故事。

[4] 瓦茲（1817-1904），英國維多利亞時代著名畫家。

[5] 前拉斐爾派是1848年開始的一個藝術運動，認為拉斐爾時代以前古典的姿勢和優美的繪畫成分已經被學院藝術派的教學方法腐化，因此取名為前拉斐爾派。

[6] 加拉哈德爵士（Sir Galahad），傳說中亞瑟王圓桌武士之一。

在課後的思索中，我想起母親對莫里斯的熱愛，特別是他的《吉妮薇兒的辯白》（*Defense of Guenevere*）[7]，以及維多利亞時代起源於蘇格蘭的中世紀復興文學作品。父親則恰好相反，總是難掩對女性化加拉哈德爵士的鄙夷。華格納的羅恩格林（Lohengrin）[8]或尼貝龍根之歌（Nibelungenlied）才是父親心中理想中世紀精神的展現。父親所愛好者，不僅是華格納的音樂，他更認同齊格菲（Siegfried）在神話中作為堅定社會主義者的角色。[9]〔這種看法見於蕭伯納（George Bernard Shaw）在〈完美的華格納迷：評《尼貝龍根的指環》〉（*The Perfect Wagnerite*：*A Commentary on the Niblung's Ring*）中的詮釋，和門肯（H.L. Mencken）[10]反女性主義的解釋。〕就華格納歌劇冗長乏味的條頓騎士神話、門肯令人難以忍受的男性沙文主義，與父親對蕭伯納的認同而言，母親展現了難得的包容。

想起父母親在這些議題上相左的主張，使我驚覺到我在課堂上對比莫里斯和華格納的作法，其實是我在家中耳濡目染的結果。佛洛伊德會說，我身為歷史學家的職業生涯，實際上是在處理一個家庭問題，只是用比較理想化的形式呈現罷了。不論如何，這段插曲的確說明我的家庭背景，在形塑我對文化的興趣，以及提供我相關知識方面，影響了我人生方向的選擇。

就我所知，父母親並未刻意要我朝學術領域發展。雖然他們自學有成，也對學問抱持敬意，但他們的教育方式主要不在於學術的追求，而在於一種自然而然知識能力的培養。音樂廳、劇院和博

---

7 《吉妮薇兒的辯白》即*The Defense of Guenevere and Other Poems*，為莫里斯詩作。吉妮薇兒為傳說中亞瑟王之妻，其與圓桌武士之一的蘭斯洛（Lancelot）的愛情故事，是很多中世紀傳說的題材。

8 羅恩格林為華格納著名歌劇，以聖杯騎士為主題。

9 齊格菲是華格納連篇樂劇《尼貝龍根的指環》（*Der Ring Des Nibelungen*）的主角。

10 門肯（1880-1956），美國知名批評家與散文作家。

物館，不僅是父母親休閒的場所，更是他們的孩子受教育之處。我對音樂的喜好，不只源自父母親在家中的教導，更來自於和他們一同加入合唱團的耳濡目染。當父親有兩週長假時，家中總是行程滿檔：從新英格蘭區的歷史景點如康科特（Concord）、緬因州的舊港口、南北戰爭時服役於紐約州德國兵團的祖父曾經奮戰過的古戰場，到東岸和中西部的大城市如費城和聖保羅，都在我家的旅遊路線上。

藉由精深的文化知識、人生經驗和信念，父母親也啟發了我對政治領域的認識。父親身為德國出生的雪茄製造商之子，也因這門在社會上略有爭議的行業，而具有某種基進性格。作為紐約市民，父親曾經替亨利・喬治（Henry George）[11]與賽茲・羅（Seth Low）[12]助選市長。思想上，他追隨基進的自由思想家羅伯・英格索（Robert Ingersoll）[13]。一次世界大戰更使身為銀行家的父親成為社會主義者，至死不渝。他對美國參加一次世界大戰根深蒂固的憎惡，不論是出於反帝國主義或是身為德國人的情感，都讓他本質上仍為進步的政治傾向，染上一抹苦澀、疏離的色彩。這一年，父親四十五歲；正值此刻，我來到了這個世上。或許是這個原因，我也傳承了身為德裔邊緣人的敏銳情感。猶太裔母親在我高中時代也曾受到歧視；因此，我有了第二種邊緣人身分。或許是身處社會邊陲的感受，讓我對歷史深深地著迷；既保持戒心，又深受吸引。對我和父母親來說，政治特別地重要；它不只是決定生活的主要力量，也是一種倫理責任。

---

[11] 亨利・喬治（1839-1897），美國政治人物、作家政治經濟學家，曾參選1886年紐約市長。

[12] 賽茲・羅（1850-1916），美國政治人物，出身紐約布魯克林區，曾任紐約市長及哥倫比亞大學校長。

[13] 羅伯・英格索（1833-1899），美國政治人物、演說家。是美國稱為「自由思想黃金年代」（Golden Age of Freethought）時期（1856年至19世紀末）的主要思想家。主張自由思想應基於科學與理性，而非權威、傳統、或宗教。

II

1932那年，我入哥倫比亞大學就讀。順著賽茲・羅圖書館那尊母校雕像的角度往下俯瞰的空間，正是校園生活種種矛盾和拉鋸上演的舞台：將紐約市區對切兩半的116街，就在眼前穿過校園正中央；花崗岩日晷的巨大球面，矗立在南邊的對街旁。這處街角也稱為哥倫比亞的海德公園，那年學生會長選舉中所向披靡的諾曼・湯瑪斯（Norman Thomas），就在此處辦過集會。這裡也是我宣讀牛津誓言（Oxford Oath）[14]之處，矢志絕不支持政府任何戰爭行動。但也正在此地，我帶著矛盾又困惑的心境，見證反戰的情緒，如何漸漸化為反法西斯的義憤填膺；在希特勒進軍萊茵非武裝區，和墨索里尼侵略衣索比亞的事件爆發之後，激進的政治立場，不僅和大學生的自我期許之間再也沒有衝突之處，更為求學生活帶來了正面的衝擊。

在哥倫比亞大學引以為傲的學術文化底下，大多數的課程都在歷史女神（Clio）掌握之中。在那個年代，個別獨立自主的學科是難以想見的，因為所有的科目都受到歷史觀點深刻的影響。在十九世紀取代哲學成為學問之后的歷史女神，地位顯赫雖不如往昔，影響力依舊無所不在。大學部唯一的必修課，四個學期的當代西方文明緒論，便在她的控馭之下。這門課是本著二十世紀初年「新史學」（New History）的精神設立的，結合了實用主義、民主與基進社會主義，彰顯了羅賓遜（James Harvey Robinson）[15]、畢爾德

[14] 牛津誓言（Oxford Oath）源於1933年，牛津大學的Oxford Union投票通過在任何情況下，都不為英國國王及英國而戰。

[15] 羅賓遜（1863-1936），美國著名歷史學家，20世紀上半葉「新史學」奠基者。

（Charles Beard）[16]和杜威（John Dewey）[17]對哥倫比亞大學文化的影響。這門課的大一課程有三本教科書，講的都是現代歐洲史；分別談論經濟、社會與政治，以及思想三個面向。學生的任務，是要由材料當中形成一個綜覽全局的觀點，以便為二年級美國當代史析論的課程做好準備。

大學部主要課程的結構，也反映了歷史做為一種理解模式的主導地位。這與今日大多數人文學科課程，重視自身分析與理論關懷的傾向相當不同。當時不論文學、哲學還是經濟學，都難以擺脫歷史觀點對人類活動解釋的影響。

由於擔心思考受到侷限，我並沒有選擇歷史主修，反而選擇了四個學期的人文學科研討課（Colloquium）。這門課讓我得以發展出自己的研究方向。研討課的重心放在經典名著的討論上；授課方式蘊含的古典精神，在當時實用主義文化盛行的校園中，格外獨樹一幟。授課的教師們，例如哈達斯（Moses Hadas）、魏斯布魯克（Theodoric Westbrook）、崔林（Lionel Trilling）和布拉森（Jacques Barzun），都是青年才俊。他們在文本舞台上的思想交鋒，讓我首次嘗到智識思辯帶來的純粹愉悅。

正在這個時候，投入學術研究的念頭，首次浮現在我的腦海中。我高中以來就夢想成為演唱家，但現實殘酷。大三那年，我明白我的音色難以企及藝術歌曲演唱家的標準，也不足以勝任我夢寐以求的莫札特歌劇角色。就在同一年，我選修了布拉森的十九世紀智識史。布拉森淵博的學識，精闢的解析，令課堂上的學生為之傾倒。由於布拉森當時正著手撰寫白遼士（Hector Berlioz）[18]傳記，課

[16] 查爾斯・畢爾德（1874-1948），美國著名歷史學家。
[17] 杜威（1859-1952），美國著名哲學家。
[18] 白遼士（1803-1869），法國浪漫時代著名作曲家。

堂上也因此平添許多和音樂有關的討論。我在這門課上的收穫，不只是和同學一起接受老師薰陶的經驗；我更發展出與眾不同的想法：假如智識史可以把我的兩個主要興趣，也就是音樂與政治結合在一起，研究兩者在時間上的關係，那該是多麼地引人入勝。我於是計畫從事這方面的研究。

但在那個時候，我無法下定決心。雖然我自詡為對思想有興趣的知識份子，但我仍對自身是否適合學術工作有所懷疑。弔詭的是，哥倫比亞大學的求學經驗，竟然不能解答我的疑問。大學期間，我只準備過一次研究論文，其他的寫作經驗只有課堂報告，主題也限於評價或解釋某個議題或某份文本。符合學術標準、要求引證自身論點的寫作經驗，在我的大學生涯中付之闕如。不只如此，我還發現學術著作多半枯燥乏味；少數發人深省、引人入勝的傑作，卻又令我望之卻步，因為我自認無能比肩。

找到人生目標而興奮泛紅的臉龐，也因苦於舉棋不定而面無血色。我需要一盞為我指引方向的明燈，於是我求助於畢爾德。當時他人正在紐約參加美國歷史學會1935年大會。就在賓夕法尼亞飯店的房間內，畢爾德毫不掩飾他對當時史學畏首畏尾、謹小慎微作風的輕蔑。他認為在此風助長之下，史學在公民領域中應有的批判功能已經喪失殆盡；他也沒有忘記為我陷入兩難的症狀開一帖藥方：「把論文主題放在像是某個非洲殖民地生產的錫這樣的商品上，寫成課堂報告；然後將此主題寫成論文，再將研究範圍擴大到其他國家，寫成一本專書。一旦投注心力，浸淫其中，學術殿堂必然有你一席之地。」

我也曾求助於大學時的講師崔林。在當時基本上仍是反猶主義盛行的哥倫比亞大學中，他已擔任了四年的講師。結果是被澆了一盆冷水。想來我也是蠢得可以，像我這樣有二分之一猶太血統的人，竟還以為能在學院中混飯吃！對於我的疑惑，畢爾德和崔林都直言不諱地指出，在學術的呼喚和學院難堪的現實環境之間，有一道難以跨越的鴻溝。然而，對我來說，他們的回應都未觸及我關懷的核心，那就是我這個人究竟適不適合從事學術研究的問題。於是我想除了親身嘗試之外，再也沒有其他答案了。抱持著這樣躍躍欲試的心情，我在1936年秋天進入哈佛大學研究所。不過我當時對學術生涯仍有遲疑。

III

從哥倫比亞到哈佛，不僅校園空間轉換，更像進入了另一個世界，不論在社會、政治和學風上，都大不相同。或許我大學時對兩校的刻板印象，使我誇大了兩者之間的差異。但即便刻板印象，也有事實基礎。僅在校園結構上，哈佛就展現出它對大學與社會間關係的概念，和哥倫比亞完全不同。

哈佛雖然位於市區，但卻不是城市的一部份。從韋德納（Widener Library）圖書館俯瞰的景觀，與賽茲・羅圖書館看下去車水馬龍的城市街道截然不同。一片碧綠如茵的草地圍在城鎮櫛比鱗次的屋宇之中。配備豪華房間與侍者餐廳的校園廳舍，雖然分隔了圖書館與校居教師的空間，但也結合了財富和學術，使兩者都能互蒙其利。即便成員皆來自社會賢達，哈佛卻是堅強的學術堡壘，有效地抗拒政治力的入侵，這一點和哥倫比亞大為不同。哈佛不像哥倫比亞，沒有學生集會的場所，因為學生根本不覺得有集會的必要。倘若真有政治議題在哈佛校園中發酵，新生也不太可能牽涉其中。哈佛幽靜的環境，使我能心無旁騖地沈浸在學術研究之中；同時也讓我能靜下來，沈澱心中對前景的困惑。

哈佛的授課方式，和哥倫比亞相較，要比兩者在校園建築上的差異來得更大。對哥倫比亞的學生來說，講師就是老師，指導學生研讀文本並回答問題。但在哈佛，講師更像教授，不僅淵博，更是學有專精的權威，授課內容自也不在話下。當時盛行的十九世紀歷史思想，及其對發展的構築和敘事結構的強調，更使這種授課模式顯得權威十足。

在此時期，我遇見了人生的貴人，威廉・朗傑（William L. Langer）老師。既然我無緣依循畢爾德的指路明燈，成為他口中謹小慎微的專家學者，就只好採納朗傑老師的忠告，廣泛選修各種課程，磨練諸如經濟、外交、思想和社會各面向的各種史學研究技巧。這時期的修課經驗使我獲益良多；尤其跟隨朗傑老師學習，更讓我心中疑懼學術生涯的陰霾一掃而空，也找到了值得追尋的學術目標。值得一提的是，對我的學術思路和價值觀最具啟發意義的，並不是現代史課程，而是在古希臘史的課堂上，與弗格森（William Scott Ferguson）老師一同研讀古典文獻的時光。雖然身為現代主義者的我對古希臘文一竅不通，弗格森老師依然誨我不倦。每週我們都會進行兩小時的討論，書單由老師指派，主題遍及探討遠古希臘部落的人類學、亞里斯多德的《雅典政制》（*Athenian Constitution*），和羅馬治理希臘的統治結構。我的資格考當中特別有一科是古希臘喜劇作家亞理斯多芬（Aristophanes），由弗格森老師指導。在準備的過程中，我首次將一位作家的作品，全都放在社會權力的場域中析論。弗格森老師啟發批判思考的教學令我茅塞頓開，使我由古代史意識到整合文化並加以分析的可能性。老師豁達大度地傾囊相授，更讓我永誌不忘。

然而好景總是不長。1936年我入學時相對平靜的哈佛校園，到了1938年，隨著全美國在山雨欲來的國際情勢中繃緊神經，政治議題也在校園中不斷發酵。包括我在內的許多學生，都對美國是否應該參戰的議題表達自己的立場，在公開場合激烈地辯論。對一個學者來說，政治激情一旦被挑起，就得面臨一個兩難的抉擇：究竟要認同超脫世俗政治的文學共和國（republic of letters）[19]，還是要效忠自己的國家？在哈佛的兩段個人經驗，讓我對此問題有切身的感受。

第一次是在1940年，擔任大一歷史課助教時。授課老師梅理曼（Roger B. Merriman）教授精力充沛又老於世故，令人想起老式學院派作風。同時他也是英式貴族政治熱情的擁護者。梅理曼教授和部分哈佛教師，堅信教授擔負著社會責任，有義務讓課堂上的大學新鮮人明瞭戰爭的本質，明白美國參戰的必要性。然而，同時也有包括我在內的部分學生，儘管彼此政治立場迥異，同樣地堅信大學課堂不應成為政治宣傳的工具，並以具體行動抗議。參與抗議行動的同志包括金尼（Barnaby C. Keeney），後來成為國家人文基金會（National Endowment for the Humanities）首任執行長，還有沃夫（Robert Lee Wolff），日後哈佛的拜占庭史教授。大一歷史課這次經驗讓我學到，撇開個人原則不談，相同的學術價值觀，如何可能維繫政治立場針鋒相對的人們，彼此之間的友誼。

第二段經驗牽涉到思想的本質，在我身為歷史學家的意識中，留下了難以抹滅的印記。當時研究生歷史俱樂部舉辦了一系列活動，我們開玩笑地仿效當時共產黨的用語，稱之為「黨小組會議」（cells），學生會員要在其中討論正規課程沒有處理的問題。我的「小組」選擇討論當代歷史書寫問題。我們關注的焦點，放在不同國家的歷史著作，如何因晚近歷史事件的衝擊而產生演變。我檢視

---

[19] Republic of Letters譯為「文學共和國」，源於法文la république des lettres，其中des為定冠詞，lettres專指古希臘羅馬文學作品。故republic of letters意指文藝復興時期，研究古典文學的人文學者，所嚮往認同的社群。時至18世紀啓蒙時代，已經成為一種傳統，乃文人集體身份認同的代表。

了威瑪共和與第三帝國的史著，不只著眼於它們受到的政治壓力，更注意到歷史書寫中特定的文化傳統，與新現實環境的遭遇，如何導致對過去歷史產生新的解釋。我更赫然發現，某些國族主義色彩最濃厚的歷史學家，如何明目張膽地利用哲學相對主義，來為他們教條式的國族主義辯護。我以這種方式操作知識社會學，不僅可以了解其他國家的歷史著作，更能讓我及我的同行認知到，吾人在研究歷史之時，其實也是身處歷史之中。這種情境或許能讓我們的歷史研究，更有知己知彼的優勢；但也可能因為當局者迷，而落入謬誤的陷阱。最重要的是，這樣的理解使我們意識到，史家的現實社會立場，可能對歷史研究產生影響。這一點是懷抱實證主義信念，堅信客觀立場存在的前輩史家，未曾思及之處。

IV

珍珠港事變爆發前幾個月，我加入中央情報局的前身戰略情報局（Office of Strategic Services），在轄下的研究與分析分部（The Research and Analysis Branch）服役；那是一個類似大學研究所的機構。我的同事包括許多德國流亡學者，也有一個菁英經濟學家團隊；凱恩斯派和馬克思派的學者，都在其中並肩合作。與這批傑出人士共事的經驗，對我學術思路的啟發和幫助幾乎無法估計。這段經歷也讓我了解，熱衷研究當代政治的我，並不適合擔任規劃政策的工作。

1946年役期屆滿時，我不僅年過而立，育有二子，且尚未獲得博士學位。不過我很幸運地在韋斯理安大學（Wesleyan University）找到一份教職，一待就是十四年。在我教學相長的學術生涯中，韋斯理安大學這段時期對我學術生涯的本質，和我身為歷史學家的自我定位，無疑有著關鍵的影響。時值四十年代末，五十年代初，美國的政治和學術文化，正經歷大規模的轉變。不論我在哪個大學任教，都不可能置身事外。但唯有在韋斯理安這樣的小型大學，我才有充分的自由，能在一個學科疆界日益強固的時刻，以跨學科的視野面對這樣的文化變遷。更幸運的是，在巴特菲爾德（Victor Butterfield）校長精挑細選下，幹勁十足的教師團隊，著實令我獲益匪淺。這樣的學術環境，使得大戰結束時的韋斯理安大學校園，瀰漫著一股朝氣蓬勃的批判研究精神。我日後文化史研究中，跨學科的取徑，就是在韋斯理安大學這段教學生涯中鍛鍊而成。

在韋斯理安大學教書的頭兩年，我就像那些從戰場上歸來的學生或教授一樣，沉浸在重拾睽違五年學術生活的喜悅之中。對即將面臨的學術抉擇，以及陷入兩難將帶來的轉機，全都一無所悉。我擔綱的大一西洋文明史，是由一位來自哥倫比亞大學的新聘助理教授引進韋斯理安大學開設的新課程。講授這堂課，對我來說就像重溫十四年前大一聽課的時光。一堂四節課的時間，讓我能游刃有餘，好整以暇地引領學生一窺西方文明的堂奧，揭櫫在文明進步的樂觀前景之下，人類理智應與國家社會攜手並進的前提；以及在此前提之下事與願違的衝突和悲痛。

在構思一門十九世紀歐洲史的進階課程時，我以一次大戰前的模式，探索各國各自的歷史與國際情勢發展間的關係。我在歐洲智識史的課堂上，也以不同國家的比較來探索思想的社會史；這種取徑高度的原創性雖然令我相當自詡，但此原創性仍是深具我在哥倫比亞大學及家中受薰陶的美國新啟蒙運動（American neo-Enlightenment）[20]色彩。其中心要旨，乃是理性主義的歷史，及其與政治和社會轉變之間的關係。儘管在構築十九世紀中葉之前的思想

---

[20] 新啓蒙運動通常指的是，在啓蒙時代後，仍贊同並推廣啓蒙運動之中心價值：如理性、民主、自由等。

發展架構上頗具效力，新啟蒙運動的解釋力，卻隨著二十世紀的趨近日益遞減，隨著與之相關的理性主義和歷史主義，在凝聚歐洲文化想像力量上的衰退而一蹶不振。

面臨現代思想和藝術的分裂和零碎，我以尼采作為現代思想先鋒的代表。他正好站在時代的交界點上；前半段是我成長時期的文化時空，後半段則是由美國方興未艾的後啟蒙運動（post-Enlightenment）[21]所構築而成的心智環境；其概念的多元既令人困惑，又充滿威脅，但開放性卻令人夢寐以求。不過在尼采之後，渾沌再度掌控了一切，我也陷入一片茫然。但概念上的危機卻為我日後的研究帶來轉機。我由是著手研究文化現代主義的出現，及其與歷史意識間的斷裂。

雖然我時常在教學時探索現代文化的未知領域，我的研究依然深受我在羅斯福總統實施「新政」，和二次大戰的那幾年中，經歷的政治經驗和價值觀的深刻影響。尤其是在戰略情報局服役期間，分析納粹主義長達五年之後，我再也不想用納粹主義的思想起源當作我的論文標題；我在戰前為研究這個題目投注的心血，也只好忍痛放棄。我轉而以德國社會民主（German Social Democracy）作為我的論文主題，並同時涉及現代德國問題的通論性研究。不論何者，背後都牽涉到世界政治的走向。美俄兩大強權，都在各自佔領的東西德國複製自身的面貌：東德是反民主社會主義，西德是反社會主義民主。於是原本存在於德國的工人政黨，也沿著兩德蜿蜒參差的

[21] 相對於新啓蒙運動，後啓蒙運動指的則是，在啓蒙時代後，對於啓蒙運動核心價值的質疑甚至推翻，如質疑理性或是強調宗教信仰的重要。發生於十八世紀末至十九世紀初美國的第二次大覺醒（Second Great Awakening）即為一例。詳見：Milan Zafirovski, "Counter-Enlightenment, Post-Enlightenment, and Neo-Enlightenment,"in *The Enlightenment and Its Effects on Modern Society* (New York: Springer, 2011), pp. 279–332.

邊界裂成兩半，一邊是共產黨，另一邊是社會民主黨。但事實上，兩者在一次大戰前隸屬同一個政黨，同時信奉社會主義與民主。於是我的問題浮現腦海：為何原本的統一不再能夠持續？是什麼樣的歷史動力，使得民主和社會主義在德國無法並存？這個歷史問題，當然無可避免地受到現實政治環境的影響，但我還是希望我的結論能夠免於現實的左右。我了解到我從事的工作並不只是歷史分析，而是在為一度曾經生氣蓬勃的政治運動譜一曲輓歌，哀悼歷史毀滅的無情。

在德國社會民主的歷史研究之外，我還同時為外交關係協會（the Council on Foreign Relations）研究美國對德政策與當代德國問題。在此處我經歷了一段不似政府，也不像學院的學術歷程。協會中由杜爾（Allan Dulles）領銜的德國研究小組成員，不僅才識卓越，更是來自美國各界的政商名流。重要的是，他們看待對德政策的態度，與對奧地利或芬蘭截然不同。後者總被視為對蘇聯妥協的籌碼；但前者，則是在美蘇兩強根本上衝突的態勢之下，不可或缺的中流砥柱。我深信促成統一且永久中立的德國，對美國來說是最好的政策；我曾服役的戰略情報局也支持這種看法。對我來說，這似乎是唯一能夠稍微彌補雅爾達協定（Yalta accord）造成的傷害，並阻止歐洲永久分裂的手段。不過協會雖然慷慨地出版了我對德國問題的分析，但卻回絕了我的政策提議。這也是我最後一次嘗試在體制內影響美國的政策。

美蘇從戰時結盟的合作無間，到冷戰體系下的結構性敵對，轉變看似不費吹灰之力，實則對美國的文化，且不僅是學術文化，造成了深刻的影響。不只大學成為外來勢力攻擊的對象，被貼上共黨顛覆陰謀大本營的標籤；從「新政」以來寬容、多變的自由基進傳統的斷裂，及隨之而來的中間與左派陣營的敵對，都對整個思想的大環境，留下難以磨滅的烙印。衝突在1948年亨利・華萊士（Henry Wallace）[22]參選總統時達到政治最高潮，我也在此次大選中為華萊士積極奔走。失敗的結果扼殺了大環境更為全面的改變，使得這種改變對大多數知識份子的影響，要到1947年後的十年間，才能在不滿現狀的革命中看出端倪。樂觀的社會與哲學觀點，和與之息息相關的自由和基進政治立場，都在冷戰和麥卡錫主義的陰影下被迫轉變。

這個時期的韋斯理安大學，就像一塊純潔無暇的三稜鏡，將大環境下思想改變的各色樣貌，層層折射而出。部分社會科學系所的行動派自由主義者，包括原本沒有宗教信仰者，率爾改宗尼布爾（Reinhold Niebuhr）[23]的「新正統新教」（neo-Orthodox Protestantism），政治立場轉為悲觀。年輕一輩的「美國研究」（American studies）學者，則由帕靈頓（Vernon Louis Parrington）開放式的民主文化，轉向米勒（Perry Miller）清教徒式的道德實在論。[24]大學生則風靡於新崛起的文化權威。在他們眼中，布克哈特（Jacob Burckhardt）[25]處理權力課題上展現貴族般的脫俗睿智，和齊克果（Kierkegaard）[26]衝突矛盾的悲觀主義，遠比彌爾（John Stuart

[22] 亨利・華萊士（1888-1965），美國左派政黨「進步黨」於1948年推出的總統候選人，主張與蘇聯和解、廢除種族隔離等政策。

[23] 尼布爾（1892-1971），美國神學家。

[24] 「美國研究」，又稱「美國文明」（American civilization），為一以美國為對象的跨學科研究領域，含括歷史、文學、批判理論、法律、媒體、電影、人類學、社會學等範疇。一般咸認帕靈頓（1871-1929）是「美國研究」的奠基者；以文化取徑研究清教徒知名的哈佛史家米勒（1905-1963），也對此領域的締造貢獻卓著。

[25] 布克哈特（1818-1897），瑞士裔文化史家，其名著《義大利文藝復興時代的文化》（*Die Kultur der Renaissance in Italien: Ein Versuch*）是歐洲文藝復興研究的扛鼎之作，亦是開啓現代文化史研究視野的重要史學名著。

[26] 齊克果（1813-1855），丹麥哲學家、神學家、作家，存在主義之父。

Mill）[27]的道德理性主義，或馬克思的鬥爭觀點，來得更引人入勝。存在主義（Existentialism）也很受歡迎。這種斯多葛（stoical）形式的自由主義，在大學生中隨政治信念不同，各有卡繆與沙特的擁護者。

在這波文化價值受到重新評判的浪潮中，唯有佛洛伊德令我感到振聾發聵、耳目一新。我的佛洛伊德轉向，來自於兩位我向來親近，但政治信仰南轅北轍的學者。朗傑老師援引佛洛伊德來深化他那利害攸關的政治學；而以自由主義者之姿對抗馬克思主義的崔林老師，則以佛洛伊德調和人文理性主義，與本能力量存在的問題。佛洛伊德轉向竟也見諸我兩位政治立場基進的朋友，讓我對1952年得知這個消息的日子印象深刻。古典學者布朗（Norman O. Brown）[28]和哲學家馬庫色（Herbert Marcuse）[29]都是我在韋斯理安大學的同事，兩人不約而同地走在由馬克思轉往佛洛伊德的道路上，由政治的基進主義邁向文化的基進主義。理解人與社會的前提，似乎確實由社會歷史面向，轉向心理學領域。

這一切的轉向，都將美國的知識份子引向馬克思主義者以外的歐洲人，業已思考半個世紀的議題，即鑒往不能知來，歷史不能引領進步。雖然歷史受到信賴的程度不如往昔，但在學術界仍有其重要性。不過歷史作為發人深省的意義之泉，卻較以往更加乏人問津。形式主義、抽象藝術、精細的內在分析，以及理論在各學科中空前的重要性，都讓各學門對其主題的理解，與歷史解釋的模式漸行漸遠。對智識史來說，此趨勢不僅影響教學功能，也對學術方法造成衝擊。

---

[27] 約翰・彌爾（1806-1873），英國哲學家、經濟學家，是十九世紀古典自由主義者，功利主義的代表人物。

[28] 布朗（1913-2002），美國人文學者。

[29] 馬庫色（1898-1979），德裔猶太哲學家、社會學家，新左派之父。

於是，智識史課堂上的學生所思所想，僅為理解各自本科系中已不再受到重視的思想家。智識史課程，於焉扮演保存其他學門乏人研究思想家的角色。在新興英美分析學派定義問題的方式下，黯然失色的許多重要哲學家，如叔本華（Schopenhauer）[30]和費希特（Fichte）[31]，因而還能在智識史領域保留一線香火。歷史學家現在得守在哲學史臨終臥榻之側，傳承守護的責任，讓哲學家的思想不受埋沒。經濟學方面，因追求數學統計帶來的興奮刺激，而遭到放棄的歷史遺產，如普遍社會理論，甚至社會政策問題，也在智識史中受到保存。

這看來是個發展智識史千載難逢的好機會，但有利也有弊。我們（歷史學家）根本沒準備要承擔這個重責大任。雖然史家稍稍注意到了思想的內在結構，也找到了將智識史從意識型態中提煉出來的方法，並將複雜的藝術和思想作品精煉為歷史潮流或運動的展現。但由這幾個學門發展而出的分析文化產物的新方法，卻恰恰凸顯這些印象主義式的方法如何地不合時宜。兩道難關因而在歷史學家眼前矗立。史家一方面必須彰顯在與文化相關的眾學門中，受到其中學者排拒的歷史學依然具有不墜的重要性；另一方面，史家還要同時在自身的歷史分析方法，遭到非歷史分析方法譏為膚淺和無用時，挺身捍衛自身的觀點。

在文學議題的討論上，這個問題的重要性首次浮現。當我對韋斯理安大學服膺新批評（New Criticism）理論的朋友們指出，他們的研究乃是將文本抽離其賴以存在的歷史脈絡時，他們則指控我過度相對化的作法，將會摧毀文本的本質。一位火冒三丈的同事，

[30] 叔本華（1788-1860），德國知名哲學家，悲觀主義者。
[31] 費希特（1762-1814），德國哲學家，唯心主義者。

還對我撂下康明斯（E. E. Cummings）[32]的名言：「文本不證自明」（let the poem be）。然而，這位同事卻也教導我如何重新閱讀文本；如何以形式分析，彰顯仍停留在觀念與論述內容的歷史學家所無法企及的意涵。建築、繪畫、神學等其他領域的同僚，也都讓我學到形式分析的梗概，使我能夠應用他們各有專精的方法，以概念上更為嚴格的手段，來進行歷史分析。

上述我曾經歷的種種困難，諸如在尼采之後渺無頭緒的茫然、冷戰大勢下全球和國內的政治變動、學術文化的去歷史化，以及智識史更為精準的要求，都在五十年代，共同決定了我的學術走向。我日後致力於探索現代文化意識的歷史起源；這種意識特意抗拒歷史的影響。對我來說，共同的社會經驗對文化創造力的衝擊，只有在有限的歷史脈絡中才能衡量。一座城市，因而成為最合適的研究對象。我和韋斯理安討論課堂上的學生，一同尋覓這座城市；從巴黎、柏林、倫敦到維也納，就像童話中誤闖熊穴的金髮小女孩，不斷尋找最合己意的事物。[33]當我選擇維也納時，直覺「就是它沒錯」。[34]維也納是二十世紀許多重要文化流派，毋庸置疑的生產中心；其中有一成員往來密切、疆界界定明確的知識菁英社群，對當時席捲歐洲的個各家思潮，抱持開放的態度。在韋斯理安大學同僚們多年的薰陶之下，我已累積足夠的知識和視野，能夠進行多學科的研究。

---

[32] 美國詩人康明斯（1894-1962），有時也因其詩作而小寫為e. e. cummings，為美國二十世紀最重要，也最受歡迎的詩人之一。

[33] *Goldilocks and the Three Bears*（金髮小女孩與熊）是英語世界最家喻戶曉的童話故事之一，描寫金髮小女孩誤闖三隻熊的居所，嘗試三熊各自的食物、座椅與寢室，最後在最適合自己的床上睡著的故事。

[34] 「就是它沒錯」（just right）一語，同樣出自「金髮女孩與熊」童話，其中當小女孩找到最適合她的事物時，便說：「就是它沒錯」。

V

我在1959年，將要離開史丹佛大學高等行為科學研究中心之際，接到來自柏克萊同事的邀約，赴該校為智識史課程代課。雖然為期僅兩週，學生人數近四百；但課堂上集體參與討論的精神，令我為之耳目一新。我不禁感到柏克萊智識氛圍瀰漫，令人心曠神怡的校園，正是我該待的地方。諷刺的是，我四年前竟然一步沒踏進柏克萊校園，就回絕了他們提供的教職。我把遺憾和規定都拋諸腦後，一通電話打給歷史系的朋友；好險那份教職還在那兒，等著我去申請。

1960年我從韋斯理安遷至柏克萊，如同從學術「社區」（Gemeinschaft）搬到學術「社會」（Gesellschaft）。[35]韋斯理安同僚之間親密的互動，與跨學科開放式的學術交流，讓我重新找到身為學者的目標。柏克萊對我學術方向的影響小得多，但卻使我重新思索像是大學與當代社會的關聯和我作為教學者的職業，這些我自哈佛畢業後，就未曾思及的議題。在六十年代危機籠罩之下，這些議題顯得既刻骨銘心，又咄咄逼人。

柏克萊作為公立大學，自然特別容易受到來自國家與社會的壓力。我於1960年到任之時，五十年代的誓言危機和麥卡錫主義的陰影，仍讓教職員餘悸猶存。[36]不只如此，禁止政治和宗教宣傳的百年校規餘威仍在；雖然原意在保護學校免於國家和教會的干涉，但在當時的情勢之下，卻成了桎梏學術自由的枷鎖，令人痛心。直到

[35] 此處「社區」、「社會」之謂，指德國社會學家Ferdinand Tönnies（1855-1936）的社會學理論。其指出「社區」由人和人之間共同的信仰、風俗和親緣維繫，地位往往世襲而來；而在「社會」中，人與人間信仰、價值未必一致；共同工作目標，如獲利的目的，才是支持其運作的關鍵，地位則是建立在工作成就之上。

[36] 「誓言危機」（oath crisis），指五十年代在麥卡錫主義猖獗之下，加州大學（UC）教職員拒絕簽署反共效忠誓言，抗議對基本人權與言論自由侵害的事件。

1964年，在教職員（而非學生）的帶領之下，才有向校方施壓，爭取言論自由的行動。為了挑戰校方的底線，歷史系無異議通過聘請擁有博士學位，著作等身，且自詡為共產主義者的歷史學家阿普特克（Herbert Aptheker）[37]擔綱研究生研討課。此舉不令人意外地遭校方打了回票；研討課只好移師校外教堂舉行。這個動作的目的，旨在凸顯在加州大學，負責任的教育竟然必須在校外以未獲校方核准的方式進行。

另一項行動，則是肇端於資金充沛的右翼團體在全加州各地進行的「共產主義教育」宣傳。為了反制戴著學術面具的右派政治宣傳，歷史系於是發起一系列公開演講，主題同樣是共產主義。本系的歷史學家，即便政治傾向相異，領域專精不同，卻都各自拿出看家本領向公眾說明，大學如何藉由對炙手可熱的公共問題進行學術分析和理性討論，從而貢獻社會。

隨著民權運動的開展和越戰爆發，美國政治開啟了新一波轉向，大學也難置身事外。這回大學受到的壓力，不像五十年代來自右派和體制；而是來自左派與不滿社會人士。這在柏克萊校園，也導致一波轉變的趨勢。大學的注意力，從教職員最關心的學術自由和行政自主，轉向學生最在意的政治權利與在校園中追求公民目標的自由。確實在自由社會中，學術自由和公民自由相互依賴，缺一不可；然實則它們並不相同。前者和「文學共和國」（republic of letters）有關，後者則關聯到有限的「政體」（body politic）。這兩者雖然都必須正視對方的存在，但這種由相互認可締造的脆弱平衡，在大學淪為政治鬥爭的籌碼或阻礙時，可以被輕易地推翻。這就是活生生上演在柏克萊的戲碼。師生政治上的權利，在學術歸學

[37] 阿普特克（1915-2003），美國馬克思主義史學家、政治家，專長領域為美國史，尤其美國的黑人奴隸運動史。

術的大纛之下，長期以來遭到壓制；而校園系所的自主，則在政治權利抬頭的浪潮下浮現危機。

我也在這場危機之中扮演次要的角色。我先在教授會（Academic Senate）轄下的緊急執行委員會工作，之後轉任分校校長（Chancellor）辦公室，負責教育發展。[38]我在這段工作時期，經歷了痛苦、妄想、盼望和覺悟；如同社會危機的參與者同樣會經歷的過程。回想當年，我了解到我的眼光和行動，又再一次受到內心天生傾向的影響，試圖揉合彼此排拒的各種力量。這股意料之外的衝動對我的學術作品造成了深刻的影響。例如，我在論社會民主的書中，試圖用單一觀點理解社會主義與民主兩件事；而我在談維也納智識史的作品中，則訴求將政治和文化整合到實質的、歷史的和形式的分析方法之中。身處大學和社會的危機之中，我也嘗試在教育政策、教授權威和教育革新中，調和學術自主與反戰行動。

曾經歷過大學危機者，必能體會那種分崩離析的錐心之痛；這種痛苦，偶爾會因為對未來還有期待而稍微舒緩。我衷心希望更為健全的大學社群能由危機當中應運而生，並由合作無間的學者群體處獲得力量。這群傑出的同僚和我一樣，堅信言論自由和教育改革的必要。

在衝突環伺之中，唯有我的系和我的課，能稍稍提供慰藉。

歷史系內部對大學政策的看法並不一致，出席教授會的代表也常在會上侃侃而談。但教授會上對課程和人事的意見紛歧，並未延伸到系內的學術事務。總是有同僚在教授會上和我意見相左，但在系務上卻和我有志一同。系內對專業的信念和同僚間的關係並未因校務上的意見紛歧而動搖。但在政治系和社會系，情況大不相同；

[38] 教授會為柏克萊大學教授治校的決策機構。柏克萊大學為「加州大學」分校之一，其校長為分校校長。

方法論上的歧異，竟然足以造成派系的分立！我的課堂雖然在智識上也在風雨飄搖中歷盡滄桑，卻一直是我安定感的來源；但危機的壓力，也讓我對教學有新的思考。

一場課後經歷，啟發了我的新想法。某次智識史學期結束的課堂上，在學生們例行的掌聲中，我卸下一年以來的疲憊，將煩惱拋諸九霄雲外，步履輕快地步出講堂。正當我下到走廊時，冷不防後頭傳來女學生的談話聲，嫌惡的語氣透露著不滿：「難道師生間的對話僅止於此？」真是一語驚醒夢中人。學生反應的背後，點出了兩個問題。其一，渴望親近授課教師的學生，通常都有一定的出席率，但往往會因為授課體系的「冷漠無情」而感到不安，產生排斥。其二，學生的反叛，已經由政治跨越到文化。道德的和智識的文化代溝，事實上比政治代溝差異更大。教授要如何克服代溝，解決另一個世代的學生提出的問題，正是對我抱持偏見的批評者為我設定的難題。我對適合大眾型大學的新教育形式的興趣，便是由此而來。

為了讓我的智識史傳統概念能回答學生的新問題，我將課程改為多中心架構。我仍在講課時提出對於智識史的解釋，但把指導的重心放在周邊的討論課上；討論範圍是我講課時提過的思想家，由擔任教學助理的研究生決定適合特定主題的文本，只要不超出範圍即可。助理們提出包括「自由的代價」、「歐洲思想中的女性概念」等，令我大開眼界的主題。教學助理於是成了我的學術規範和新一代學生的關懷之間的媒介；他們一方面與這門學科有職業上的利害關係，一方面又是下一代學生的一份子。這種種的收穫，都來自教學助理權限的擴大。周邊討論課不僅有助於滿足小班教學能夠提供的師生對話需求，還在我講課時提出的思想解釋模式與討論課主題反映出學生的存在關懷之間，建立了有益的辯證關係。

看到思想在討論課上開花結果，我不禁想起尼采曾深中鵠的地指出，當下的新需求，會開啟對過往的新認知。如傅柯等許多現在廣為人知的思想，我當年都是在討論課上首次接觸。周邊討論課的教學方式，也在柏克萊和普林斯頓的一些課堂上受到採用，在當時都取得不錯的成效。但到了七十年代，智識和社會上服膺權威的風氣再起，教學助理也不再風靡這樣的上課方式。絕代風華，轉瞬雲煙。不論是教學還是做學問，我們都必須把眼光放遠，與社會和文化變遷俱進，不落窠臼。

VI

我轉任教於普林斯頓大學，並不是因為加州大學有什麼不好；畢竟我在加大投注了無比的心力在行政與教學上，對學校有著深厚的情感。然而，加大向來希望學者把重心放在行政而非研究工作上；為了讓學術研究重回生活正軌，我怦然心動地接受了普林斯頓的教職與該校高等研究院提供三年的半職獎學金。

1950年代在韋斯理安，面對戰後政治的右翼轉向與學術文化的去歷史化，我在目標和方法上，將自己重新定位為跨學科的智識史家。1960年代在柏克萊，在保守體制與青年左派再起的雙重壓力之下，我在思想和行動之間，掙扎地尋找大學與社會間的確切關聯。身為柏克萊眾聲喧嘩的歷史系中，活躍的智識史家群體的一員；每當我剪裁我的目標，以符合新一代學生在智識和存在的需求時，總覺得自己好像只是在為人作嫁。

1970年代在普林斯頓，我學術生涯的重心，則由歷史系轉向整個人文學科。學術文化的轉向，再次扮演將我重新定位的角色。這回轉向的核心，是社會科學與人文學科的對立化；這個嚴格來說起於五十年代的趨勢，此時達到高峰。學術關懷一方面傾向集體的、去個人化的社會行為；另一方面又聚焦於抽離任何社會脈絡的，語言學式的結構主義文本分析。不論何者，都不能僅以削弱其研究與歷史的關聯性加以解釋。且這兩種在概念上相互排斥的關懷，都深深影響了歷史學本身。致力於在往昔文化或過去歷史書寫忽略的類別中，尋找「他者性」的社會史家，現在對靜態的、人類學式的文化橫切面，要比對持續的動態轉變來得更有興趣。而在光譜另一端的智識史家中，懷特（Hayden White）將歷史書寫當作文學建構分析的方法，則將智識史由社會母體中分離出來。不論是將過去做靜態共時性切片方法的再起，或是光譜另一端的人文學科形式理論，在在都顯示，對歷史演進的過程和轉變的研究興趣，雖然曾在1950年代風靡一時，並形塑歷史學以外的新學術文化；但這種研究興趣，至1970年代已經不再風行。這時的普林斯頓歷史系，社會科學蔚為主流。

我不是理論家，也不是方法學家。我處理社會科學和歷史學對立化問題的方式，主要是透過教學；但這回我不是孤軍奮戰。來自普林斯頓各系所的學者，和我一起設立了名為「歐洲文化研究」的學程，我的學術活動因而拓展到歷史系之外。我們採用當時流行的概念，以共同的研究目標，將社會科學、歷史學和人文學各領域，原本缺乏交流學者們的思考融會於一處，求索更深刻的洞察。此學程中，所有課程均由兩位學者執教，理想狀況是由一位社會科學學者與一位人文領域學者搭檔。雖然參與此學程的社會科學學者，除了社會史家之外，人數有限，但這門討論課確實建立了一個論述場域，將思想與社會加以連結，因而超越了我們學術文化中，科系自主風潮的羈絆。以更為個人的層面來說，與哲學、建築，以及俄國、德國和法國文學等各領域學者一同授課，更讓我最後十年的教學生涯，成為全新的學習經驗。其中一堂與教學搭檔，一同講論19

世紀瑞士巴塞爾（Basel）的討論課中，誕生了一份探討大學文化與社會權利的研究計畫，與我柏克萊時期的關懷相互呼應。

我學術生涯大部分的時光，都努力將藝術作品納入歷史中，作為歷史進程不可或缺的一部份。但近年來，我則試著藉由與博物館或建築學校合作的著作，以及針對較廣大讀者群發表的評論，將歷史解釋導入藝術品的世界中。隨著年華老去，物換星移，研究的方向和形式也隨之改變。撰寫本文的心路歷程，讓我明白我始終未曾遠離學術生涯的初衷；始終未曾遠離智識文化的價值判斷與社會權力的結構間，錯綜複雜的互動。

譯者　謝柏暉

1981年生於台灣台北，國立台灣師範大學歷史學系碩士、學士，現為香港大學香港人文社會研究所博士生。研究興趣為書籍史、科學史、醫療史。曾獲中央研究院人文社會研究中心衛生史計畫獎助（2008-2009）、台灣科技與社會協會王玉豐年輕學者論文紀念獎（2011）、亞洲醫學史學會谷口獎等。

著有〈從《王叔和脈訣》的爭議看明清醫學知識的建構〉等單篇論文；譯有Roger Chartier原著《書籍的秩序：歐洲的讀者、作者與圖書館（14-18世紀）》、陳建守主編《史家的誕生：探訪西方史學殿堂的十扇窗》。

PAUL OSKAR KRISTELLER

過去事物雖已然消逝但依舊真實。史學家的職責便是讓這些真實性繼續留存，亦且公平地對待歷史上的戰敗者與受忽視的人，至少要讓他們值得被記住之處為世人所知。

保羅・奧斯卡・克里斯特勒

1905-1999

1905年生於德國柏林，1999年於美國紐約辭世。畢業於海德堡大學，在柏林大學與弗萊堡大學從事博士後研究。1939年進入哥倫比亞大學哲學系任教，在1968年成為伍德布里奇講座教授。同時也是美國哲學協會、美國文藝復興學會、美國中世紀研究院、美國國家藝術與科學院的院士，並獲頒哥倫比亞大學、羅徹斯特大學等校的榮譽學位。

為國際學術界公認二十世紀以來文藝復興研究的權威學者，專長文藝復興哲學，尤其著重於費奇諾以及佛羅倫斯的新柏拉圖主義哲學。

References

【英文】

1. Ernst Cassirer, Paul Oskar Kristeller, and John Herman Randall, eds., *The Renaissance Philosophy of Man* (Chicago: University of Chicago Press, 1948).
2. *The Classics and Renaissance Thought.* (Cambridge Mass: Published for Oberlin College by Harvard University Press, 1955).
3. *Latin Manuscript Books before 1600: A List of the Printed Catalogues and Unpublished Inventories of Extant Collections* (New York, Fordham University Press, 1960; 2nd edn, 1965; 3rd edn, 1993; 4th edn, 2007).
4. *Iter Italicum: A Finding List of Uncatalogued or Incompletely Catalogued Humanistic Manuscripts of the Renaissance in Italian and Other libraries* (London: Warburg Institute: 6 vols, 1963-92)
5. *Eight Philosophers of the Italian Renaissance* (Stanford: Stanford University Press, 1964)；中譯本：姚鵬、陶建平譯，《意大利文藝復興時期八個哲學家》（上海：上海譯文出版社，1987）。
6. *The Philosophy of Marsilio Ficino* (Gloucester, MA: Peter Smith, 1964).
7. *Renaissance Thought II: Papers on Humanism and the Arts* (New York: Harper & Row, 1965).
8. *Giovanni Pico Della Mirandola and His Sources* (Firenze: Nella sede dell'Istituto, 1965).
9. *Renaissance Philosophy and the Mediaeval Tradition* (Latrobe, PA: Archabbey Press, 1966).
10. *Renaissance Concepts of Man, and Other Essays* (New York: Harper & Row, 1972).
11. *Medieval Aspects of Renaissance Learning: Three Essays* (Durham, N.C: Duke University Press, 1974).

12. Cecil H. Clough and Paul Oskar Kristeller eds., *Cultural Aspects of the Italian Renaissance: Essays in Honour of Paul Oskar Kristeller* (Manchester University Press, 1976).
13. *Renaissance Thought and Its Sources* (New York: Columbia University Press, 1979).
14. *Renaissance Thought and the Arts: Collected Essays* (Princeton, N.J: Princeton University Press, 1980; 2nd edn, 1990)；中譯本：邵宏譯，《文藝復興時期的思想與藝術》（北京：東方出版社，2008）
15. *Marsilio Ficino and His Work after Five Hundred Years* (Florence: Leo S. Olschki, 1987).
16. *Medieval Aspects of Renaissance Learning: Three Essays* (Columbia University Press, 1992).
17. *Greek Philosophers of the Hellenistic Age* (New York: Columbia University Press, 1993).

【法文】

1. *Le thomisme et la pensée italienne de la renaissance* (Montréal: Inst. d'Études Médiévales, 1967).

【德文】

1. *Kupferstich und Holzschnitte in vier Jahrhunderten* (Berlin: Cassirer, 1922).
2. *Der Begriff der Seele in der Ethik des Plotin.* (Tübingen: JCBMohr, 1929).
3. *Die italienischen Universitäten der Renaissance* (Krefeld: Scherpe, 1953).
4. *Der italienische Humanismus und seine Bedeutung.* (Basel,: Helbing & Lichtenhahn, 1969).
5. *Die Philosophie des Marsilio Ficino* (Frankfurt aM, Klostermann, 1972).

6. *Humanismus und Renaissance I: Die antiken und mittelalterlichen Quellen* (München: W. Fink, 1974).
7. *Humanismus und Renaissance II: Philosophie, Bildung und Kunst* (München: W. Fink, 1976).
8. *Studien zur Geschichte der Rhetorik und zum Begriff des Menschen in der Renaissance* (Göttingen: Gratia-Verlag, 1981).
9. *Handschriftenforschung und Geistesgeschichte der italienischen Renaissance* (Mainz: Akademie der Wissenschaften und der Literatur; Wiesbaden, 1982).
10. *Thomas Morus als Humanist: zwei Essays* / Paul Oskar Kristeller, Hans Maier (Bamberg: HKaiser-Verlag, 1982).
11. *Die Ideen als Gedanken der menschlichen und göttlichen Vernunft* / Paul Oskar Kristeller (Heidelberg: C. Winter, 1989).

【義大利文】

1. (ed.) *Supplementum Ficinianum* v. 1 (Firenze: Olschki, 1937)
2. Il *pensiero filosofico di Marsilio Ficino.* (Firenze: G. C. Sansoni, 1953).
3. *La tradizione aristotelica nel Rinascimento* (Padova: Antenore, 1962).
4. *Otto pensatori del rinascimento Italiano* (Milano: Riccardo Ricciardi, 1970).
5. Il *sistema moderno delle arti* (Firenze: Uniedit, 1977).
6. *Concetti rinascimentali dell'uomo e altri saggi* (Firenze: La Nuova Italia' Editrice, 1978).
7. *Marsilio Ficino letterato e le glosse attribuite a lui nel codice Caetani di Dante* (Roma: Fondazione Camillo Caetani, 1981).
8. *Retorica e filosofia dall'antichità al rinascimento* (Napoli: Bibliopolis, 1981).

9. *Aristotelismo e sincretismo nel pensiero di Pietro* Pomponazzi (Padova: Editrice Antenore, 1983).

10. *Studi sulla scuola medica salernitana* (Naples: Kuhn, Heinrich C., 1986).

11. *Filosofi greci dell'età ellenistica /* (Pisa: Scuola normale superiore, 1991).

【拉丁文】

1. (ed.) *Catalogus translationum et commentariorum: Mediaeval and Renaissance Latin translations and commentaries*, Vol. 1 (Washington: Catholic University of America Press, 1960).

2. (ed.) *Catalogus translationum et commentariorum: Mediaeval and Renaissance Latin translations and commentaries*, Vol. 2 (Washington: Catholic University of America Press, 1971).

3. F. E. Cranz and Paul Oskar Kristeller (eds.) *Catalogus translationum et commentariorum: Mediaeval and Renaissance Latin translations and commentaries*, Vol. 3 (Washington: Catholic University of America Press, 1976).

4. F. E. Cranz and Paul Oskar Kristeller (eds.) *Catalogus translationum et commentariorum: Mediaeval and Renaissance Latin translations and commentaries*, Vol. 4 (Washington: Catholic University of America Press, 1980).

5. F. E. Cranz and Paul Oskar Kristeller (eds.) *Catalogus translationum et commentariorum: Mediaeval and Renaissance Latin translations and commentaries*, Vol. 5 (Washington: Catholic University of America Press, 1984).

6. F. E. Cranz and Paul Oskar Kristeller (eds.) *Catalogus translationum et commentariorum: Mediaeval and Renaissance Latin translations and commentaries*, Vol. 6 (Washington: Catholic University of America Press, 1986).

文藝復興研究的巨擘
保羅・奧斯卡・克里斯特勒的學思歷程*

陳建元　譯

保羅・奧斯卡・克里斯特勒是哥倫比亞大學伍德布里奇榮譽講座教授（Frederick J. E. Woodbridge Professor Emeritus of Philosophy）。他出生在德國柏林，畢業於海德堡大學及比薩大學，並在柏林大學與弗萊堡大學從事博士後研究。他於1939年進入哥倫比亞大學哲學系任教，在1968年成為伍德布里奇講座教授。他是美國學術團體聯合會中數個學會的成員，其中包括了美國哲學協會、美國文藝復興學會（他曾任該會會長且為當屆美國學術團體聯合會的理事）與美國中世紀研究院（他曾任院長）。他擔任美國學術團體聯合會中的文藝復興研究委員會委員相當多年，亦是美國國家藝術與科學院、美國中世紀研究院與美國哲學協會的會員，也是歐洲許多學術機構的通信研究員。他獲頒哥倫比亞大學、帕多瓦大學、羅馬大學、米德伯理學院、天主教美利堅大學、羅徹斯特大學、杜克大學、華盛頓大學、紐約州立大學賓漢頓分校與亞利桑那大學等校的榮譽學位。

* 本文譯自：Paul Oskar Kristeller, "The Charles Homer Haskins Lecture: A Life of Learning," *ACLS Occasional Paper* No. 12 (1990).本文所有註腳均為譯者所加。

克里斯特勒教授是許多重要學術機構的成員，並以其對人文研究的貢獻獲頒許多獎項，近年來的獎項包括麥克阿瑟獎（*MacArthur Fellowship*）以及首屆的紐伯瑞人文獎（*the Newberry Library Award for contribution to the humanities*）。他於1989年獲頒美國歷史學會的傑出學術貢獻獎。克里斯特勒教授除了出版許多論文與書籍外，並在國內外發表許多演講。

他的數本重要著作已經有多種語言的譯本，如《馬西里歐・費奇諾的哲學》（*The Philosophy of Marsilio Ficino*）、《1600年以前的拉丁文手抄書》（*Latin Manuscript Books before 1600*）、《文藝復興時期的思想》（*Renaissance Thought*）、《義大利文藝復興時期的八位哲學家》（*Eight Philosophers of the Italian Renaissance*）、《文藝復興時期思想與書信研究》（*Studies in Renaissance Thought and Letters*）、《文藝復興時期知識的中古層面》（*Medieval Aspects of Renaissance Learning*）、《文藝復興時期的思想及其史料》（*Renaissance Thought and its Sources*）、《文藝復興時期的思想與藝術》（*Renaissance Thought and the Arts*）以及《五百年後的馬西里歐・費奇諾及其作品》（*Marsilio Ficino and His Work after Five Hundred Years*）。克里斯特勒認為自己最重要學術貢獻在其所編輯的六冊《義大利之行：義大利及其他地區圖書館館藏文藝復興時期未編目或未完整編目的人文學手抄書發現清單》（*Iter Italicum: a finding list of uncatalogued or incompletely catalogued humanistic manuscripts of the Renaissance in Italian and other libraries*）。克里斯特勒也主持了由美國學術團體聯合會與國際學術聯盟（Union Académique Internationale）所贊助的《翻譯與評論目錄：中古與文藝復興時期拉丁文翻譯、評論、註釋清單與指南》（*Catalogus Translationum et Commentariorum: Mediaeval and Renaissance Latin translations and commentaries, annotated lists and guides*）前幾冊的編纂工作。

克里斯特勒對人文學術的貢獻是目前在世的學者中最為卓著的。雖然這場演講不是一般意義上的學術活動，尤其不是保羅・克里斯特勒所享譽的那般學術研究，卻可以透露出一些不曾出現在他任何著作中的面相。這場演講的重要特質在於，對其投身學術研究生涯富有啟發性的描繪，還有其獻身於學術研究的熱情，這種奉獻現在已經不再風行，但仍然是所有真正人文研究的關鍵。這場演講是克里斯特勒用他一貫的能量與力量在高朋滿座的演講廳中所發表的，而這篇演講稿則會讓自1983年起有幸由美國學術團體聯合會出版的哈斯金斯講座系列叢書（the series of Haskins Lectures）增添一份重要著作。

各位女士、先生、同事與貴賓們，我想感謝斯坦利・凱茲（Stanley Katz）主席與他的顧問的盛情邀請，讓我得以在美國學術團體聯合會年會上發表查爾斯・霍默・哈斯金斯學思歷程講座（the Charles Homer Haskins lecture on the life of learning）。我非常感激這份殊榮，並想藉此機會向查爾斯・霍默・哈斯金斯（Charles Homer Haskins）這位傑出的美國學者及史家表達我的敬意，他的作品總是令我激賞，其論點至今仍保有價值並在其去世後數十年仍值得品讀。我認為他對於所有現在與未來的歷史學者而言，都是值得學習的嚮導以及模範。

由於外國人身分以及不典型的背景（雖然我已生活在這個國家超過半世紀），獲頒這項殊榮對我而言是出乎意料的，更是一種驚喜。西方哲學與思想史是我最感興趣的主題，它們這些年來越來越不當令，而且被認為是無關緊要、不實用、精英主義、歐洲中心甚至是不民主的（或許將我的研究稱為跨概念空間的研究〔the study of interconceptual space〕會比較受歡迎）。我的研究方法嘗試將對原始文本的哲學詮釋與對歷史學、語言學及其輔助學科，如文獻分析學（diplomatics）、年代學、古文字學（paleography）、目錄學的相關知識結合；正如基金會人員、同事、評論者和批評者們對我的多次勸告，這種方法現在被視為是無可救藥地傳統甚至是陳腐的。這次講座促使我談論一些自己的經驗與意見，如果這些話讓一些聽眾感到不愉快，我在此先行致歉。多年來我飽受許多令人不快的言論與思想批評，我或許可以伸張一次自己的言論自由權。當我的某些主張被有根據的事實或論證加以駁斥時，我樂意接受指正；我也願意承認有許多領域與問題在我的專業領域之外，應該由其他學者來探索。我也承認我的高齡或許使我變得遲鈍，無法對某些未來或許將被證明是完全合理的新課題或研究方法進行回應。然而，我無法接受或原諒某些迎合當前政治或其他潮流，但顯然與既定事實或論證牴觸的觀點；這些觀點的支持者採取我喜用的「源自無知的論證」（argumentum ex ignorantia），亦即，有意或無意地忽視既定事實或論證。當聽者、讀者與講者、作者都對相反證據一無所知時，這種論證是相當有力的。

作為演講題目的「學思歷程」，或說是「奉獻於學問的人生」（the life devoted to learning），容許我借用同事研究分析哲學的方法，是一個有些模稜兩可的詞彙。「奉獻於學問的人生」無疑意味著作為學者的我們一生都不斷地在學習（learn）（不幸地同時也不斷地遺忘）；然而這個措辭同時也意味著我們投身於學問（learning）或是學術（scholarship）當中，然而在現代英語中，學問或是學術等詞彙通常被用來指涉自然科學與及社會科學以外的所有知識。在其他我所知的西方語言中，哲學、歷史學以及語言學被視為是具有並積累了建立在嚴格研究方法上的堅實知識，因而被稱為科學（當新發現的文本或文獻證實了過去提出的論點時，這些學科甚至被認為具有預測性）。學問與學術等詞彙在英文中並不指稱（雖然應該是）我們所研究的知識，是與科學一樣能被驗證且具有研究方法的知識，雖然我們所研究的知識還處理了許多不同的主題，並且各自採用不同的研究方法。更加晚近的詞彙「人文學」（humanities）則有另外的缺點：「人文學」一詞至多指稱了一種不實用且非必要的知識，而最糟的時候則意味著某種附庸風雅或自命不凡的消遣娛樂。此外，「人文學」甚至是「人文主義」這些詞彙容易被誤解為哲學人文主義或世俗人文主義（philosophical or secular humanism）以及人道主義（humanitarianism），因而使人文學研究牽扯入一些不必要的哲學與宗教的紛爭中，或者將人文學研究與完全無關的追求實證與現實成果的社會與政治理想混淆在一塊。這種混淆引誘並且合理化我們將業已貧乏的資源轉移到其他研究及活動上，它們的重要性或許比我們認為自己研究的重要性還來得高，但至少在這次演講中我們必須謹記，它們與我們的研究是完全不同的。我們不得不沿用一般的英文用法，但當要用韋伯斯特字典或是精簡牛津字典來驗證深刻的哲學或學術問題的時候，我們將面臨到這種用法的不足。另外一個例子則是「理性」（reason）一詞，在一般的英文中，「理性」代表從確定事實中做出有效推論的能力，然而從古代到晚近的哲學家所使用及理解的則是另一個全然不同並且更為全面的「理性」概念：如希臘文中的Nous、德文中的Vernunft或如康德所謂的「原則的能力」（faculty of principles）。這種對理性的概念一般公認無法對譯為現代英文，因此這種概念不僅消逝於在日常用語中，也在當代哲學思想中消失，這對所有哲學、學術以及科學的論述都造成極大的損傷。

當我現在試著要談論我的家庭背景以及教養藉以解釋自己爾後如何踏上學術道路時，我的想法與許多東西方的重要學者相同，那便是遺傳與教育對於智識發展而言是必要的，然而絕非是充分原因——不然所有出身自相同家庭與教育背景的人必會有相同的發展，但事實上每個個體都是不同且獨特的。

我於1905年出生在柏林一個猶太中產家庭，由於父親在我出生後隨即撒手人寰，所以我的母親（銀行家的女兒）一手將我拉拔長大，而我的繼父（我唯一認識的父親）則是一間小工廠的負責人。與他們的一些親戚不同，我的雙親並未受過高等教育，但他們尊重所有對文化的追求（cultural pursuits），並為了讓我深造而作了許多犧牲。我的母親喜好文學與藝術，她時常參訪博物館與展覽，並參加講座與戲劇表演，她也閱讀許多書籍並累積了一個小而美的圖書館任我取用。她通曉法文、英文以及一點義大利文，我的語言天份或許就是遺傳自她，這對我未來的工作與學術生涯相當有助益。

我從六歲到九歲時就讀於一所優良的公立小學，在這段時間中學會用哥德體與羅馬體書寫與閱讀，還有算術以及其他簡單的技能。從1914到1923年，我就讀柏林孟森文理中學（the Mommsen-Gymnasium in Berlin），學校的課程規劃為：九年的拉丁文課程（每週八小時）、八年的法文課程（每週四小時）、六年的希臘文課程（每週六小時）、大量的德文寫作與文學、一些歷史與地理課程、大量的數學課（包括了基礎微積分）、一些物理、化學與生物學課程，以及一至二年的英文課程（成為我的第五種語言）。我並不在意必須要作許多功課，因為我發現它們十分有趣並饒富挑戰性。雖然不時遇到一些困難與挫折，但我基本上喜歡並享受我的中學生活。無論學習任何一種語言，在碰到冗長句子時我會去理解其文法及語法結構，而非去猜測其中梗概。我在數學中則學習到精確的推理，因為我們必須理解並且重複所有的證明、解題以及作圖，而非只是死背它們。我學習寫作條理分明的文章，由導言、結語以及數個明確段落所構成，其中第一個段落並不建立在對第二個段落的假設上，但後者則以前者為先行條件，迄今我依然如此寫作。除了一些法文與德文的經典外（包括德文本的莎士比亞），我閱讀維吉爾（Vergil）、塔西佗（Tacitus）、荷馬（Homer）以及蘇福克里茲（Sophocles）[1]的著作，在往後的人生中它們一直是我的最愛。學校絕大多數的老師都受過良好訓練且學問淵博，其中包括了瓦爾特·

[1] 蘇福克里茲（ca. 496.-406 B.C.），古希臘三大悲劇詩人之一。

克朗茨（Walther Kranz）[2]以及恩斯特・霍夫曼（Ernst Hoffmann）[3]這兩位在學習古典學與上古哲學的學生之間頗富盛名的學者。

我同時也參加許多課外活動。雖然我從未對運動感興趣，但我也用不少時間來游泳、健行與登山。我另外請了法語與英語的口說家教，同時也學習一點希伯來文、荷蘭文和俄文，但後來沒有繼續下去；不過後來還學了一點西班牙文以及我現在最擅長的語言之一的義大利文。我是一位貪婪的讀者，因而開始購買蒐集許多書籍，特別是歷史、傳記以及德、法文學。我熱切地參觀柏林的博物館，特別喜愛古義大利、法蘭德斯與荷蘭的大師作品（這些館藏作品相當具有代表性），同時參訪了不少現代法國、德國的藝術展覽（許多人似乎不知道，儘管兩國之間在政治和軍事上屢有衝突，然而柏林自十七世紀開始便深受法國文化薰陶）。透過家庭出遊、學校旅遊以及後來的獨自旅行，我遊歷了德國各地、奧地利以及瑞士，醉心於許多城市的景緻、古蹟與藝術收藏。我也寫了不少詩，並且在畢業後持續創作了相當長的時間。

學習音樂是我生命中相當重要的一部分，我從孩提就開始學習鋼琴並持續到就讀大學以前，我也經常去聆聽歌劇以及音樂表演。我演奏從巴哈（Bach）、蕭邦（Chopin）到布拉姆斯（Brahms）所有重要的古典音樂作曲家作品，還有一些現代德、法音樂；但我不喜歡一些浪漫樂派作曲家的作品，特別是李斯特（Liszt）與華格納（Wagner）。

我對哲學的興趣發展得相當早。當我在閱讀文學時，偶然翻到亨利克・易卜生（Henrik Ibsen）[4]的劇本《皇帝與加利利人》（*The*

---

[2] 瓦爾特・克朗茨（1884-1960），德國古典語言學與哲學史家。

[3] 恩斯特・霍夫曼（1880-1952），德國古典語言學與哲學史家。

[4] 亨利克・易卜生（1828-1906），挪威著名劇作家。

Emperor and the Galilaean）[5]雖然這不是他最好的作品，卻是我第一次接觸到新柏拉圖主義（Neo-Platonism），雖然我一直要到很久之後才發覺其中的聯繫。我在課堂中閱讀柏拉圖並從中學習如何遵從理性的指引、要尋求通則而非只留意特殊個例，並且學會如何分辨知識（knowledge）與意見（opinion）的不同。我在家中研讀更多柏拉圖（Plato），一些亞里斯多德（Aristotle）與大量的康德（Kant）。在1923年我以優等成績從中學畢業後便立定志向要研究哲學與哲學史，父母雖然接受我的決定但不免有些失望，因為他們本來希望我進入家族事業工作；也擔心我選擇了一個他們所陌生且收入沒有願景的工作。

我在中學畢業後便前往海德堡大學就讀。海德堡大學之所以廣負盛名，除了海德堡與近郊優美的風景之外，是因為在此任教的教授都非常優秀，其中我特別仰慕恩斯特・霍夫曼。他原是我中學的希臘文老師，現在則在海德堡大學教授古代哲學。對一個十八歲的青年而言，第一次離家自然是相當吸引人的。我需要做的便是搭乘火車、租個房間以及在註冊處出示中學文憑便完成報到。海德堡大學的學費並不貴，因為德國所有大學都由政府撥款資助。我在幾個大學之間度過九個學期，其中五個學期在海德堡大學，另外則分別在柏林（Berlin）、弗萊堡（Freiburg）以及馬堡（Marburg）。我在海德堡的老師有海因里希・李凱爾特（Heinrich Rickert）[6]，雖然他對康德的詮釋從未說服我，不過他發展出來一套相當有價值的歷史方法理論，卻從未得到應有的肯定；另外如卡

5 《皇帝與加利利人》，出版於1873年，劇情講述羅馬皇帝尤利安（Julian the Apostate）企圖恢復羅馬傳統宗教，因此與基督教發生衝突。

6 海因里希・李凱爾特（1863-1936），德國新康德主義（neo-Kantianism）哲學家。

爾・雅斯培（Karl Jaspers）[7]引導我認識齊克果（Kierkegaard）與存在主義（existentialism）；恩斯特・霍夫曼則講授柏拉圖、亞里斯多德以及普羅提諾（Plotinus）[8]。弗萊堡大學的理查・克隆納（Richard Kroner）[9]教授開啟了我對黑格爾的認識；現象學之父的艾德蒙德・胡塞爾（Edmund Husserl）[10]雖然講課不太吸引人，但其著作則對我大有助益。我在同學的鼓勵下於1926年到馬堡大學聽馬丁・海德格（Martin Heidegger）[11]講學。他的講演相當的精采，另外還開設了一門歷史主義的專題討論（seminar），且同時撰寫其代表作《存在與時間》（*Sein und Zeit*）。雖然我後來與他建立了私人交情，但我克制住留在馬堡接受他指導的衝動，因為他的博士生總需要許多年才能夠畢業。於是我回到了海德堡，在霍夫曼指導下撰寫關於普羅提諾的論文。

除了選修講演課與研討課之外，我投入許多時間準備專題討論的報告，並且大量閱讀感興趣或是對我的研究具有重要性的書籍。我研讀從前蘇格拉底學派（Presocratics）以迄胡賽爾所有重要哲學家的作品，其中包括了我從來不欣賞的尼采。

我的副修科目為數學與中古史。我選修了高階數學的講演課和專題討論，但這些課程對我而言有些吃力，因此我參考了許多微積分、不等式與函數理論的著作。我曾在一份專題討論的報告中探討一個只有幾頁的複雜論證，由於該作者假定與省略了許多命題和證明，是故我必須從其他資料來加以補充，而令我的摘要愈來愈長，最後我整整用了半個小時來報告這個論證。這讓我明白自己沒有成

---

[7] 卡爾・雅斯培（1883-1969），德國哲學家、精神病學家。

[8] 普羅提諾（約205-270），新柏拉圖學派哲學家，著有《九章集》（*Enneads*）。

[9] 理查・克隆納（1884-1974），德國新黑格爾主義（neo-Hegelian）哲學家。

[10] 艾德蒙德・胡塞爾（1859-1938），德國哲學家，人稱為現象學之父。

[11] 馬丁・海德格（1889-1976），德國哲學家。

為專業數學家的能力。然而，這也讓我徹底瞭解，如果希望解決一個問題就必須要全神貫注，當試圖證明某件事情時，應該要採取更加簡單「細緻」的論證方式而不要過於複雜。我也開始理解如笛卡爾和萊布尼茨（Gottfried Wilhelm Leibniz）[12]等思想家的數學與哲學原理之間的聯繫。

在中古史方面，我選修海德堡大學卡爾・漢佩（Karl Hampe）[13]與弗里德里希・貝特根（Friedrich Baethgen）[14]以及馬堡大學艾德蒙德・史丹格（Edmund Stengel）[15]等教授的課，並在這些課程中學會了古文獻學、年代學與文獻來源分析等重要技能。我若沒有向漢佩學習中古修辭學，多年之後也無法觀察到中古時代修辭學與文藝復興時期修辭學之間的聯繫，這也是我後來不斷拓展、研究的主題。

我也旁聽許多有趣或有幫助的課程：德語文學與語言學、比較語言學和物理學、心理學、教會史、音樂學以及藝術史（包括至今仍令我驚嘆的遠東藝術）。

我在1928年通過了研究普羅提諾的博士口試，並在將其大幅度改寫後於1930年出版，不過這本書只是我心目中普羅提諾研究的一個部分。後來我並沒有完成寫作一本更完整的普羅提諾專書的心願，因為不久之後我便把注意力轉移到其他主題上頭。我仍然認為普羅提諾是從古至今最偉大的哲學家之一，並確信他對後世哲學思想的影響遠比一般所認為的深遠許多。

---

[12] 萊布尼茨（1646-1716），日耳曼哲學家、數學家。

[13] 卡爾・漢佩（1869-1936），德國中古史家。

[14] 弗里德里希・貝特根（1890-1972）德國語言學家及宗教史家，曾主持《日爾曼歷史文獻》（*Monumenta Germaniae Historica*）的編纂。

[15] 艾德蒙德・史丹格（1879-1968），德國中古史家。

雖然我順利通過了博士口試，但是希望成為學者的心願不久便告落空。為了日後能在古代哲學上有更深入的研究，同時也為了準備中學教師國家考試的希臘文與拉丁文科目，我決定在柏林進修古典語言學。我修了韋納・傑格（Werner Jaeger）[16]、愛德華・諾爾登（Eduard Norden）[17]、烏里希・馮・維拉莫維奇－莫蘭道夫（Ulrich von Wilamowitz-Moellendorf）[18]、弗里德里希・索姆森（Friedrich Solmsen）[19]、理查・沃爾澤（Richard Walzer）[20]以及其他人的課程，並向保羅・馬斯（Paul Maas）[21]學習經文校勘學（textual criticism）以及古文書學（palaeography），也與威爾海姆・舒爾茨（Wilhelm Schulze）[22]學習古典語言學。我也閱讀或重讀許多重要的古典作品（不讀翻譯本，但必要時會參考註解），我也學習用拉丁文寫作（但未學習口說）。傑格教導我研究文本時要注意它屬於哪個文類並留心該文類的風格（patterns）與主題，傑格與諾爾登則讓我明白古代修辭學的重要性及其與古代哲學複雜的關係。我也研究哲學術語（philosophical terminology）的歷史。這段時間所學習到的知識對我後來論文研究相當有幫助。我同時修訂博士論文並發表了幾篇書評、一份專題討論閱讀西賽羅如何詮釋柏拉圖的理型、一篇研究哲學文獻中慾望（Orexis）一詞的起源與意涵的論文，以及一篇提交國家考試的論文，其主題是修昔底德所記載的伯里克利斯演說辭。

---

[16] 韋納・傑格（1888-1961），德國古典學家。
[17] 愛德華・諾爾登（1868-1941），德國古典學及宗教史家。
[18] 烏里希・馮・維拉莫維奇－莫蘭道夫（1848-1931），德國古典學家。
[19] 弗里德里希・索姆森（1904-1989），德國古典學家。
[20] 理查・沃爾澤（1900-1975），德國古典學家。
[21] 保羅・馬斯（1880-1964），德國古典學家。
[22] 威爾海姆・舒爾茨（1863-1935），德國古典學家。

我在1931年以優異成績通過國家考試後前往佛萊堡拜訪海德格，詢問他是否願意指導我的教授資格論文（Habilitation）[23]，並報告我計畫研究柏拉圖主義另一位重要代表人物馬西里歐·費奇諾（Marsilio Ficino）[24]。在海德格同意之後，我便搬到佛萊堡開始投入費奇諾的研究，同時也參與海德格開設的課程與專題討論。我時常與他見面討論我的論文，並到他家彈奏鋼琴（與過去在馬堡一樣），同時佛萊堡大學幾位歷史學家與古典學家都友善地提供我協助，其中包括了愛德華·佛蘭克爾（Eduard Fraenkel）[25]。我在1932年獲得德國研究基金會（the German Research Foundation）提供給未來大學教師的獎學金。我於1933年初完成了針對費奇諾哲學的專書之基礎研究，同年春年則前往義大利各地特別是羅馬與佛羅倫斯尋找費奇諾作品的手抄本與早期印刷版本。這趟義大利之行的收穫遠比預期來得豐富，我找到許多從未出版過的費奇諾作品，其中以書信與早期論文為主；由於當中有許多過去學者並不知道的作品，因此我計畫將它們收入專書附錄中一併出版。當我1933年三、四月人在義大利時，突然獲悉新上任的納粹政府通過了禁止猶太人從事包括教職在內許多行業的法律。我立刻意識到這代表我將無法繼續在德國從事學術工作，若要繼續研究的話就必須要移民到其他國家。我隨即從義大利回到德國處理相關事宜，並從佛萊堡搬回柏林與父母一起居住。我在柏林一直待到1934年初，並在這段時間中完成了費奇諾專著的一半篇幅；我同時為了移民事宜而與國外學者和機構聯絡，並在薇拉·拉赫曼（Vera Lachmann）[26]所主持的私立學校中

[23] 教授資格論文，又稱為特許任教資格，在德國若要擔任教授便必須獲得此資格。
[24] 馬西里歐·費奇諾（1433-1499），義大利文藝復興時期哲學家，復興新柏拉圖主義，並且首先將柏拉圖作品譯為拉丁文。
[25] 愛德華·佛蘭克爾（1888-1970），德國語言學家。
[26] 薇拉·拉赫曼（1904-1985），德國詩人與古典語言學家。

教書。由於包括喬瓦尼・秦梯利（Giovanni Gentile）[27]在內的幾位義大利學者表示對我的作品很有興趣，我便於1934年二月前往羅馬與秦梯利等人見面並從事一些翻譯工作，同時在梵蒂岡與羅馬的圖書館中研究為數眾多的手抄書。我在義大利的這段時間發現了大量有趣的著作，不僅未曾出版甚至沒有人曉得它們存在，其中不只有費奇諾的作品，還有他的朋友、通信者、前輩、同輩和學生的作品。因此，我便開始蒐集這些著作的微捲與相關記述。我在1934年秋天從羅馬搬到佛羅倫斯，在佛羅倫斯大學分部擔任德文系助理教授並在一所供德國難民孩童就讀的私人學校教授希臘文及拉丁文；同時對佛羅倫斯各圖書館所藏的大量手抄書進行研究，成果與在羅馬時一樣豐碩。我在秦梯利的牽線下於1935年夏天獲聘為比薩高等師範學院（Scuola Normale Superiore）以及比薩大學的德文講師，並且在此度過成果豐碩的三年。高等師範學院的成員由通過國家考試的大學生與研究生所組成，他們是義大利最優秀的學生，其中不少人後來都成為學院及大學教授。我在生活與工作中結識許多朋友，同時成為了義大利學術圈中的一員。秦梯利將我蒐集的費奇諾作品出版為兩冊的《費奇諾作品補遺》（*Supplementum Ficinianum,* 1937），並且與我合作出版由師範學院學生以及其他學者編輯的一系列不曾出版過的人文學著作，第一冊於1939年出版而迄今已出版到第十九冊。我也完成了費奇諾專著，並將其譯為義大利文準備編輯出版；此外，我在義大利幾本期刊上發表文章以及書評。與此同時，我遊歷義大利全國各地的重要圖書館尋找文藝復興時期的文獻，而且往往都得到令人滿意的結果。我從更有經驗的學者身上學到一個很有幫助的方法，那就是不要只翻閱索引，更要有系統地瀏覽所有可獲

[27] 喬瓦尼・秦梯利（1875-1944），義大利唯心主義哲學家，曾任墨索里尼政府的教育部長（1922-1924）。

得的印刷目錄（catalogues）與未出版的清單（inventories）。我透過這個方法發現了許多過去不為人所知的作者以及作品。我在這些旅程中造訪了義大利許多城市，參觀了各地的歷史古蹟、藝術收藏、圖書館以及檔案館。作為一個對藝術史感興趣的旅人，我學著欣賞各地的建築、雕刻、繪畫、裝飾藝術與手工藝傳統及風格，並且從古蹟、博物館和圖書館中理解不同地區、城鎮的政治與文化歷史。

希特勒於1938年春天訪問義大利，這段期間所有在義大利的德國流亡者不是被囚禁就是每天必須到警察局報到，這是壞事即將降臨的凶兆。義大利法西斯政府在1938年夏天頒佈法令禁止所有猶太人擔任公職與教職，非義大利公民更必須在六個月內離開義大利。我不僅無法繼續在比薩大學任教，而且得開始準備第二次的移民。我聯絡了許多在英國和美國的同事與朋友，雖然收到了不少正面答覆，但一時之間並沒有適合的職位。寓居羅馬的德國民間學者（private scholar）路德維希・貝爾塔洛特（Ludwig Bertalot）[28]聘請我擔任研究助理，於是從1938年開始至翌年一月我協助他編寫一本梵蒂岡手抄書的目錄，同時也繼續自己的研究。耶魯大學——我有多位美國與德國的朋友在此任教——於1939年1月來信邀請我擔任教職並在研究所開設普羅提諾的專題討論。我在2月離開了我所認識的每個人都非常善良的義大利。當我抵達紐哈芬（New Haven）時受到舊雨新知的熱情歡迎，特別是替我爭取在耶魯神學院任教的赫曼・威岡（Herman Weigand）[29]與羅蘭・班頓（Roland Bainton）[30]。因為得到了耶魯大學的聘請，於是我取得了美國的非配額移民簽證

[28] 路德維希・貝爾塔洛特（1884-1960），德國古典學者。
[29] 赫曼・威岡（1892-1985），美國德語文學學者。
[30] 羅蘭・班頓（1894-1984），美國宗教史家。

（non-quota immigration visa）。我相當高興能夠再一次有機會擔任教職，雖然一開始我的英語還說得有些結巴，但是隨著時間也不斷地進步。我同時得知在耶魯的這個教職只有一個學期，因此在1939年秋天之後必須得另覓教職。幸運的是，當我到達美國後便收到幾個演講的邀請，我也前往幾間大學拜訪許多學者，當中有過去的舊識也有別人介紹的新交。我的一場講座也立即被出版。最後我獲聘在哥倫比亞大學哲學系任教一年，這是一份薪水適中的教職，而部分薪水由卡爾・舒茨基金會（Carl Schurz Foundation）所資助。我在1940年6月與過去在德國便已認識、當時任職於紐約大學醫學院的復健醫學專家的伊迪・里文內克（Edith Lewinnek）結婚，從此成為我畢生的伴侶與顧問。

後來的結果是我將在哥倫比亞大學度過餘生。在擔任一年一聘的教授達九年之後，我在1948年成為終身職教授，並在1956年升等正教授，1965年成為伍德布里奇講座教授（Woodbridge Professor of Philosophy）並於1973年退休。我在成為美國公民之前（1945年）便以哥大校園為家，而多年下來我與哥大還有其他機構的同事建立了相當深厚的交情，這些同事不僅有哲學學者，同時也包括了歷史學、古典學、東方研究、書目學、宗教學、音樂學、藝術史、政治科學、社會學還有義大利、法國、德國、西班牙以及英國文學等各領域的學者。我從這些同事身上學了非常多，特別是向約翰・蘭德爾（John H. Randall）[31]與恩斯特・穆迪（Ernest Moody）[32]請教亞里斯多德主義、與林・桑戴克（Lynn Thorndike）[33]學習科學史，並且深深受惠於學校圖書館的豐富館藏以及館員的大力協助。我固定向

---

[31] 約翰・蘭德爾（1899-1980），美國哲學家。

[32] 恩斯特・穆迪（1903-1975），美國哲學家、中古學家。

[33] 林・桑戴克（1882-1965），美國中古史家，曾任美國歷史學會會長。

不同學系的研究生講授晚期古代哲學以及文藝復興哲學，同時也經常跟蘭德爾等同事合開專題討論，講授從柏拉圖到黑格爾的一些重要哲學家。我另外也開課教授研究方法，並擔任許多系所學生的論文指導教授。自從1945年起我開始積極參加哥大的文藝復興專題討論（University Seminar on the Renaissance）還有其他系所的專題討論。我也經常前往歐美的許多學院、大學演講。我的研究計畫得到哥大數個研究委員會、美國哲學會（我於1974年成為會士）、波林根基金會（the Bollingen Foundation）、美國學術團體聯合會、美國國家人文研究基金會(the National Endowment for the Humanities)、約翰・西蒙・古根罕基金會（the John Simon Guggenheim Foundation）、麥克阿瑟基金會（the MacArthur Foundation）、美國文藝復興學會（the Renaissance Society of America）、普林斯頓高等研究院（the Institute for Advanced Study in Princeton）以及倫敦的華爾堡研究院（the Warburg Institute）等機構的支持。我是美國學術團體聯合會文藝復興研究委員會的成員之一，且因為委員會的支持以及許多同事的協助，我才能夠組織起「拉丁文翻譯與評註目錄」（the Catalogue of Latin Translations and Commentaries）這個國際合作的研究計畫，目前已經出版到第七冊。我也在華爾堡研究院以及其他基金會的支持下，出版所發現的文藝復興手抄書清單（書名為《義大利之旅》〔*Iter Italicum*〕[34]），這個清單是以我在二次戰前餘義大利所蒐集的記述以及戰後多次探訪歐洲與美國的發現作為基礎而寫成，目前出版到第五冊。我同時利用編寫清單的機會將已出版與未出版的拉丁文手抄書目錄整理為一份參考書目並付梓出版，目前已多次再版。

[34] 《義大利之旅》，英譯為The Journey of Italy。

我是美國文藝復興學會於1954年成立時的創始會員，同時也是美國中古學會（the Medieval Academy of America）的創始會員。中古學會有助我瞭解許多中古學者如何批判一些文藝復興時期研究的傳統論點，並讓我在重新定義文藝復興時期及其人文學時參考了這些批判意見。我進行不少審查工作，其中主要是替《哲學期刊》（*Journal of Philosophy*）審查；同時也擔任《觀念史期刊》（*Journal of the History of Ideas*）、《哲學史期刊》（*Journal of the History of Philosophy*）以及《文藝復興季刊》（*Renaissance Quarterly*）等期刊的編輯。

我的費奇諾哲學專著英文版於1943年出版，義大利文修訂版於1953年出版，而德文原版則至1972年方才出版。我的其他著作大多都是由發表在不同場合的論文以及對不同聽眾的演講所集結而成。不過，我總是研究那些自己感興趣的主題而不是為別人所要求的課題。當題目合適的時候，我毫不猶豫就會跨足相近的研究領域。我從來不在乎將自己重要的論點放在註腳、附錄或段落的中間，這些評論也因此大多如我所預期地被忽視。因為我從學生時代以來就沒有學過，若要讓一個想法令人印象深刻就非得將其放在文章的結論或是摘要當中，而不去重視文章其他部份所討論的內容。不過，我在史丹佛大學所發表並出版的一系列演講當中，亦明確地闡述了我對幾位文藝復興重要思想家的看法；而最近在比薩大學也發表了另一系列談論希臘化時代哲學的演講。我的費奇諾研究聚焦在其形上學，重視他的原創性及其所包含的從上古、貴族、中古到早期人文學各時代的特質。我希望清楚闡釋文藝復興人文學的重要性，從其作品與學術活動中觀察出文藝復興人文學所重視的是研究文法、修辭、詩學、歷史及道德哲學，而非邏輯、自然哲學或形上學。人文學並非如同過去所經常主張的一樣，摧毀了亞里斯多德式經院哲學，因為兩者在16世紀甚至到後來都一直共存著。另一方面，文藝復興時期人文學與中古時代的文法學與修辭學之間有著密切的連貫性。我注意到幾篇被忽視的中古修辭學作品，並發現中古修辭學作品並不如一般所認定的只有講道辭（sermons）與信件，同時也包括了大量出現在中古義大利城邦共和政體中的世俗演講辭。我也指出過去一般認為只重視實踐的薩倫諾醫學校（the school of Salerno），其實從12世紀開始便在醫學理論以及醫學教育上做出卓越貢獻，並開始把醫學與哲學（而非神學）結合在一起研究。這種觀念一直到十七世紀都是義大利醫學傳統中的重要特色。我也從許多文獻資料中有力地證明當時在波隆那大學所教授的亞里斯多德式經院哲學，對但丁及其同時代的早期托斯卡尼詩人（early Tuscan poets）具有相當的影響力；而且人文學者並不像普遍所認為的反對或試圖廢除方言，他們實際上推動方言的發展並且宣揚其成為雙語文化的一部分，而雙語文化正是中世紀與文藝復興時期的特徵。我亦強調若要正確地去理解哲學家與作家，不僅需研究他們的作品，也應該瞭解他們的生活、學術活動、學校課程、就讀與任教的大學、這些作品在當時藝術與科學所居的地位、以及這些不同著作其所屬文類的傳統，最後也應該理解著作當中專業術語的意義、出處與起源。我終其一生從事研究從來不是出於個人或政治目的，而是為學術而學術（scholarship for its own sake）。我之所以能夠有兩次移民的機會都是因為國際學術社群的團結，並且對學術作品有客觀的評判標準。任何人只要能有所貢獻都會受到歡迎，正如我之所以能在這兩個國家結識許多朋友與支持者，是因為他們讚賞我的知識以及技巧，而非長相、性別、宗教、種族、宗教、國籍或是政治觀點。我的學術生涯是建立在教學與研究工作之上，而無論教學或研究都得到眾多機構的支援，包括我任職的大學還有眾多學術組織、學術團體以及包括美國學術團體聯合會在內的基金會。就我的理解，人文學應當是所有大學甚至是優良中學課程的骨幹。一位即使尚未取得學位的研究生，會被視為有能力在大學任教。大學提供總體文化背景知識給大多數日後投入商業或其他行業的學生，以及包括外語在內的堅實準備，大學也讓日後的研究生在為了撰寫論文而投入更專門的研究之前，先瞭解其研究領域的整體脈絡。此外，每個學科之間一定程度上能夠互相包容，每個專家都樂於尊重其他領域甚至是同領域不同學派的貢獻。一般大眾與新聞媒體對於學術界抱有一定的興趣並給予其適度的尊重。

自1960年代以降情況則嚴重惡化。一般大眾以及新聞媒體開始漠視甚至蔑視學術，只有當一些引人轟動的事件發生的時候除外，就像新聞媒體大肆報導1967年達文西手稿於馬德里被發現的事件，但是內容卻錯誤百出；或是只關注與娛樂、觀光或經濟投資相關的研究主題，如音樂史、戲劇史、考古學、藝術史以及善本、手抄本書籍的研究。中學的入學與畢業門檻不斷降低甚至不復存在，現在的中學畢業生往往連最基本的讀寫或數學技巧都不曾習得。近來許多大學甚至包括頂尖大學所錄取的學生，當中有不少人因英文與寫作能力不足而需要被輔導。高中或甚至大學的文憑在今日被視為只是找到高薪工作的保障，而且不再有人可以理解若要從高中或大學畢業必須要學到相當程度的知識與技能。研究所目前還能夠維持水準，但如果新進學生的素質不斷惡化下去，這種水準能夠維持多久則令人憂心。自然科學在學術界中能夠維持其水準乃是拜其聲望及其在科技應用上所公認的實用性所賜，但自然科學中一些相對非應用的領域，如純數學、理論物理或分類生物學，往往沒有得到相應的支持。社會科學曾在歷史學的基礎上發展出卓越的成果，如今卻在相當程度上是去歷史化的（dehistoricized），因為社會科學的研究成果往往建立在如統計資料、問卷或是民意調查等令人存疑的證據上，而無視於事實（facts）與目的（goals）、價值觀念（values）在根本上的區別。社會科學家野心勃勃地聲稱能夠定義、預測並解決社會與政治上的問題，雖然這些聲稱往往錯誤居多，但卻有不少民眾、哲學家與學者信以為真，這也使得人文學逐漸不受大眾與學術圈的支持。

最後，許多人文學者將研究重點轉移到當代的歷史與文學上。當代研究當然不應被忽略，但與針對較早時代的研究相比，當代研究通常不需付出爬梳浩瀚史料的辛勞。靠著聳人聽聞的主張而缺乏堅實根據的新潮理論大受歡迎，更有人厚顏地聲稱基於政治、宗教、意識形態因素的主張能夠取代真憑實據。普遍的反歷史偏見使歷史學研究處於被動的劣勢，而在學術界的權力遊戲中追逐潮流與擁護特定意識形態的人往往比認真的年輕學者來得吃香；更甭提許多學科因為被視為無用、無趣或沒有必要存在，所以教職的數量不斷地減少中。已經不只一個研究領域被注意到，該領域不分資深、資淺，曾受過良好訓練並具備專業能力的研究者，在整個國家當中寥寥無幾。

我們所目睹的這些現象幾乎形同於一場文化革命，與中國的文化大革命相似或甚至更糟；然而中國在一定程度上已經「超克」（overcome）了他們的文化大革命，許多的跡象卻顯示出我們的文化革命不斷地惡化，並且在可預見的未來也沒有能被克服的態勢。公共討論甚至是學術討論水準的低落是我們當前處境的一個徵兆，這些討論對事實、證據、論證、理性論述甚至一致性置若罔聞到了駭人聽聞的地步，而且在進行討論時，謾罵叫囂往往取代了理性對話。每個利益團體都要求那些有利於自己目標的事情應該立即執行，而且動不動就訴諸喧鬧的遊行甚至是暴力行為。我們必須仔細檢視所有相關的事實與論點並做出一個理性的決定，而且此決定可能是相關團體及利害關係之間所達成的一個對所有人都公平的協議。我們除了認清這些無法解決的問題（至少就目前而言）之外，更應該要堅持知識的堅實核心，因為其能為我們獨斷的思維與行動畫下限度。我們也要面對無所不在的懷疑主義或是相對主義，它們主張所有人的意見都一樣好、一樣有道理。五年以前或是早於最新潮流出現的主張都被視為徹底過時，而且「傳統學術」（traditional scholarship）已經變成表達對他人輕蔑的詞語。但我堅信學術並非靜止不動而是逐步累積而成的，遙遠過去的許多思想與言論或許對現在與未來仍有一些幫助或有效性，然而許多重要的課題在過去五年出版的著作中甚至隻字未提。

相對主義者宣稱字詞沒有固定的涵義，所以我們能夠任意決定過去作家的任何一個字所代表的意義，就像矮胖子（Humpty Dumpty）[35]主張他所用的任何字都一定是自己所決定的意思。我欣然同意字詞的意義會隨著時間的演進而不斷改變，同時新的字詞會逐漸淘汰舊的字詞。但是，我們能夠也必須依賴在許多語言中所累積下來堅實的辭典編纂傳統，如浩瀚的牛津英文辭典便能夠告訴我們某個字詞在某個時代、某個脈絡中與某個作者筆下的意義。因此，我們可以利用原始文獻與檔案中的明確證據以及經過驗證的歷史與語言學方法來駁斥那些顯而易見的錯誤。我們也應該立即拋棄那些只根據翻譯或是二手文獻所做的詮釋，除非它們能夠被原始文本所支持。我們除了要堅持去解決那些有辦法處理的問題，也要駁斥那些認為所有能解決的問題都不重要，而所有重要的問題除了靠臆測外都無法被解答的說法。歷史與哲學的世界是一道耗時的難

---

[35] 矮胖子，英國童謠人物，作者這裡所指的是《愛麗絲夢遊仙境》的續作《愛麗絲鏡中奇遇》（*Through the Looking-Glass and What Alice Found There*）中愛麗絲與矮胖子的對話。

題，但透過持續提出新的問題與答案，藉此不斷修正過去的看法，此難題終能被解答。或許有人主張宗教信仰超越了世俗知識的界限，但在人類知識領域中經過經驗與理性證實的明確事實，並不會被那些聲稱掌握更高層次真理的宗教傳統或流行說法給否定。

我不曉得未來會如何演變，但我預期不只教育和學術還有經濟、法律與政治在未來所面對的局勢都會更加嚴峻。如同卡珊德拉（Cassandra）[36]，我希望自己的預測是錯的。

我仍然堅信那些我遵從了一輩子的方法與信念，因為那些試圖取代這些方法與信念的新主張，其正確性無法讓我信服。我祝福許多跟隨我們方法與理想的年輕學者好運，他們將會持續修正我們的研究成果並做出新的貢獻。在這個基本上敵視學術與知識的世界中，他們若要受到肯定將會比我們當時辛苦許多。我希望自己同時也代表了他們在說話，因為他們無法承擔說出心中想法的代價。我也希望美國學術團體聯合會與美國國家人文研究基金會，能夠運用其影響力來支持人文學者及研究並協助他們捍衛在大學、各個學校與公共領域的地位，甚至能夠重振逐年下降的聲望。我並沒有對過去的日子抱有美好幻想（當時有當時的問題），我也十分清楚哲學、科學與學術在這個複雜、不理性而且很大程度上不受我們控制的龐大世界中所面臨到的限制。我有時不禁在想自己在人生中的許多時刻（如同其他人的生命），是否就如那名在康斯坦斯湖（Lake Constance）的騎士一般，正好在其身後所騎過的湖面即將融化時抵達岸邊。[37]

---

[36] 卡珊德拉，希臘神話人物，具有正確預言未來的能力，但其預言永遠得不到他人的信任。

[37] 作者這裡引用日爾曼詩人Gustav Schwab（1792-1850）於1828年的詩作"Der Reiter und der Bodensee"（The Rider and Lake Constance）。

不過我想要替自己深深著迷於過去事物特別是哲學、知識的歷史進行辯護，因為我相信過去事物雖已然消逝但依舊真實。史學家的職責便是讓這些真實性繼續留存，亦且公平地對待歷史上的戰敗者與受忽視的人，至少要讓他們值得被記住之處為世人所知。

譯者　陳建元

國立台灣大學歷史系碩士、學士。研究領域為十八世紀英國史、啟蒙運動。

著有《約書亞・塔克論自由貿易與美洲革命：一種對啟蒙思想史的研究》。譯有Viren Murthy著：〈重新思考全球資本主義時代的思想史：對大衛・阿米蒂奇〈思想史的國際轉向〉的評論〉。

NATALIE ZEMON DAVIS

不管時局多邪惡、不論情勢多冷酷，總會有抵抗的力量，而仁善也總會浮現。……不管發生什麼事，我們還是繼續講著故事，讓故事流傳到後世。不管現實有多沉悶嚴峻，過去都告訴我們，世事能有所改變，至少能有不同。

4

娜塔莉·澤蒙·戴維斯

1928-

1928年生於底特律，1959年在密西根大學獲得博士學位，2013年獲得聖安德魯斯大學榮譽學位。2010年獲頒霍爾柏格獎，並於2013年獲頒美國國家人文獎章。曾任教於布朗大學、多倫多大學、加州大學柏克萊分校、法國高等社會科學院等，1978年起任普林斯頓大學歷史系教授。並在1987年獲選為美國歷史學會（AHA）會長，現居於加拿大多倫多，為多倫多大學歷史系與人類學系教授。

戴維斯致力於歷史學與其它學科之間的交流，歷史與電影、歷史與文學、女性及性別研究、以及歐洲近代猶太史及猶太研究，近來則將視野轉向歐洲以外，諸如魁北克、蘇利南和北非等地區。她與位於匈牙利布達佩斯的中歐大學亦有密切合作，該校每年舉辦娜塔莉·澤蒙·戴維斯講座。

Reference

1. *Society and Culture in Early Modern France* (Stanford, Stanford University Press, 1975)；中譯本：鍾孜譯、許平校，《法國近代早期的社會與文化》（北京：中國人民大學出版社，2011）。

2. *The Return of Martin Guerre* (Cambridge, Mass., Harvard University Press, 1983)；中譯本：江政寬譯，《馬丹・蓋赫返鄉記》（台北：聯經出版事業公司，2000）；劉永華譯，《馬丁・蓋爾歸來》（北京：北京大學出版，2009）。

3. *Frauen und Gesellschaft am Beginn der Neuzeit* (Berlin, Wagenbach, 1986).

4. *Fiction in the Archives: Pardon Tales and their Tellers in Sixteenth Century France* (Stanford, Stanford University Press, 1987)；中譯本：楊逸鴻譯，《檔案中的虛構：十六世紀法國司法檔案中的赦罪故事及故事的敘述者》（台北：麥田，2001）。

5. *Gender in the academy : women and learning from Plato to Princeton : an exhibition celebrating the 20th anniversary of undergraduate coeducation at Princeton University* .Natalie Zemon Davis Princeton University Library, 1990.

6. *Culture and identity in early modern Europe (1500-1800): essays in honor of Natalie Zemon Davis*, ed. Barbara B. Diefendorf and Carla Hesse (Ann Arbor, University of Michigan Press, 1993).

7. co-edited with Arlette Farge, *A history of women in the West*, vol. 3: Renaissance and Enlightenment Paradoxes (Cambridge, Mass., Harvard University Press, 1993).

8. *Women on the Margins: Three Seventeenth-Century Lives* (Cambridge, Mass., Harvard University Press, 1995).

9. *Remaking impostors : from Martin Guerre to Sommersby* / by Natalie Zemon Davis. Egham : Royal Holloway, University of London, 1997.

10. *Lebensgänge* (Berlin, Wagenbach, 1998).

11. *Slaves on Screen: Film and Historical Vision* (Toronto, Vintage, 2000)；中譯本：陳榮彬譯，《奴隸、電影、歷史：還原歷史真相的影像實驗》（台北縣：左岸文化，2002）。

12. *The Gift in Sixteenth-Century France* (Oxford, Oxford University Press, 2000).

13. with Denis Crouzet, *L'Histoire tout feu tout flamme* (Paris, Albin Michel, 2004).

14. *Trickster Travels: A Muslim between Worlds in Early Modern Times* (New York, Hill & Wang, 2006).

15. *Measuring Time, Making History* (The Natalie Zemon Davis Annual Lecture Series, vol. 1) (Budapest－New York, Central European University Press, 2008).

16. *A Passion for History: Conversations with Denis Crouzet* (Kirksville, Truman State University Press, 2010).

17. edited by Graeme Murdock, Penny Roberts, and Andrew Spicer, *Ritual and Violence: Natalie Davis and Early Modern France* (Oxford: Oxford University Press, 2012).

從邊緣看歷史
娜塔莉・澤蒙・戴維斯的學思歷程*

林俊宏　譯

1997年的哈斯金斯講座講者為娜塔莉・澤蒙・戴維斯。她是普林斯頓大學歷史榮譽教授（Henry Charles Lea Professor of History Emeritus），並於1996-97年於多倫多大學擔任文學理論訪問學者。戴維斯教授生於密西根州底特律市，曾就讀史密斯學院（Smith College）、雷地克里夫（Radcliffe College）學院，並於1959年在密西根大學得到博士學位，她曾任教布朗大學、多倫多大學、加州柏克萊大學、法國高等社會科學院、惠特尼人文科學研究中心、耶魯大學、牛津大學貝里歐（Balliol）學院，以及普林斯頓及多倫多大學，教授法國近代早期史，同時領導各項跨學科課程，如歷史與人類學、歷史與電影、歷史與文學、女性及性別研究、以及早期歐洲猶太歷史及猶太研究。戴維斯教授著作包括《法國近代早期的社會與文化》（*Society and Culture in Early Modern France*, 1975）；曾經拍成電影的《馬丹・蓋赫返鄉記》（*The Return of Martin Guerre*, 1983）；《檔

---

* 本文譯自：Natalie Zemon Davis, "The Charles Homer Haskins Lecture: A Life of Learning," *ACLS Occasional Paper* No. 39 (1997).本文所有註腳均為譯者所加。

案中的虛構》（*Fiction in the Archives: Pardon Tales and their Tellers in Sixteenth-Century France*,1987）；以及《邊緣的女性》（*Women on the Margins. Three Seventeenth Century Lives*, 1995）。

戴維斯教授曾獲里昂第二大學及多所美國學術機構榮譽學位，並獲選為美國藝術及科學學會（American Academy of Arts and Sciences）特別會員、英國國家學術學院（British Academy）通訊會員，曾任法國歷史研究協會（Society for French Historical Studies）主席，並在1987年任美國歷史學會會長。目前則為國際歷史學大會（International Congress of Historical Sciences）第一副主席。戴維斯教授現居加拿大多倫多，與多倫多大學有學術合作。她的丈夫是數學教授，兩人育有三名子女，並已有三名孫子女。

不論在美國本土或是世界各地，戴維斯教授對歷史研究都有重大的影響，單就其職位、獎項或作品，難以顯現萬一。雖然戴維斯教授也有幾本重要的專著，但主要表現在於單篇論文。她將論文發展成一種藝術形式，透過短小的篇幅，以歷史及美學的方式論述其觀點，不僅動人、更影響深遠。這種過人的天份，也使她在當代歷史演講名人中佔有一席之地。

在有幸成為戴維斯教授同事的人眼中，雖然她在史學方面光彩耀人，但她的道德勇氣及信念更是引人注目。不論過去或現在，其文章都流露出深切的關懷。在歷史專業的學者圈中，她的情感強烈數一數二，最近也跨足電影，希望能將其洞見及感情表現得更為豐富。其生涯中，雖然她也在政治及道德方面全心投入，但絲毫不違背她作為學者的種種標準。

在這個美麗的五月傍晚，我們有幸齊聚於費城，在美國哲學會（American Philosophical Society）富蘭克林廳（Benjamin Franklin Hall）聆聽戴維斯教授精彩絕倫的演講，相信必將令人終生難忘。

十分榮幸，向各位介紹1997年哈斯金斯講座講者：娜塔莉．澤蒙．戴維斯。

「這一生的學思歷程？可是我也才剛起步啊。」

有幸接到史丹利・卡茲（Stanley Nider Katz）[1]邀請、擔任今年哈斯金斯講座講者的時候，我在心裡這麼抗議著。究竟為什麼我會有這反應？我在答應之後好好地想了想，過去這68年沒什麼羞於見人的，一切種種，都是我得以、也不吝使用的資產。對於這些年來所得到的知識，我不會故作謙遜。以前我只是個小女孩，盤腿坐在史密斯學院的小研究室，讀著《十二世紀的文藝復興》[2]（*The Renaissance of the Twelfth Century*）；現在我成了成熟的學者，沉浸在各種檔案紀錄當中，不過只要一個小時坐著不動，就覺得渾身僵硬。現在的我有信心能應用這行的各種工具，然而還有廣大的未知領域，還是得像個新手、步步摸索。今晚回顧來時路，或許也可以幫我找出這種學術風格的來由。

三十年代我還是個小女孩，住在底特律。家裡平常並不會談到什麼歷史過往，書架上排滿著故事、小說，特別是我父親最愛的戲劇劇本，還有我母親視為精神食糧的通俗大眾倫理作品。直到很多年後，我才從臺拉維夫的表親得知，原來母親在俄國的祖先曾是猶太教法典的學者。我的父母都在美國出生——母親在佛蒙特州的伯靈頓市（Burlington, Vermont）、父親出生於底特律——他們都帶有當時移民第二代典型的時間觀念：最重要的就是「現在」、以及「將來」。除了要成為了不起的成功美國人，同時還要堅守猶太人的身分，像是加入密西根大學的網球隊（我父親就加入了），然後為了那個「M」字全力奮鬥，因為之前網球教練從來沒讓猶太人有過這種機會。

---

1 卡茲（1934-），曾是美國學術團體聯合會榮退主席，研究領域主要關注於公民社會與立憲主義、民主之間的關係，以及美國與國際人權制度之間的關係。

2 中譯本見：夏繼果譯，《十二世紀文藝復興》（上海：上海人民出版社，2005）。

至於「過去」，則是小孩不該知道的、不好的事。弟弟和我早就隱約感覺到，像是在祖父家裡，大人講到「大屠殺」（pogrom）這個詞總是放低音量；家裡偶而會收到遠方寄來的明信片，寫著認不出來的語言，貼著來自遠方的郵票；還有，如果母親和阿姨要講什麼事而不想讓我們知道，就會用猶太人的意第緒語（Yiddish）來說。後來我去了俄國和波蘭，發現小時候以為很猶太人的食物（像是裸麥麵包、酸乳酪、羊奶酪），其實不過是典型的東歐飲食。再後來，我甚至發現家族還有一段十九世紀的往事：母親的家族曾在偏僻的恰普蘭湖（Lake Champlain）邊當過小販，在1880年建了伯靈頓第一間猶太教堂；曾祖父在1870-80年代間在密西根的艾克萊比（Elk Rapids）開過雜貨店，向歐吉維印地安人（Ojibwa）買下土地，如果他想在安息日參加猶太教的正式禮拜（minyan），就會在日落前騎個二十英哩，跑去特拉弗斯市（Traverse City）。

我的父親朱利安・澤蒙（Julian Zemon）經商為生，將紡織品批發給底特律附近的汽車製造業者。而母親海倫・蘭波特（Helen Lamport）婚前曾在家族企業工作，婚後辭職全心照顧孩子、家庭、花園，她打高爾夫，也參加猶太復國主義婦女組織哈達薩會（Hadassah）。父母親在離猶太區很遠的地方買了一棟房子，我們就是這麼幾個住在非猶太人區裡的猶太人（landsleit）。我同時活在猶太與非猶太這兩個世界裡，有時候兩個世界可以結合，像是為底特律老虎隊加油的時候：隊長柯克蘭（Mickey Cochrane）就住在我家街角，隊上的全壘打王還是猶太裔的葛林柏格（Hank Greenberg）。但也有時候，兩個世界又完全對立，像是耶誕節的時候：街上只有幾家沒有燈光裝飾，我家就是其中之一。我會搖搖頭，想著為什麼鄰居如此冥頑不靈，再暗地希望有生之年能見到真正的彌賽亞好好給他們開導開導。

我家過著中產階級的生活。經濟方面，在中產階級舒舒服服的房子裡，幾乎感受不到經濟大蕭條的陰影，而如果是有色人種想進到這種房子，唯一的可能就是去打掃、熨衣服，或是伺候用餐。但另一方面，政治倒是無所不在。當時收音機上播著班尼（Jack Benny）和艾倫（Fred Allen）的喜劇節目，但聽到一半就會有轟炸西班牙的新聞、或是希特勒的德文長篇演說。小學草坪上也開始出現德國難民：兩個猶太男孩子，穿著獨特的皮短褲，如果被欺負了還會吐人口水。有一次，我和幾個女同學一起走在人行道上，有個同學走上前來，指著我說：「你是個猶太人。」我說：「那又怎樣？」歐洲在後來是我作為歷史學者的家鄉，但我對歐洲的第一印象卻是充滿恐懼。

父母決定把我送到底特律郊區的私立女高：金思梧學校克蘭布魯克分部（Kingswood School Cranbrook），弟弟史丹利幾年後也上了他們的男校。金思梧學校那時是貴族學校，只有富裕的底特律家庭才能入學，而且每班限兩名猶太人（男校給的名額倒是多一些）。我的兩個世界開始有些重疊的地方，一方面我完全投入學校生活，交朋友、努力打好曲棍球和網球，還當上了學生議會的議長，叫我十分高興。而另一方面，高中正是女生情竇初開，但不管對猶太人還是非猶太人來說，猶太女生都不可能和非猶太男生約會，所以我的社交生活就是和底特律公立學校的猶太年輕人在一起。在金思梧學校，每週都要到他們的基督教小教堂參加禮拜，每到了禱告和唱讚美詩，我就會把手指交叉起來，以免我那位舊約上帝不開心。

我很喜歡金思梧學校的科目：拉丁文、法文、莎士比亞、代數，特別是歷史總是充滿驚喜，從古代文明、現代歐洲、直到美國史。我喜歡畫線標重點、寫提要大綱、背上一堆史實和年表，所有一般高中生會因而倒盡胃口憎恨歷史的那些我都愛。我更喜歡的，還有雅典民主、啟蒙時代、法國大革命、還有美國革命！我原本完全沒想過人類會如此滿懷抱負、希望改善世界，這對於跨大西洋兩岸的戰爭形成了重要的制衡力量。至於猶太歷史方面，底特律有個男生鼓勵我讀猶太復國主義創始人赫澤爾（Theodor Herzl）[3]的傳記，我才終於了解為什麼外婆離開美國而去了巴勒斯坦。然而，歐洲才是我感覺最親近的故鄉。

高中的時候，我更瞭解了倫理及政治，對後來學習的生涯不時有所影響。進金思梧學校的時候，我抱著強烈的社會服務觀念（大部分是因為多年參加夏令營），自告奮勇做事、多方參加運動。但同時，我也一心想要不斷超越、領先群倫，所以同儕往往把我當成競爭對手、而不是合作對象。這兩種不同的態度該如何取得平衡？宗教科老師建議我讀愛默生（Ralph Waldo Emerson）[4]的文章〈補償〉（Compensation）[5]，於是我發現有種方法可以打破嚴格的分級。「在農夫的想像裡，權力和地位十分美好，但總統卻為了白宮地位而付出沉重的代價。」於是我知道，要對社會有所貢獻，方法很多，而且都值得尊敬；重點就是要把所在的職位做到最好、做到超越。

我最無法忍受的，是那些底特律中產階級自以為是的分級，在我的經驗裡，也就是那些會在宴席和鄉村俱樂部遇到的猶太中產階級。我和他們涇渭分明，我大力抨擊他們的作為，像是他們的物質主義、總是在比較衣著和汽車（我拒學開車）、還有誰比較有錢。

---

[3] 赫澤爾（1860-1904），奧匈帝國的一名猶太裔記者，咸認是現代政治的錫安主義的創始者，以及以色列建國的先驅。

[4] 愛默生（1803-1882），美國詩人和散文家，曾為十九世紀中葉美國「超驗主義運動」（Transcendentalist movement）的領銜者。

[5] 本文出自愛默生於1841年出版的論文集（*Essays*）。

我批判他們的濃妝、隆鼻手術，就像是在文藝復興時代寫一篇論文，批判君王宮廷中的偽善與欺瞞。

還好生命中不只有那些人。我也認識一些聰慧過人的學生，多半來自幾乎全為猶太人的中央中學（Central High），也有些是韋恩大學一位左派猶太教師的學生。而在家裡，我父親通常都投票給民主黨、訂圖畫雜誌（*PM*）[6]，而我則是大量接收倫納（Max Lerner）[7]和史東（I. F. Stone）[8]的自由觀點。高三的時候，班上辦了一場模擬選舉，我最好的朋友和我兩個人是民主黨，一同對抗另外四十一個共和黨。而我在最後一刻還背叛好友，把票投給了社會主義黨的諾曼・湯瑪士（Norman Thomas）[9]。那年春夏，我們都走上街頭慶祝歐洲及太平洋戰爭結束，也心心念念著那朵忽然出現在我們生命裡的蕈狀雲。

二次大戰後，史密斯學院一片歡欣鼓舞，年輕女性從全美甚至國外湧至，很多人還是領獎學金的。其中猶太人屬於少數，大概只佔新生一成左右，但已經比在金思梧學校多上不少。此外，我的生活圈也首次出現幾位有色女性。我們這群1949屆的學生是行動派，關心歐洲重建、支持新成立的聯合國，也希望原子彈的時代還能維持和平。即使某些事件讓我們逐漸在政治上立場相左（像是冷戰開始、捷克斯洛伐克共產政權成立、眾議院非美活動調查委員會（HUAC）、好萊塢十人〔Hollywood Ten〕等等）[10]，但是我們仍

---

6 *Picture Magazine*，1940年代的一份美國日報。

7 倫納（1902-1992），美國教育家及記者，以其充滿爭議性的專欄文章聞名於世。

8 史東（1907-1989），美國調查記者及作家，以其自費出版的《史東週報》（*I. F. Stone Weekly*）聞名於世，該刊被認為是20世紀美國最頂尖的百份新聞刊物之一（第16名）。

9 湯瑪士（1884-1968），美國長老會牧師，以社會主義者、和平主義者，以及美國社會主義黨六屆黨魁候選人而著稱。

10 美國眾議院於1938年成立了非美活動調查委員會。第二次世界大戰結束後，該委員會煽起了對共產主義的仇視和對相關人士的迫害。1947年，該委員會為了調查

然對未來抱著希望、友誼也依舊堅定。那種心態和後來形成一種對比：畢業後的短短幾年間，韓戰爆發、對共產份子的打壓（Red Hunt）加劇，而那時的反應卻是一片沉默。

我的心理和智識能力來自高中時期的培養，但此時已有結構上的轉變。我仍然想成為社群的中心和批判者，但此時的批判精神是因為自認為是知識精英、也發展出了更成熟的政治／倫理視野。有時候，我幫一年一度的大會表演（Rally Day，史密斯學院的嘉年華會）寫歌，就可以兼顧兩種角色。我還是覺得身處於兩個世界，可是現在兩個世界之間之所以緊張，不是由於猶太人的身分，而是身為政治上左派的傾向。

我在大一認識了茱吉（Judy Mogil），她也是新生，剛從音樂及藝術中學（Music and Art High School）畢業，帶著來自紐約的世故嫻熟。我從她那裡，首次有幸得知馬克思社會主義，終於知道有辦法能讓人和人或國與國之間不再兇殘地互相競爭，也可以消滅愚蠢的物質主義，讓人民享受工作。當時我夢想著要改變整個架構，真正改變人類的行為。「各盡所能、按需分配」（現在講到性別還得分男女）這個口號似乎比愛默生的補償理論來得動人。因此，除了參加大學的司法委員會（Judicial Board）之外，我也參加了像是青年美國民主促進會、馬克思討論會、還有青年進步組織，我得說，這些團體在史密斯學院可不太受歡迎。有位教授就曾說「你就是那種他們該處理掉的人」，而且他還擋下了我們的史達林主義活動以資教訓。當然，他也所言甚是，如果我活在蘇聯，一定會被關進牢裡，但對當時的我來說，俄國遠在天邊、何足掛齒？我可是正身在美

好萊塢被共產黨滲透的程度，傳訊了許多好萊塢從業人員，其中有十人由於拒絕透露本人和周圍熟人的政治身份，而被華盛頓聯邦法院以蔑視國會罪提起公訴，被判處最多一年的監禁和一千美元的罰款。

國、在我的烏托邦理想主義裡，我和同志攜手努力，推動各項具體的議題，像是種族主義、工會權、還有言論自由。

然而，我真正可說是享有特權的自由領域就是學術研究。我悠遊於英國、俄國、以及法國文學：我住在法文中心（maison française），興奮地談著紀德（André Gide）[11]、卡繆（Albert Camus）[12]以及沙特（Jean-Paul Sartre）[13]。特別重要的，是向蓋珀（Leona Gabel）[14]學習歷史，她在多年前就得到布林茅爾學院（Bryn Mawr College）的博士學位，為教宗庇護二世（Pius II）編《註釋集》（Commentaries），還教了我們許多在當時還屬前衛的科目、讀歐洲流亡者的著作。蓋珀的儀禮總是正式而整潔，有時候甚至還戴著帽子上課，她告訴我們各種文藝復興時期奇特的理想，告訴我們米蘭多拉（Pico della Mirandola）[15]觀察到（這一點我到現在還是深信不疑）「人類」可以墮落到野獸的層級、也可以昇華到天使的層次，她告訴我們馬基維利（Niccolò Machiavelli）[16]現實冷酷的政治學，也告訴我們路德勇敢地大聲指出另一條道路。在討論課上，她也能帶我們平穩地航過英法俄等國動盪不安、獨裁政權告結的狂潮。我從那時開始閱讀第一手資料，《箴言報》（*Le Moniteur*）上法國大革命的每日紀事，似乎比普魯斯特（Marcel Proust）[17]的《追憶

---

[11] 紀德（1869-1951），法國作家，曾獲1947年諾貝爾文學獎。

[12] 卡繆（1913-1960），法國小說家、哲學家，存在主義大師，在作品中時而可見人與現實世界之間的冷漠、疏離與對立關係。

[13] 沙特（1905-1980），法國思想家、作家，存在主義哲學大師，曾獲1964年諾貝爾文學獎。

[14] 蓋珀（1895-1980），美國中古史學者，自1923至1963年於史密斯學院任教。

[15] 米蘭多拉（1463-1494），義大利文藝復興時期哲學家，師從新柏拉圖主義學者費奇諾（Marsilio Ficino）。

[16] 馬基維利（1469-1527），文藝復興時期佛羅倫斯的政治家與歷史學者。

[17] 普魯斯特（1871-1922），法國意識流作家，是二十世紀文學史上獨領風騷的人物之一。

逝水年華》（*À la recherche du temps perdu*）[18]更有吸引力。為了滿足我的政治傾向和學術興趣，我的學士論文選了一位最激進的哲學家：理性的亞里斯多德派學者彭波那齊（Pietro Pomponazzi）[19]，他否認靈魂的不滅性，而且他還用雙重事實的理論來反駁對他的指控（這對像我這樣有雙重意見的人有趣得很）。另外，馬克思的概念還指出幾種構建過去的方式，這在當時其他課程幾乎都沒提到，更把我帶向了維柯（Giambattista Vico）[20]的《新科學》（*New Science*）[21]，以及它對文化的原型人類學（proto-anthropological）觀點。畢業前，我還讀了布洛克（Marc Bloch）[22]的《奇怪的戰敗》（*Strange Defeat*）[23]，發現原來歷史學家也可以成為英雄。

我過去二十五年來對女性的歷史深感興趣，也問自己，在史密斯學院的課程中幾乎從不曾講到女性，我是否因此覺得大學生涯被剝奪了什麼？我並不這麼認為，而且回想當時的態度和情形，我也了解其原因。在戰後的四十年代，我這個圈子的人覺得女人和男人的政治和智識興趣其實都相同，而如果政治價值觀相同，男女對世界的看法就也不該有所不同。如果那個時候我讀了畢爾德（Mary Beard）[24]在1946年出版的《作為歷史力量的婦女》（*Women as Force in History*），我會同意她所提的布克哈特（Jacob Burckhardt）[25]和其他

---

[18] 中譯本見：李恆基等譯，《追憶似水年華》（台北：聯經出版事業公司，1992）；李恆基等譯，《追憶似水年華》（南京：譯林出版社，1992）。

[19] 波那齊（1462-1525），文藝復興時期義大利人文主義者、哲學家。

[20] 維柯（1668-1744），義大利政治哲學家、修辭學家、歷史學家和法理學家。

[21] 中譯本見：朱光潛譯，《新科學》（北京：商務印書館，1989）。

[22] 布洛克（1886-1944），法國歷史學家，專治中世紀法國史，為年鑑學派創始人之一。

[23] 中譯本見：陸元昶譯，《奇怪的戰敗》（台北：五南圖書公司，2009）。

[24] 瑪麗·畢爾德（1876-1958），美國歷史學家和女權運動者。

[25] 布克哈特（1818-1897），瑞士裔文化史家，其名著《義大利文藝復興時代的文化》（*Die Kultur der Renaissance in Italien: Ein Versuch*）是歐洲文藝復興研究的扛鼎之作，亦是開啟現代文化史研究視野的重要史學名著。

人的例子，女人的確是歷史和文化的參與者（actor），但是她把男女分開的作法則會令我困惑，覺得這是歷史的斷裂。

然而，蓋珀教授和史密斯學院的環境除了讓我們這群女同學體會到這種不同，也助我們一臂之力，讓我們未來能成為女性知識份子和專業人士。不管文藝復興的「（男）人」（man）是處於何種語境，在當時的課堂上，是從一位女性的口中所說出來、聽在女性的耳裡、而且在滿室女性的環境中討論。我想，可能有一部分是受蓋珀教授的影響，我們都接受了這個「（男）人的」符號的潛力，而且應用在自己身上。不知怎的，我們彷彿看到達文西那個有名的圓圈中刻的是我們女性的身體（那個姿態就女性而言倒是不大端莊），也感受到我們都是自由的行動者（agents）。

1948年夏天、大三快結束的時候，我的行動因為碰到了錢德勒・戴維斯（Chandler Davis）而受到考驗。那個時候我去上哈佛的暑期班，學一些科學哲學，而在華勒斯學生後援會上（Students for Wallace，華勒斯是當時美國進步黨的總統候選人）遇見了錢德勒。大戰期間他在海軍 V-12 服役，而我們認識的時候，他是哈佛數學碩二研究生，英俊瀟灑、聰明過人，有左派的傾向，而且喜歡聰明的女生。除了數學和科學之外，他也喜歡音樂、詩、還有科幻小說，所以我們可聊的話題多不勝數。除了他以外，我之前認識的激進男學生從來沒人喜歡「正常」的活動，像是網球、乒乓球，他是第一個。可是他不是猶太人：他的家庭背景是根深蒂固的麻州一位論教派（Unitarian）以及賓州的教友派（Quaker）。而且，他也不富有：他的父母是教授和老師。三個禮拜後，錢德勒向我求婚，六個禮拜後，我們就在波士頓市政廳完婚。我十九歲，他剛二十二。

當然，雙方家庭都大吃一驚。錢德勒他家倒是接受了這個猶太媳婦走進他們的家庭，反正，他們家裡總是有不少猶太難民和猶太左派份子。而我的父母，特別是我母親，則是大為震驚，難以想像我竟然嫁給了非猶太人。我弟弟當時已經是個哈佛的學生，和我們夫妻的關係一直不錯。後來父親也終於接受我們夫妻，但要在多年之後，母親才終於肯承認這樁婚事，也才接受了我的學者身分。

講到「女性」的學思歷程，下面這些事就一定得提一提。一方面，我讀研究所，所有的女性親友並不支持，就連蓋珀也擔心這場婚姻可能會毀了我的歷史學術生涯；我怎麼可能一邊當學者、一邊還拖著一群小孩跟著我先生？但另一方面，我早早就有了先生，而他深信女性可以有自己的生涯，而且也願意分擔家務和養育子女的責任。我們這輩子都一直可以一起談政治、歷史、科學、還有文學。看起來，我的使命就這樣定了，我本來就想拿歷史博士學位，但也正在考慮要不要改行拍拍紀錄片，不過既然錢德勒要在大學教書，我就想，「好吧，那當個教授好了。」

我的研究生生涯先在哈佛，後來到密西根大學，讓我對歷史的焦點由思想史轉向社會史。我訂的第一份學術期刊是《觀念史雜誌》（*Journal of the History of Ideas*），可是後來我為麥榮・季爾莫（Myron Gilmore）[26]寫一篇關於法國學者布德（Guillaume Budé）[27]的文章，他在語言學、政治、教育方面提出一些想法，而我則把這些連結到人文主義者的社會地位，以及他對學者（像他自己）的贊助

[26] 季爾莫（1910-1978），美國中古史、文藝復興歷史學者，自1935起以迄去世前至去世皆任教於哈佛大學、

[27] 布德（1467-1540），文藝復興時期法國人文學者、法學家。推動1530年法蘭西公學院（Le Collège de France）之設立，作為人文研究的教育機構，也是著名的古典語文學家，發表著作內容涉及羅馬法，度量衡和希臘語。

人所提出的論點。我忽然發現，學者、王室成員、或是傳教士並不是歷史的唯一課題。我已經讀了布洛克寫的《封建社會》（*Feudal Society*）[28]，後來喬丹（W. K. Jordan）[29]鼓勵我以16世紀諾福克的凱特反叛事件（Ket's Rebellion）作研究主題，那時候我已經完全準備好了。錢德勒幫我從哈佛的總館韋德納圖書館（Widener Library）搬回如山的書籍，裡面講的是「庶民」和「階級鬥爭」。那些資料還不足以稱為檔案（archive），而是檔案中的摘要、家族史，還有行會紀錄，可以看出工匠和農民家庭如何參加各種宗教和政治活動、希望改變自己的生活。

我深深為之著迷。接下來一年在密西根大學安娜堡分校（Ann Arbor），我寫了一篇論文，論述克莉絲汀・德皮桑（Christine de Pizan）作為第一位歐洲專業女作家的角色〔這個想法來自我的論文指導老師索普（Palmer Throop）[30]〕，但是她是貴族，遠高於我想討論的階級。豪瑟（Henri Hauser）[31]在1890年代發表了一些文章，我讀到16世紀里昂的庶民（menu peuple）、糧食暴動、印刷工罷工，還有1562年新教徒起義，試圖讓這座在隆河（Rhône）和頌恩河（Saône）匯流點的城市成為「新耶路撒冷」。里昂有我需要的一切，可以讓我檢驗不同的想法，像是馬克思主張宗教是上層結構，反應物質利益；還有韋伯（Max Weber）[32]主張新教倫理鼓勵了資本

[28] 中譯本見：談谷錚譯，《封建社會》（台北：桂冠出版社，1995）；張緒山譯，《封建社會》（北京：商務印書館，2004）。

[29] 喬丹（1902-1980），美國歷史學家，主要研究領域為十六、十七世紀英國史。於1943-1972年任教於哈佛大學，並在擔任雷地克里夫學院（Radcliffe College）院長時，積極推動改革，要讓女性學院的課程內容能與其他男性學院一致，打破過去僅有男性學生能研究人文學的傳統。

[30] 索普（1900-1986），美國歷史學家，主要研究義大利文藝復興史，於1938年至1971年間任教於密西根大學。

[31] 豪瑟（1866-1946），法國經濟學家、歷史學家，曾任教於索邦大學。

[32] 韋伯（1864-1920），德國的政治經濟學家和社會學家，咸認是現代社會學最重要的創始人之一。韋伯的著作主要關注社會學的宗教和政治研究領域。

主義精神。在我看來，十六世紀引人之處在於它是現代各種苦惱與冒險的濫觴：充滿激烈的競爭以及資本主義式的貪婪，但同時也對改變抱有希望、播下民主的種子。

我在1952年春天啟程前往里昂作半年的研究。法國第一眼就像仙境，是幾年前在法文中心時無法想像的，田野豐饒，處處可見細心的巧思，地平線上有一排白楊，傳統屋頂的房舍聚成一個個村莊，而且各處都看得到鮮花——在前院、牆上、窗上、壁爐上。每道食物都投注了心血及優雅，就算是鄉間小酒館，餐食也是美味無雙——對我們來說，就算是我們去的那間學生餐廳也是美食佳肴。那裡的政治也大大不同於麥卡錫的冷戰時期美國。我一到里昂，想找布洛克的紀念碑，結果只能在貝拉克廣場（Place Bellecour）找到一個比較籠統的碑，紀念的是所有受害者（fusillés）。我們的朋友有濃烈的左派色彩——天主教、共產黨、社會主義者——他們說著抗爭的故事、唱著那些歌，而且接納了我和錢德勒，認為我們和他們一國，而不是四處牆上標語所攻擊的「美國佬」（Yankees）。雖然有時候會感受到一絲反猶太的氣息——「不要說自己是Juive（法語：猶太人），要說Israelite（古以色列人用語：以色列人）」——但除此之外，我完全覺得就像回到故鄉，甚至看起來也就像那裡的人，就是個小小的地中海居民。而要到1980年代審判納粹黨黨魁巴比（Klaus Barbie）[33]的時候，看到我心愛的貝拉克廣場掛滿了納粹旗幟的照片，我才了解自己首次造訪法國時並不願意面對法國危險的那一面。但我對於檔案資料的熱愛卻是未曾消減。剛開始，我是在

[33] 巴比（1913-1991），德國納粹分子，1936年起加入黨衛軍。他在第二次世界大戰中於1940-1942年期間曾參與從被佔領的荷蘭驅逐猶太人的行動，並且於1942-1945年期間在法國追捕猶太人和抵抗組織成員。1951年逃亡至玻利維亞，1983年被玻利維亞驅逐出境，並被引渡到法國，在里昂的法庭受到審判。巴比於1987年被判犯反人類罪，後來死於獄中。

市立檔案館（Municipal Archives）昏暗的燈光下工作，情況頗為糟糕。雖然我已經找好書目，也知道所有的書目編號，但老師從沒警告過我16世紀公證人的字跡可以這麼潦草。老師其實從沒親手用過這些史料。正如大衛・平克里（David Pinkney）[34]所言，二次戰前，美國研究法國歷史的學者多半只鑽研已出版的資料。就在戰後，約翰・穆迪（John Mundy）[35]在土魯斯（Toulouse）親自翻看檔案，算是新一代研究學者之一，而我在幾年後也踏上了這條路。里昂人看到我也有些驚訝，他們問「你為什麼不去研究自己國家的歷史？」同時，一位好心的檔案學家帶給我一份關於16世紀古字體的資料，幫了我大忙，我開始能描繪出一幅量化（quantitative）的社會史畫像，勾勒出當時在里昂的新教徒，他們的職業、住處、稅負、以及地位，這是之前從未有人研究過的。眼睛得休息的時候，我就會到書庫（Réserve）去找「質化」（qualitative）的證據（大家就這麼稱呼）：關於新教徒和天主教徒在城裡活動的印刷宣傳小冊、短劇、佈道、還有爭論。

最後打包離開的時候，我有超過一百張3 x 5的卡片，我知道自己和里昂的檔案有了強烈的記憶聯結，之後無論我在哪個檔案館工作，都永遠記掛在心。那個房間和我所翻找的過去已緊密相連：古木頭的氣味、那扇窗的樣子、外面鵝卵石街道或潺潺小溪傳入的聲響。那個房間引我進了另一天地，得以見到過去的人所觸所寫的文件紙張。那個房間就像愛麗絲的鏡子、納尼亞的魔衣櫥，或者用個休倫式（Huron）[36]的比喻，就像是樹根下的秘洞，往下掉一段時間，就會進入另一個世界。

---

[34] 大衛・平克里（1914-1993），著名法國史學者，1980年獲選為美國歷史學會主席。
[35] 穆迪（1917-2004），著名中古史學者，於哥倫比亞大學任教逾四十年。
[36] 指北美洲懷安多特族印第安人（Wyandot people）的創世神話。

回到安娜堡之後，我的學習生涯有兩項重大改變。第一，兩位聯邦探員找上我們的小公寓，沒收了我們的美國護照。第二，我懷孕了。

雖然在那之後我們夫妻兩個就幾乎沒有任何機構的支援，但我們還是十分熱心政治，特別是學術自由和公民自由方面。去法國之前，我已經做好研究，也幾乎就要寫完一本名為《操作心靈》（*Operation Mind*）的小書，抨擊眾議院委員會（House Committee）對於非美國人活動的種種違憲行為。這本書由密西根大學藝術、科學及專業學會（Council for the Arts, Sciences, and Professions，當時正要解散）匿名出版，但是錢德勒是出納，簽了支票給印刷廠，因而被密告給聯邦調查局。那本小冊引來各種指控，說我們是共產黨，也讓我們的護照被沒收，此外，1954年春天錢德勒接受眾議院非美活動調查委員會質詢的時候，那本小冊也被算上一筆。（眾議院委員會那些人有性別歧視，倒幫了我一把，就像早期現代歐洲的司法當局一樣，如果夫妻犯罪，他們總假設丈夫才是禍首。）錢德勒唯一的優勢就是在證詞裡提了第一修正案，讓眾議院委員會得面對憲法的挑戰。這件事前後拖了六年：先是他在密西根大學的助理教授職位被解僱；被告蔑視國會；雖然其他數學家十分支持〔特別一提，哥倫比亞大學和新學院大學（New School）都曾給他臨時職位〕，但他還是被美國大學行政劃入黑名單；最高法院駁回調閱他的檔案；以及在1960年，他在丹博瑞監獄坐了六個月的監。〔眾議院非美活動調查委員會的前主席湯瑪士（J. Parnell Thomas）之前也因浮報帳在那關了一段時間。〕

對我的學術工作來說，那段時間最麻煩的就是護照被沒收。沒辦法再接觸到法國的檔案，讓我深感絕望，畢竟那裡有我所需要的一切答案。雖不能說是塞翁失馬，但這後來至少讓我走出了一個新方向。當時我們住在紐約附近，幾個地方都有絕佳的稀有古籍收藏：紐約公共圖書館、摩根圖書館（Pierpont Morgan）、哥倫比亞大學，還有神學協會研究院（Graduate Theology Union）。我去讀了每一本在十六世紀里昂出版的書，主題不再限於新教和天主教的教條或論爭，而擴大到所有我看得到摸得著的部分：裝訂、獻詞、從卷首插畫到卷末的出版頁，還有所有的旁註。我沒有想到自己會開始思考書籍史、以及如何將書籍史與社會史結合。這對我的博士論文至為重要，我終於發現到一些事實，像是印刷商是怎樣給新教徒的宣傳加上偽裝，好逃過書籍檢查官員和宗教裁判官的眼睛。此外，我也開始寫其他的獨立主題。像是我在商用算數的書中，讀到一些詩，還有要把書獻給誰的題詞，便啟發了我寫了一些關於16世紀商業中的榮耀與恥辱的文章。巧合之下，讓我開始研究檔案和各種文類的印刷文本，並加以結合，而如果想了解庶民和「通俗文化」，這就至關緊要。

在五十年代，我們生了三個小孩。養育孩子的喜悅打消了政治方面的痛苦。學生計劃未來的時候，偶而會問，「你怎麼兼顧孩子和學術？」現在看到我的孩子已經在照顧他們的孩子，我也會問自己這個問題。除了有錢德勒可以分擔養育責任外，關鍵就在於要將這兩種生活的行動和心態連結起來。我可以一下在沙坑陪孩子，下一秒就在書房研究；現在讀的是喀爾文教徒的短文，轉過去就可以唸《拍拍小兔》（*Pat the Bunny*）。有時候，我在打字，孩子就坐在膝上。種種干擾成了生活的方式，這對我之後專業的生涯是很好的訓練。養小孩讓我成為更稱職的歷史學家，讓我更人性化，告訴我人的心理、人際關係，而且讓「物質需求」以及「身體」這種抽象名詞有了意義；而且它也顯現了家庭的力量，這是當時的歷史學家很少探討的。

1959年，我把博士論文《新教教義及里昂印刷工人》（*Protestantism and the Printing Workers of Lyon*）寄回給密西根大學的審查委員會。那篇論文的寫法並不屬於任何學術社群的傳統，但這讓我能更自由地去發展自己的觀點。五十年代，宗教改革研究的主流仍是自白式的歷史：新教徒才寫新教、天主教徒才寫天主教。雖然這些寫作都很學術，有時充滿熱情〔我想到班頓（Roland Bainton）[37]的路德傳記《這是我的立場》（*Here I Stand*）[38]〕，但都只呈現了單一的觀點。提到社會經濟因素的時候，想法也有所偏狹：只提到不滿天主教教會的富裕或經濟上的教誨，而不提到特爾慈（Ernst Troeltsch）[39]及韋伯早已提出的種種複雜連結。教義上的爭論是中心議題，但通常只被視為神學家之間的辯論，而不去談基督徒心中想法在社會及心理上的意義。

我的論文則從不同的角度切入。我是猶太人，所以不論是新教還是天主教，我都沒有捍衛的義務。廣義來說，可以說我支持的是「群眾」、也贊同支持教育普及的「進步」運動，但是新教教會囿於階級意識，對於普羅大眾應該接受教育的主張有所保留，因而沒有辦法成為我敘述的主角。我從社會及職業方面去描繪男性新教徒，發現他們在社會上是來自於里昂的各種社會階級，例如在競爭激烈的印刷業中，他們可能彼此為敵。但在宗教上，他們則相互支持。而講到職業，新教徒是獨特的一群，屬於里昂較新、技術複雜、識字率高的行業。因此在我看來，要討論宗教改革的社會面

[37] 班頓（1894-1984），美國歷史學者，研究領域為基督教會史和宗教改革，曾於耶魯大學任教逾四十年。

[38] 中譯本見：陸中石、古樂人譯，《這是我的立場：改教先導馬丁・路德傳記》（南京：譯林出版社，1993）。

[39] 特爾慈（1865-1923），德國新教神學家，撰有許多探討宗教哲學與歷史哲學之著作，曾任教於海德堡大學。

向，主軸不該是經濟階級，而該是情感及心靈的階級、以及俗人和神職人員的對抗，這是所有宗教論戰最核心的爭論點。對城市裡的新教俗人來說，新教義的吸引力在於中心教條：因信得義，讀聖經便能得到真理。由於印刷工對自身讀寫能力有自信，也相信自己是「神的話語」的散布者，認為這種教義不再需要神職人員做媒介，而是直接憑信念接近上帝，頗具說服力。

雖然到今天有些結論要修正，但它們背後的努力還是有幾點值得一提。我現在比較主張社會是環繞多個軸心組織與運作，而不是先前那種雙元的馬克思主義模型。我覺得一個概念會同時在多個不同領域運作或產生意義，像是社會、文化、心理領域等等。我堅信詮釋應該是基於研究對象真正說過的話：雖然我們或許希望能讀出前人的言外之意，但還是必須尊重原文。

在1960年代，我把社會史的研究方法應用在各個層面上。當時我三十歲，我是戴維斯博士，小孩開始要上學，此外，最高法院更審之後，我拿回了護照！之後我便幾次前往里昂和日內瓦從事短期研究，大大擴充在城市及宗教史方面檔案的基礎，像是宗教法庭的紀錄、遺囑、結婚契約、法律案例、醫院和慈善團體的紀錄等等。我那時收集資料非常積極，到現在資料都還沒有全部用上。

我也很高興自己開始教書了。在那之前我只有一次教學經驗，是在1956年，哥大進修推廣部（School of General Studies）的夜間課程，那真是一次艱困的考驗。我開始上課前，哥大巴納學院（Barnard）英語系的柯麗（Rosalie Colie）[40]請我吃了一頓飯，告訴我怎麼做個好學者、好母親。不久之後，我跟著錢德勒到普維斯頓市（Providence），他在那裡編《數學評論》（*Mathematical*

[40] 柯麗（1924-1972），美國文學研究家，曾任教於哥倫比亞大學、布朗大學等校。

Reviews），而我則是短暫任教於布朗大學。錢德勒擺脫牢獄之災後，情形真正有了突破：他取得多倫多大學教授職位，我們在1962年搬到加拿大。最後，我也在多倫多大學取得教職，先是在政治經濟系，後來在1968年轉到歷史系，這就開始了我三十八年的教學生涯，大家都知道，教學對學者學思生涯意義重大。我總覺得，學生教我的，至少和我教他們的一樣多。

我多年來一直遭到孤立，而多倫多讓我能夠歸屬於某個、或者也可以說是很多個學術社群。我有在政經系教經濟史的同事、在不同系裡教文藝復興和宗教改革的同事、還有在歷史系較我年輕的同僚：康薇（Jill Conway）[41]，以及那些剛轉向社會史及量化歷史的歐洲主義者。這些關係讓我了解學術社群的論述可以深深影響一個人的研究方向。我們的研究主題都來自於工作中各種長期和短期的議題，來自對當時政治和文化的關懷，也來自我們之間見面或寫信的交流，我們團結一致。因此，像是我在六十年代有一篇重要專題著作〈貧民救濟、人道主義與異端〉（Poor Relief, Humanism, and Heresy），裡面的資料來自里昂；原本找資料的時候是想重新討論馬克思和韋伯的格言（也就是新教教義是否為新型態福利的唯一來源），但是當時美國「向貧窮宣戰」正熱門，也就順理成章改成寫了這篇文章。此外，該篇著作主張社會福利的改革因素結合了商業價值、基督教人文信念和感情、還有新教的信念等等來源，這也是和許多其他人交換意見後的回響，包括教經濟史的老師，以及我朋友麥克康寧卡（James McConica）[42]，他是基督教巴西勒派（Basilian）的見習修士，而且是英格蘭人文主義及政策的專家。

[41] 康薇的回憶錄中譯本見：何穎怡譯，《女人治校先鋒：Smith College首位女校長回憶錄》（台北：女書文化出版，2002）。

[42] 巴西勒派的神父，同時也是歷史學者，主要研究範圍為宗教改革和都鐸王朝史。並為多倫多大學榮譽教授，以及牛津大學萬靈學院的榮譽研究員。

我致力於研究古典社會史（classic social history），最好的例子是1966年發表的〈十六世紀法國的行會〉（A Trade Union in Sixteenth-Century France）。我在日內瓦檔案找到一件判案，可以看出歐洲職工（journeyman）組織的內部工作、規矩、策略。判案裡提到的里昂一個印刷工的行會（compagnonnage），我由工匠的出身地以及在店裡的工作來分析工匠的價值觀，也描述他們的洗禮儀式和處罰形式，這些儀式和形式有助於這個秘密非法組織維持團結；我也點出，這些職工成功使薪水維持在相對高水準，正可做為平民行動性的範例。進化法則（evolutionary approach）是目前社會史的前衛學說，例如艾瑞克・霍布斯邦（Eric Hobsbawm）[43]的《原始的叛亂》（*Primitive Rebels*）[44]，我在文中只有一個地方對此提出質疑，是在最後一段：

> 〔我們在工匠的行會看到他們〕對家庭及手足情感的追求，一般都將這種追求歸因於前資本主義時代的殘留。但我認為，在人際關係幾乎都由非人的契約主導的社會中，這是一種很有創意的作法。這些印刷工匠的情感信念讓他們認為自己「並不是作為奴隸在工作，而是自由的人、呼應著崇高而神聖的呼喚而工作」，如果我們想找出這種情感的道理，就不能只是把一切都推給過去。

〈十六世紀法國的行會〉一文刊在英國的《經濟史評論》（*The Economic History Review*），而不是在法國發表。在當時，年鑑

---

[43] 霍布斯邦（1917-2012），著名英國左翼歷史學家，作品多關注工人、農民階級以及社會抗爭，為著名史學期刊《過去與現在》（*Past and Present*）的共同創辦人。

[44] 中譯本見：楊德睿譯，《原始的叛亂：十九至二十世紀社會運動的古樸形式》（台北：麥田，1999）。

學派（Annales school）的研究是在區域以及鄉村歷史，而不是都市勞工以及宗教史。講到行會和其慣習時，還是摻雜了太多民俗主義（folklorism）以及維琪政府（Vichy régime）的右翼平民主義。我讀了皮耶・辜伯特（Pierre Goubert）[45]的《博韋及博委》（*Beauvais and the Beauvaisis*）、埃曼紐・勒華拉杜里（Emmanuel Le Roy Ladurie）[46]的《朗格多克的農民》（*Peasants of Languedoc*）、甚至是傅柯（Michel Foucault）[47]的《瘋癲與文明》（*Madness and Civilization*）[48]，但是除了在總體史（histoire totale）方面有獨到的發現（特別是在人口統計、社會流動、以及物質文明）之外，對我想做的事情而言，這些資料提供的不過是一個模型。我接下來做的就是轉向人類學、也將女性議題加入我的歷史論述，我得要走出其他的路。

六十年代晚期和七十年代早期有許多巨大變動，不管是在1968年的柏克萊（我當了兩個學期的訪問學者），或是多倫多（政治抗議的議題從托兒所到越戰無所不包）。當然這間接促成我轉向研究慶典、政治、以及嘉年華。但在1969年，我開始寫〈不當治理的理由〉（The Reasons of Misrule），心裡覺得最重要的卻是十六世紀里昂的一些習俗和組織：嘲弄音樂會（charivari）、以及胡搞修道院（Abbeys of Misrule）[49]，常用的社會史方法並無法展現它們的重要性。它們絕不只是愚蠢的玩樂、不值歷史學家一顧，也不僅是受壓

---

[45] 辜伯特（1915-2012），法國歷史學家，年鑑學派的成員之一，其專長為十七世紀的革命史。

[46] 埃曼紐・勒華拉杜里（1926-），法國歷史學家，於1973年頂替布勞岱（Fernand Braudel）之職位，成為法蘭西學院最年輕的講座教授之一，咸認是法國年鑑學派第三代的掌門人之一。

[47] 傅柯（1926-1984），法國哲學家、思想家和歷史學家，被認為是後現代主義和後結構主義的先聲，其作品影響二十世紀人文社會科學的發展甚鉅。

[48] 中譯本見：劉北成、楊遠嬰譯，《瘋癲與文明》（台北：桂冠圖書公司，1992）。

[49] 在中世紀由年輕人所組成的團體，他們透過激烈且暴力的競賽替各自所屬的「修道院」爭取榮譽。

抑的人民終於爆發。那麼，這些究竟是什麼？

某種機緣下（或許是在多倫多大學人類學系某個朋友的建議），我在多倫多大學圖書館的人類學區找到一套書：阿諾德・范傑內普（Arnold Van Gennep）[50]的《法國民間傳說手冊》（*Manuel de folklore français*），編排方式是照著生命週期和一年四季及節慶來安排。從書裡我了解到，從鄉下年青人的團體、他們吵吵鬧鬧的面具遊行、到法國以至於全歐的婚禮，之間究竟關聯何在。在那篇文章中，我只用了史料上的證據，此外，和范傑內普不同的是，我對節慶及習俗不只呈現靜態、不變的描繪，我還點出「胡搞修道院」（Misrule Abbeys）的種種改變，以及嘲弄音樂會的不同用途（可能是婚禮，也可能是政治抗議）。正如巴赫汀（Mikhail Bakhtin）[51]在剛譯成英文的《拉伯雷與他的世界》（*Rabelais*）[52]所言，節慶生活可能是日常生活的暫時顛倒、是想像不同事物的方式，可以釋放壓力，以繼續維持社群的價值；但有時候，節慶活動也可能是改變社群價值的方法。

接下來的十年間，我繼續讀著人類學以及民間傳說：伊凡・普理查德（E.E. Evans-Pritchard）[53]、維克多・透納（Victor Turner）[54]、克利弗德・紀爾茲（Clifford Geertz）、希德尼・敏茲（Sidney Mintz）[55]，還有許多其他人的著作。（或許我也可以提一下，同時間，凱斯・湯瑪斯（Keith Thomas）[56]將馬林諾夫斯基（Bronislaw

---

[50] 阿諾德・范傑內普（1873-1957），著名法國民族誌學家和民俗學家。

[51] 巴赫汀（1895-1975），二十世紀歐洲最重要的語言、文學、文化評論家之一。

[52] 中譯本見：李兆林、夏忠憲譯《拉伯雷研究》（石家莊：河北教育出版社，1998）。

[53] 伊凡・普理查德（1902-1973），英國人類學家，對於社會人類學的發展扮演舉足輕重的角色。。

[54] 透納（1920-1983），英國文化人類學家，以象徵、儀式和過渡儀式的研究聞名於世。其作品被認為是象徵人類學和詮釋人類學的經典之作。

[55] 敏茲（1922-），美國人類學家，其研究關注於糖業經濟、拉丁美洲與加勒比海地區。

[56] 湯瑪斯（1933-），著名英國史學家，曾於1988年榮膺爵士頭銜。

Malinowski）[57]的研究運用在他的《巫術的興衰》（*Religion and the Decline of Magic*）[58]上，而彼得・布朗（Peter Brown）則是在寫作他對古典晚期（late antiquity）聖人（holy man）的開創性研究時，接觸到瑪莉・道格拉斯（Mary Douglas）[59]以及其他英國人類學家的作品。）我廣泛閱讀各家學說，完全不在意它們在人類學界裡是否互相衝突，因為我想找的不是解答，而是問題、過程、可能的方法，只要能應用在十六到十七世紀的歐洲史料（evidence）就成。於是，在先前想到的社會、經濟、以及宗教等研究主題上，我還能加上年齡這項範疇，包括生與死的研究。我討論天主教和新教埋葬及緬懷先人的方式，對比兩種不同宗教的家庭在各世代間的溝通方法。到這個時候，我已經能夠考量到行為的象徵與儀式形式在認知上和社會上的意義，在此之前，我只有從團體凝聚力（group solidarity）的面向思考過這個議題。我提到，從天主教和新教的節慶、遊行、以及建築等等，可以看出他們會用不同的方式來劃分城市空間、安排一年生活的節奏，以及感受神聖的存在。與之前研究里昂印刷工的時候相比，這個時候的我已經更瞭解不識字的民眾，也更重視口傳文化的技巧和特性，像是格言或是協助記憶的工具。我開始對過去所深信、單一指向未來的「進步」取徑產生懷疑，開始認為天主教和新教是兩種並存互動的活動方式，而不只是舊和新、傳統和創新的對比。的的確確，我開始覺得，十六和十七世紀帶出的不只是「現代性」而已。

由此我寫了一些文章，部分收錄於1975年的《法國近代早期

[57] 馬林諾夫斯基（1884-1942），波蘭人類學家，其建構以客觀民族誌記載田野調查研究成果的方式，被譽為「民族誌之父」。

[58] 中譯本見：芮傳明譯，《巫術的興衰》（上海：上海人民出版社，1992）。

[59] 瑪莉・道格拉斯（1921-2007），英國人類學家，尤長於社會人類學，其著作對人類學、比較宗教和文化理論都產生了重要的影響，以女性的身分榮獲多項學術肯定。

的社會與文化》（*Society and Culture in Early Modern France*），[60]這個書名現在看來或許有點過時，但在當時看起來是滿新鮮、也滿人類學的。我試圖維持之前寫社會史的批判性。寫完〈暴力的儀式〉（The Rites of Violence）之後，我自問是不是寫進了一個死胡同？在十六世紀法國，宗教暴動會伴隨著極端而且令人憎恨的謀殺及褻瀆事件，但這些情事的起因除了邪惡，也和儀式的時間及地點有關，是儀式和節慶行為的延續；但點出這一點的時候，我是不是在將其合理化？我是不是在說，只要對參與者而言有動機和理由，那任何事情的發生都屬合理，即便像是納粹大屠殺（這是一個學生向我提出的問題）也是如此？文章我是這麼結尾：

> 然而，暴力的儀式（rites）並不能絕對代表暴力的權利（rights）。這只是提醒我們，如果想增進社群裡的安全及信任……就不該只安撫那些「離經叛道者（deviants）」，而應多想想如何改變中心價值。

此外，我還是緊守著一些經典的社會史特色。行動者的社會及地理起源仍然是重點。有時候可以用理性的利益來解釋某些行為；而有時候，則要用「做事、思考、以及說話的方式（façons de faire, façons de penser, façons de dire）」來解釋才比較說得通。除了團結之外，衝突也是整體的一部份；不論是抵抗、反對、或是支配，事後都應該再予深究。我最早關於女性和性別的文章中，希望可以在一種歷史形式上發展另一種形式，而不是捨棄某種歷史形式來成就另一種。〈城市婦女與信仰變遷〉（City Women and Religious Change）

[60] 中譯本見：鍾孜譯；許平校，《法國近代早期的社會與文化》（北京：中國人民大學出版社，2011）。

檢視那些皈依新教的女性，探究新教教義和儀式對她們的吸引力何在；〈女性置上〉（Women on Top）則探討節慶中變裝和嘉年華會性別倒轉的多元意義和應用。女性和男性都是這些行為的參與者，但對男性而言，這些行為所再現的性別意義更為顯著。

對我來說，女性歷史是七十年代的另一大事件。自從我在1951年把那篇關於德皮桑的文章放在一旁後，我就有個資料夾特別標上「女性」、收集相關史料：十六世紀的孕婦裝、嬰兒食品、斷奶的時間等等。而談到政治這個議題之後，這個資料夾就擴大成了一整個資料櫃。隨著職位的調動，我發現自己總是系裡的弱勢女性族群。很多次，我是系務會議在場唯一的女性，而且偶而某些資深史家發言的時候，會稱別人某某教授、但稱我戴維斯女士，也讓我覺得自尊有些受傷。但當時我已經頗為堅強，一方面我多年來常常是「唯一的猶太人」、而且是個被逐的左翼分子，而且另一方面，我一路走來也一直得到一些人的支持。（我回想到一位布朗大學資深歷史教授的夫人，她有博士學位，並且也有英國史相關著作，但在她的世代，已婚女性幾乎不可能得到教職。一天，她把她的博士服送給我，自此以後不管到哪裡，只要當我穿上它時，心裡便會惦記著她。）

這一切都告訴我，當個女人是不同的，而且我最好實際點、也聰明些。六十年代中期，我的一大要務就是和多倫多大學的女研究生共事，並改善她們的環境。到了七十年代早期，女性運動便在多倫多蓬勃發展，影響我們所有人。

在知識方面，我遇見了康薇，她是美國新女性史的領導者，我看到了重思女性過去歷史角色的大好前景。在1971年，康薇和我在加拿大開了第一個婦女史的課程：近代歐洲及美國的社會及性別；我開了關於德皮桑的課，從此就再也沒放過。那十年美好的日子啊，教授和學生都興致盎然，為了找第一手資料而跑遍北美的稀有古籍圖書館、檔案庫，也交換書目和課程表；參加關於女性歷史的研討會，以為大概只有幾百人參加，結果出席人數高達兩千。不論是對我或是別人，這都是另一次跨學科研究的大躍進：性別議題如果沒有援引從生物到文學等諸多領域的研究成果，就不可能概念化。同時這也是歷史書寫的延伸，因為同時，我們也將女性寫入歷史（其實也就是看看她們在做什麼），檢視不同時空中、女男的關係和概念，並重新評估像是宗教改革和法國大革命等運動的意義。

我在人類學及婦女史方面的努力始於多倫多，但是開花結果則是在柏克萊任教的六年。在1971年前，我的落腳處總是由丈夫教職的所在決定：我跟著他從一個城市搬到另一個城市，放下了某地的助理職、再放下了另一地的講師職位。我這麼做是我心甘情願，從沒想過別的選擇，只是確實也有幾次感到絕望，覺得自己永遠找不到滿意的教職。到了1971年，柏克萊的歷史系邀請我當教授。錢德勒和我討論了一下，決定「咱們試試吧」。那時候最小的孩子要上九年級，我們考慮了假期和教授的輪休年（sabbatical）等問題，決定試試遠距通勤婚姻。這是一項挑戰，有時候就像是我倆永遠都有時差；但現在回想起我在加州的那幾年，我們都還是很喜愛那時的各種可能和冒險挑戰。新同事對新研究方法的接受度就像那裡戶外空間一般的開闊。我很快就踏入了兩個跨學科的圈子：和歷史系的某些同事，我試著提出女性研究計劃，而和一些歷史、文學、藝術史的新進同事，我們則是創了《再現》（*Representations*）期刊。一開始我並沒有察覺到，我又再度邁向學思生涯的另一次轉變。

柏克萊任教即將結束的時候，一個研究生給我看了一本法學院圖書館的書，作者是十六世紀的法官尚・德・葛哈斯（Jean de Coras），書名為《令人難忘的審判》（*Memorable Decree*）。書中就提到庇里牛斯山一個小村裡著名的農夫冒名頂替案：有個男人，被有夫之婦以為是自己的丈夫長達三年以上。我的第一個反應是「這一定要拍成電影！」為什麼我會有這種念頭？是不是忽然之間，我想去捕捉父親充滿戲劇性的愛情故事，或是重拾年輕時對紀錄片的熱愛？

我想，原因其實是我做人類學歷史。在那之前，我寫的多半是橫跨數個世紀的問題或動機，像是嘲弄音樂會、追悼儀式、格言等等。這些檔案史料多半來自里昂，文本及例證則來自全法國、有時甚至是整個西歐。但其中欠缺的就是田野調查民族誌式的深入觀察，人類學家從中可以看出人際互動、了解實際事件發生的時間順序、聽到參與者如何描述發生的事情。雖然我的對象都已經過世許久，但我可不會像一位密西根大學的同事，幾年前還透過靈媒去和他的對象接觸。我的作法，是邀請導演勒內・阿里奧（René Allio）到柏克萊，向法國史的學者發表一場演講，講題就是他的電影《我，皮耶・希維葉》（*Moi, Pierre Rivière*），關於十九世紀一個諾曼第少年對謀殺案的自白。（這份文件曾由傅柯和他的學生編輯。）阿里奧告訴我們，他在事件發生的小村住了幾個月，觀察當地有哪些村民的角色適合放進電影中，而且和村民討論這個故事。我想，這真是觀看歷史的新角度啊！村民既是一百四十年前事件經歷者的代言人，也是現代的評論者。而拍電影也可能是類似民族誌的一種經驗。

三年後，在1980年，我和知名的劇作家尚－克勞德・嘉希耶赫（Jean-Claude Carrière）以及年輕導演丹尼爾・維涅（Daniel Vigne）共同編寫〈馬丹・蓋赫返鄉記〉（Le retour de Martin Guerre）的劇本。我們三人會聚在一起全是運氣，在那個禮拜，我正在巴黎找導演來拍馬丹・蓋赫，而他們也已開始計劃要拍同樣的主題。（我們同時都對冒名頂替這個主題產生興趣，顯現這種線索和主題之間的關係的確可以激起文化反響，滲透到廣大的領域。）拍片的確激起我的民族誌意識。每次想到任何一個場景（像是村民歡迎新來的人；坐在火旁修理工具、聊天、講故事；爭吵；和法官的對話），都會讓我趕忙回頭去翻資料來找出最可能的情形，看看什麼最為可信。和扮演十六世紀民眾的演員聊天，也可以發現種種有趣的歷史問題以及「證據」。有位資深演員，演的是馬丹・蓋赫的叔叔皮耶・蓋赫（Pierre Guerre），在他和全村接受假的馬丹・蓋赫之後，他是第一個站出來指控假馬丹・蓋赫冒名的人。這位演員說「我不能演得好像皮耶・蓋赫想的只有錢而已」。我說「你講得沒錯」，接著便點出電影裡有幾處，能看出皮耶・蓋赫在意的是猜疑以及欺瞞。飾演馬丹・蓋赫妻子貝彤黛・德・荷爾（Bertrande de Rols）的演員，是著名影星納塔莉貝雅（Nathalie Baye），貝雅準備貝彤黛宣稱自己要到真正的馬丹・蓋赫走進法庭才知道被騙的橋段，她也說「我不相信貝彤黛會等到最後一分鐘才試著從共謀冒名頂替的罪名中脫身」。我回答「她沒等那麼久」；她用這種可憐農婦的身分，最後終於將指控引向頂替者，如此不論哪邊贏，她都應該可以自保平安。我寫的書裡，並無法引用任何演員的話放到附註作為史料，但是他們講的話讓我更相信、知道自己在詮釋法律及村莊資料上的方向正確。

我認為1982年的電影十分成功，維涅創造了美麗的庇里牛斯山小村生活，製作人、導演、史學家的聯手合作也成果豐碩。然而，在那之前我就已經想寫一本相關的歷史書籍。電影簡化了貝彤黛，拿掉了她的主動性（agency）以及精采萬分的複雜性；故事的其他元素也有所更動或減省，特別是我不斷在資料裡發現值得注意的事，但卻無法放進電影或強調出來。電影這種媒材和散文比起來還在起步階段，雖然某些表現手法已經相當豐富，但還是有所不足，特別是片長還有兩小時的限制。

勒華拉杜里和卡洛・金茲伯格（Carlo Ginzburg）[61]也有關於微觀史學（microhistories）的大作——前者是1975年的《蒙大猶》（*Montaillou*）[62]，後者是1976年的《乳酪與蟲子》（*Cheese and Worms*）——以作為他們散文的延伸。我則是透過電影來寫微觀史學（或者我所稱的民族誌）。在我寫的歷史書籍中，我試著用手上所有關於村莊生活的資料，讓馬丹・蓋赫這則「神奇傳說」更能為人理解。我試著指出，這件不尋常的詐欺案其實是一種身分建構，是蒙田所稱的「自我塑造（self-fashioning）」，不管是農人還是法官，又或是其他成千上百讀過尚・德・葛哈斯書的人，不論財富、階級，都是如此。受到電影敘事的影響，我決定將這個散文故事講兩次，第一次就是順著開展的過程，以及在村莊裡的各個階段，第二次則是由講故事的人出發來重述：法庭中的年輕律師尚・德・葛哈斯，蒙田，以及其他。我希望能夠讓讀者發現，建構身分和建構歷史這兩者是有許多相似之處的。

到了1982年電影首映，書也在法國上市，我也已經在普林斯頓大學任教授近四年。在普林斯頓和多倫多之間通勤比較容易，而往來於小鎮和大型國際城市之間也令我獲益良多。在七十年代，柏克萊可以滿足我在人類學上的興趣，而到八十年代，普林斯頓可以滿足我在電影和文學上的興趣。普林斯頓是個熱情、有禮、又富有在地特色的地方，非常適合作民族誌的觀察，或對流行的研究。當時，勞倫斯・史東（Lawrence Stone）領導的普林斯頓大學戴維斯歷史研究中心（Shelby Cullom Davis Center for Historical Studies），在智

---

[61] 卡洛・金茲伯格（1939-），義大利微觀史學家，母親為知名小說家娜塔莉亞・金茲伯格（Natalia Ginzburg）。研究興趣包括文化史、智識史、史學史及藝術史。

[62] 中譯本見：許明龍譯，《蒙大猶》（台北：麥田出版社，2001）。

識上給予我許多刺激。卡爾・休斯克（Carl Schorske）則建立了一個歐洲文化研究的計劃。我很高興能有歷史系的這群同事，還有與人類學系、以及特別是各種文學系所同事間的互動交流。有一個學期，我和紀爾茲合開一堂課，在我的第三所大學、我第三次加入了一小群女性教員的行列，努力讓「那個性別（the sex）」（這是女性在十八世紀的稱呼）的情況獲得改善，並在校園內成立女性研究學程（Women's Studies Program）。一如以往，這種目標總是令人活力十足，特別是我們得到許多學生的支持，而且，隨著女性學生及教員出現在普林斯頓（1969年秋季開始收女學生），大學裡也更為多元化、民主化。

普林斯頓還帶給我另一個驚喜。去那裡之前，我以為普林斯頓是所有常春藤盟校裡最「不猶太人」的，這個印象可以回溯到1957年，當時真的是如此。我在柏克萊曾自問，我要怎麼做才能「令非猶太人驚嘆」（épater les goyim）？也許可以稍微教一點猶太歷史、用上一些我以前教「社會和性別」和學生研究過的猶太男女自傳資料。而一到普林斯頓，我就了解情況和以前不同：學校裡有個可說是猶太飲食俱樂部（Kosher Eating Club，一間符合猶太教規的餐廳）的地方，還有一位叫作馬克・柯漢（Mark Cohen）[63]的年輕學者，剛獲聘來講授猶太歷史。我們兩個和另一個同事組了一個小組，一起講授接續他課程的近代部分，我依社會、文化、人類學、以及性別等主題來設計課程，而柯漢則提供文本資料，以及我們最需要的專業知識。

教這門課程十分具有啟發性，也讓我學到很多。猶太社會既複雜又豐富，十分引人入勝，而且同時又有許多重要事例可以和歐洲

[63] 馬克・柯漢（1943-），美國史學家，現為普林斯頓大學近東研究系所教授，主要關注穆斯林世界的猶太歷史。

的新教及天主教社會比較。同事和我出版了十七世紀威尼斯猶太教拉比[64]蒙德那（Leon Modena）[65]的自傳，是柯漢自希伯來文翻譯而來。而為了寫〈名譽和秘密〉（Fame and Secrecy）一文，我開始找尋猶太人所寫的自傳（有些人主張，這在十八世紀啟蒙運動前還不存在），就像我過去曾在法國尋找庶民家庭史和自傳資料一般。特別是，我希望能將蒙德那寫入歐洲的歷史紀錄之中，看看這會如何影響我們思考過去的觀點，就像我在女性及性別所做的研究一樣。這位拉比的自傳既是猶太文本，也是歐洲文本。其中顯現出的生活，有些地方和博學的天主教賭徒卡丹諾（Girolamo Cardano）[66]不謀而合。此外，這部自傳也呈現出局內者及局外者的界限，是如何在早期近代以一種獨特方式被建構出來。

文學和歷史的結合也是我在八十年代寫作的重要主題。以寫作馬丹・蓋赫為例，促使我開始研究的是法律文本。而這一次，則是數百封要求國王能赦免殺人的信件。長久以來，我一直是用這些文件研究里昂的社會及宗教史，但我同時也十分欣賞法國學者能從這些文件找出新的研究方向，研究中古晚期及法國近代早期犯罪及暴力。但是對我而言，從這些文件也能看出該社會各階層的男性以及部分的女性如何「說故事」。這些故事的講法，得要迎合各種赦免的條件要求、讓國王和大臣聽得順耳。故事在書記的筆下紀錄成文件，但大多數講述的人根本就沒有閱讀的能力。無論如何，從這些

---

64 拉比（Rabbi），是猶太人中的特別階層，主要份子為有學問的學者，既是師長，亦是智者的象徵。猶太人的拉比之社會功能廣泛，尤其在宗教事務中扮演重要角色，是許多猶太教儀式中的主持。

65 蒙德那（1571-1648），誕生於威尼斯的猶太裔學者，其家族在法國驅逐猶太人之後，遷移到義大利定居。

66 卡丹諾（1501-1576），義大利文藝復興時期數學家、醫生、占星家和賭徒。賭術促使其闡發「機率」（probability）的基本規則，而令其成為這個領域的創始者之一。

文件仍然可以看出不同環境下的眾人（像是尋求赦免的人、或是他們的鄰居）的文字品味和文化策略；畢竟如果想得到赦免，他們就得讓人相信自己說的是實話。

我把這本書叫作《檔案中的虛構》[67]，將它獻給史東（他是一位偉大的歷史學家，也十分健談）。這個書名讓他也嚇了一跳，但事實上，我這裡所謂的「虛構（fiction）」指的並不是捏造，而是說我們的所為所言其實都有一種操作的成分。我不是想走極端的反基礎主義（anti-foundationalist）、推翻檔案的可信度，而是讓檔案成為關於十六世紀的一種新史料：呈現當時的人如何講述事情，而我們也該合理負責地運用手上所有的工具來詮釋這種新史料。一如以往，書一出版，我就發現吾道不孤。在法學院，法律和故事講述之間的相互影響也是熱門主題，而在歷史學家中，「檔案中的虛構」也在各處開枝散葉。

最後，在1989年尾、1990年初，有一項計劃結合了我過去所有的興趣——社會、人類學、民族誌、以及文學——並且也讓我再去探索一片新天地。我十分幸運，能寫我後來稱為《邊緣的女性》（*Women on the Margins*）的這本書。一開始，我想從之前的社會和性別課程選出三個人物，呈現十七世紀城市女性生活的各個面向。一位是猶太商人吉莉（Glikl bas Judah Leib）[68]，來自漢堡和梅茨；一位是天主教工匠兼教師蓋雅特（Marie Guyart de l'Incarnation）[69]，來自杜爾，後來搬到魁北克；還有一位是新教藝術家兼昆蟲學家瑪莉安

[67] 中譯本見：楊逸鴻譯，《檔案中的虛構：十六世紀法國司法檔案中的赦罪故事及故事的敘述者》（台北：麥田出版社，2001）。

[68] 吉莉（1646-1724），猶太裔商人和日記作家，其對於生活的記載提供學者得以細緻檢視，十七世紀末以迄十八世紀初德國猶太人在貧民窟中的社群生活。

[69] 蓋雅特（1599-1672），烏爾蘇拉會修女，曾帶領修女團體在新法蘭西建立烏爾蘇拉會，並建立北美最古老的女性教育機構。

（Maria Sibylla Merian）[70]，住過法蘭克福、紐倫堡、阿姆斯特丹。三個人都至少有過一段婚姻，也有小孩；三個人也都留下了文本：吉莉有意第緒語寫成的自傳；蓋雅特有一部屬靈自傳、還有幾百封信，講的是和東部森林中印地安人生活的種種情形；瑪莉安留下一些信，還有特別是關於歐洲和蘇利南的昆蟲研究。這些有可能看出性別及性別位階在她們生活中的重要性；看看不同宗教及職業造成的差別；檢視不同的婚姻以及養育子女的方式。我將單一的微觀歷史擴展成對三位歐洲女性的一種去中心的比較。這是第一次我跨出著墨已久的法語圈，深入研究不講法語的人物，一方面學著讀意第緒語（我祖母的語言）；此外，我還是小女孩的時候，十分害怕德國，而現在卻也檢視著德國的各種猶太資料。我當時已經當了祖母，去過俄國、德國、荷蘭、魁北克、蘇利南等地的圖書館。我選擇了這條路，而且覺得這是一項恩賜。

在計劃初期，我就了解必須將計劃進一步概念化。畢竟，這幾位女性究竟能代表什麼？或許她們可以代表她們的城市工作風格，也可以代表她們家庭生活的某些部分。但是會有多少女人跨過海洋、到魁北克建立一個烏爾蘇拉會（Ursuline，天主教女修會）的女修道院？又有多少女人會在五十二歲的時候沿蘇利南河划船逆流而上、進入叢林搜集毛蟲和蝴蝶？就算是吉莉的自傳，也有一些只屬於她個人的獨特之處。我決定好好利用這些獨特性，仔細想想，在十七世紀的生活裡，一開始可能根本不會想到會過這些生活，而這些創新、創意，究竟是從何而來？也許，這種做法也可以應用在思考某些男性的生活。從那時開始，我開始運用「邊緣（margins）」的概念，這個概念對我之所以重要，不是因為最近德

[70] 瑪莉安（1647-1717），於德國出生的瑞士裔自然學者和科學插畫家，其家族為十七世紀歐洲最大的出版商之一。

希達（Derrida）[71]在解構方面的運用，而是因為我這一生對於「中心」這種概念一直都有些猶豫。這三位女性都生活在邊緣，在宗教上、社會上、或是地理上；自願、或是被迫。而這三位也都將邊緣轉化為足以探索的中間地帶；都將自己重新定義為某種中心，或至少將自己放在比較希望處於的地位上。

我想知道，我的論點是不是這樣已經足夠？需不需要再注意一些似乎矛盾的事實，像是蓋雅特的「自我實現」也屬於法國入侵美洲森林的一部分；瑪莉安在蘇利南的研究助手是非洲及印地安人奴隸？還有，吉莉身處歐洲，而漠無感情地寫著關於「野蠻人（savage）」以及猶太旅人的故事？

也該是問這些問題的時候了。在我早期的寫作中，曾略有提及非歐洲人（至少是歐洲對新大陸人的看法），但絕非議論的中心。回到六十年代，法國殖民地史與新西班牙和阿茲提克的歷史研究不同，並未受到當時在法國本土蓬勃發展的社會史影響。到了1990年，整個看法早已大有不同，我知道這件事，要多謝研究非西方歷史的優秀同事以及戴維斯歷史研究中心，我當時是中心主任，而且已經花了兩年研究帝國主義、殖民主義，以及殖民經驗的影響及其餘波。為了《邊緣的女性》，我當下就決定投注大量心力，研究每位女性書寫中所呈現的他者；耐人尋味的是，從吉莉、蓋雅特以至於瑪莉安，呈現出的樣貌都有所不同。同時，我也決定要將非歐洲的女性帶入書中，她們不只是被動作為歐洲女性注視的對象，而也是主動的回應者。我試著從美洲印地安人及非洲的資料中去想像，被蓋雅特修女引導皈依天主教的人會如何看待她，而瑪莉安女士的非洲及印地安助手，又會怎樣討論她出版的自然書中所提及的種種

[71] 德希達（1930-2004），法國著名哲學家，西方結構主義的代表人物。

昆蟲與植物。我也問，究竟有沒有跡象顯示，非歐洲的文化也融入了蓋雅特的寫作以及瑪莉安的描述之中？

現在此書已經出版，我覺得作為歐洲歷史研究者的自己歷經了一次徹底的重新定位。法國仍然是我長久以來歸屬感最強烈的國家，但現在還有其他人的故事也讓我想一吐為快，像是有一些人曾經住在蘇利南雨林中，或是住在聖勞倫斯（Saint Lawrence）的海岸，也有一些人，曾在北美的商隊路線上來來回回（這是我的新計劃，研究「文化混雜（cultural mixture）」）。

回顧我學思的一生，我是有些迷惑。一方面，這一生似乎就是不斷重複，青少女時期的邊緣及中心總在不同的場景重複上演。我把工人寫入歷史，然後是女性、猶太人，接著是美洲印地安人以及非洲人，就好像一次次從事解放的使命。歷史書寫本身究竟是不是就只是一種自我的書寫，不管我們如何尊重過去所賜予的文本，都無法改變這個事實？而另一方面，這一生似乎也永無停止，不斷從一地到另一地、一個主題到另一個主題。我試著透過講述釐清我一生的學思歷程，把每項變化歸到某個十年、或是某個地方，讓大家能夠明白：每個方法或對象主題上的轉變，都來自我前一階段的智識實踐。此外，雖然也有機會的成分，但每項轉變也都和當時該領域、政治或文化的議題相關。光是回頭講述這些過程，就夠叫人眼花撩亂。究竟，為什麼不定在一個主題對象就好？為什麼要不斷追求新的東西？

這些正是我不得不回想一生歷程、絮絮叨叨之後，心中浮出的疑問。但一想到這樣學習的一生究竟是什麼感覺，這些疑問也就冰消瓦解。「研究過去」一直就是一種快樂，是智識歡愉的特權國度。我自在地接受了歷史學家必須面對的限制——在做出任何推定之前，都必須找到證據；也正是因為這種要求，才讓研究歷史變得如此有趣。至於我在研究上犯的錯誤——像是沒有完成的計劃（或者，像我喜歡和自己說的，只是「要去完成」的計劃）——比起真正重大的錯誤（像是在教養小孩方面），實在只是微不足道。除此之外，研究過去可以讓道德體認更敏銳，也讓自己更有批判理解能力。不管時局多邪惡、不論情勢多冷酷，總會有抵抗的力量，而仁善也總會浮現。在最絕望無助的時候，也總能因應局勢找到出路、想出方法。不管發生什麼事，我們還是繼續講著故事，讓故事流傳到後世。不管現實有多沉悶嚴峻，過去都告訴我們，世事能有所改變，至少能有不同。過去，是我們興趣的無盡藏，也甚至可以是我們的希望。

參考書目[**]

（若讀者有興趣，在此我列出在哈斯金斯講座中提到的部分書目）

Roland Bainton, *Here I Stand: A Life of Martin Luther* (New York, 1950).

Mikhail Bakhtin, *Rabelais and His World* (Cambridge, Mass., 1968; first Russian edition, Moscow, 1965).

Mary R. Beard, *Woman as Force in History: A Study in Tradition and Realities* (New York, 1946).

Marc Bloch, *L'étrange défaite: Témoignage écrit en 1940* (Paris, 1946; new edition Paris, 1990); *Strange Defeat: A Statement of Evidence written in 1940* (London, 1949; New York, 1968).

Marc Bloch, *La société féodale*, 2 vols. (Paris, 1939-1940; new edition Paris, 1949); *Feudal Society* (London, 1961).

Peter Brown, "The Rise and Function of the Holy Man in Late Antiquity," *Journal of Roman Studies* 61 (1971): 80-101; reprinted in *Society and the Holy in Late Antiquity* (Berkeley, 1982), 103-152.

Jacob Burckhardt, *The Civilization of the Renaissance in Italy*, tr. S. G. C. Middlemore (Oxford. 1945; first English edition, London, 1878).

Jill Ker Conway, *The First Generation of American Women Graduates* (New York, 1987).

Michel Foucault, *Histoire de la Folie à l'âge classique* (Paris, 1972); *Madness and Civilization: A History of Insanity in the Age of Reason* (New York, 1965).

[**] 編按：此為戴維斯本人的演講詞所附。

Michel Foucault et al., eds., *Moi, Pierre Rivière, ayant égorgé ma mère, ma soeur et mon frère: un cas de parricide au 19e siècle* (Paris, 1973); *I, Pierre Rivière, having slaughtered my mother, my sister, and my brother...* (New York, 1975).

Leona Gabel, ed., *The Commentaries of Pius II*, trans. Florence Alden Gragg. *Smith College Studies in History* 22 (1936-37), 25 (1939-40), 30 (1947), 35 (1951), 43 (1957).

Carlo Ginzburg, *I formaggio e i vermi: il cosmo di un mugnaio del '500* (Turin, 1976); *The Cheese and the Worms: The Cosmos of a Sixteenth-Century Miller* (Baltimore, 1980).

Pierre Goubert, *Beauvais et le Beauvaisis de 1600 à 1730: Contribution à l'histoire sociale de la France du 17e siècle* (Paris, 1960).

Charles Homer Haskins, *The Renaissance of the Twelfth Century* (Cambridge, MA, 1927).

Henri Hauser, *Ouvriers du temps passé* (Paris, 1899; 5th ed. Paris, 1927).

Eric Hobsbawm, *Primitive Rebels: Studies in archaic forms of social movement in the 19th and 20th century* (Manchester, 1963).

Emmanuel Le Roy Ladurie, *Montaillou, village occitan de 1294 à 1324* (Paris, 1975); *Montaillou: Cathars and Catholics in a French Village, 1294-1324* (London, 1978).

Emmanuel Le Roy Ladurie, *Les Paysans de Languedoc* (Paris, 1966); *The Peasants of Languedoc* (Urbana, 1974).

James K. McConica, *English Humanists and Reformation Politics under Henry VIII and Edward VI* (Oxford, 1965).

David Pinkney, "American Historians on the European Past," *American Historical Review 86* (1981): 1-20.

Keith Thomas, *Religion and the Decline of Magic: Studies in Popular Beliefs in Sixteenth and Seventeenth Century England* (London, 1971).

Arnold Van Gennep, *Manuel de folklore français contemporain*, 7 vols. (Paris, 1943-1958).

譯者　林俊宏

國立台灣師範大學翻譯研究所碩士，台師大英語系學士。現就讀台師大翻譯研究所博士班。

研究領域為翻譯產業，翻譯史，操縱理論，功能理論。榮獲台灣師範大學翻譯研究所暨輔仁大學翻譯研究所筆譯組聯合專業證書，曾任輔仁大學跨文化研究所兼任講師、台師大英語系兼任講師、萬象翻譯公司資深審稿編輯等職。現為自由譯者，譯有《大數據》、《天空的女兒：一位女創業家的太空圓夢之旅》、《如何在數位時代活得自在》、《英語的祕密家譜：借來的文化、逆勢成長的歷史、強制推銷的人類意識大雜燴》、《建築為何重要》、《大科學》等作。

CLIFFORD GEERTZ

一個人自認是往人煙罕至的方向勇往直前，然後才發現這條路上有許多自己從所未聞的形形色色人士。

克利弗德・紀爾茲

1926-2006

1926年生於美國舊金山，曾於美國海軍服役，參與第二次世界大戰。1956年取得哈佛大學博士，1960年起任教於芝加哥大學，並於1970年起擔任普林斯頓大學高等研究院社會科學教授。

紀爾茲是詮釋人類學的代表學者，其對於「文化」多重面向的詮釋，深刻地影響了80年代以後人類學、歷史學、文化批評等人文學研究的發展。

Reference

1. *The Religion of Java* (Glencoe: The Free Press of Glencoe, 1960)
2. *Peddlers and Princes: Social Change and Economic Modernization in two Indonesian Towns* (Chicago: University of Chicago Press, 1963)
3. ed. *Old Societies and New States: The Quest for Modernity in Asia and Africa* (New York: Free Press of Glencoe, 1963)
4. *Agricultural Involution: The Process of Ecological Change in Indonesia* (Berkeley, Los Angeles: University of California Press, 1963)
5. *The Social History of an Indonesian Town* (Westport, Conn.: Greenwood Press, 1965)
6. *Person, Time, and Conduct in Bali: An Essay in Cultural Analysis* (New Haven: Yale University Press, 1966)
7. *Islam Observed: Religious Development in Morocco and Indonesia* (Chicago: University of Chicago Press, 1971)
8. *The Interpretation of Culture* (New York: Basic, 1973)；中譯本：納日碧力戈譯，《文化的解釋》（上海：上海人民出版社，1999）；韓莉譯，《文化的解釋》（南京：譯林出版社，1999）。
9. with Hildred Geertz, *Kinship in Bali* (Chicago: University of Chicago Press, 1975)
10. with Hildred Geertz and Lawrence Rosen, *Meaning and Order in Moroccan Society: Three Essays in Cultural Analysis* (Cambridge: Cambridge University Press, 1979)
11. *Negara: The Theatre State in nineteenth-Century Bali* (Princeton: Princeton University Press 1980)；中譯本：趙丙祥譯，王銘銘校，《尼加拉：十九世紀峇里劇場國家》（上海：上海人民出版社，1999）。
12. *Local Knowledge: Further Essays in interpretive Anthropology* (New York: Basic, 1983)；中譯本：楊德睿譯，《地方知識：詮釋人類學論文集》

（台北：麥田，2007）；王海龍、張家瑄譯，《地方性知識：闡釋人類學論文集》（北京：中央編譯出版社，2004）。

13. *Works and Lives: The Anthropologist as Author* (Cambridge: Polity, 1988)；中譯本：方靜文、黃劍波譯，褚瀟白校，《論著與生活：作為作者的人類學家》（北京：中國人民大學出版社，2013）。

14. *After the Fact: Two Countries, Four Decades, One Anthropologist* (Cambridge, Mass.: Harvard University Press, 1995)；中譯本：方怡潔、郭彥君譯，《後事實追尋：兩個國家、四個十年、一位人類學家》（台北：群學，2009）；林經緯譯，《追尋事實：兩個國家、四個十年、一位人類學家》（北京：北京大學出版社，2011）。

15. *Available Light: Anthropological Reflections on Philosophical Topics* (Princeton: Princeton University Press, 2001)；中譯本見：甘會斌譯，《燭幽之光：哲學問題的人類學省思》（上海：上海人民出版社，2013年）。

16. ed. by Fred Inglis, *Life Among the Authors and Other Essays* (Princeton: Princeton University Press, 2010)

17. edited by Richard A. Shweder and Byron Good, *Clifford Geertz by his Colleagues* (Chicago: University of Chicago press, 2005).

人類學家的文化詮釋
克利弗德・紀爾茲的學思歷程*

陳禹仲、傅揚、黃璐　譯

序曲

站在眾人面前，把一段即將到達盡頭，勉強湊合過日的人生喚作學術生涯，實在是件令人膽顫的差事。我未曾想過，當我結束孤單的孩提時光，開始好奇於外面世界的情形時，在漫漫人生路後還會有這麼一場期末考。[1]現在想想，這些年來我所做的就只是堆疊學問。但在當時，我似乎總糾結在下一步到底該做什麼，拖延著預估未來的時間：回顧情勢，探查可能性，避免後果，然後再來次通盤考慮。這麼做不會帶來任何結果，或者，不會為你帶來你不斷企求的成果。所以，今天我在上帝與世人面前為這種出乎意料的生活做個總結，其實多少算是一種詐騙行為。我猜，很多人並不知道他們的未來想走向何方；至於我，我很確信我連過去到過哪裡都說不清

---

* 本文譯自：Clifford Geertz, "The Charles Homer Haskins Lecture: A Life of Learning," *ACLS Occasional Paper* No. 45 (1999).本文所有註腳均為譯者所加。

[1] 紀爾茲在此挖苦自己現在的處境，將這場學思歷程的演講視為其學術生涯的最後一場考試。下文「我們應該可以全部倖免於現在這個折磨人的場合」亦有同樣的意涵。

楚。但這些都沒關係了。在過往的生命裡，我已經嘗試過所有其它文體，那不妨再試試《成長小說》（*Bildungsroman*）[2]吧。

學界泡沫

無論如何，在拼湊學術生涯的過程中，我至少明白了一個道理：一切都有賴時機。我邁入學術世界時，是整個學術界歷史上最適合加入學術界的時候，至少在美國如此（也有可能全世界皆然）。1946年，我剛驚險地被那顆炸彈所救，免於奉命侵襲日本，並從美國海軍退役時，恰巧美國的高等教育事業正迎來它的榮景，而我則一直乘在不同的學術風潮浪頭上，直到今天，它終於逐漸平息，就像邁向垂暮的我一般。那年我二十歲，想離開加州，在那裡我有太多親戚，卻沒有半個家人；想成為一名小說家，能出名最好。而最重要的，我有《退伍軍人安置法案》（*G.I.Bill*）。[3]

或者更確切地說，是**我們**享受《退伍軍人安置法案》，數以百萬計的我們。正如無數次被流傳的那樣（大約一年左右前，甚至有一檔以此為主題的電視特別節目，還有一部相關著作，恰切地取名為《當夢想成真》），在緊接1945年後的五年裡，近兩百五十萬退役士兵如洪流般湧入大學校園，突然且永遠改變了這個國家高等教育的整體面貌。我們屬於更年長的一代，有過大多數同學和老師沒有的經歷；我們被某種迫切感驅使，對大學生活裡的各種儀式與化裝舞會全無興趣。我們當中很多人已經成家，其餘的，包括我在內，也將很快步入婚姻生活。而可能最為重要的是，我們改變了全美學生的階級、民族、宗教，與某種程度上種族的構成。而後，隨

[2] Bildunsroman源出德文，是德意志地區一種傳統的文學體裁，其內容往往述及人物的成長過程，尤其是智識面向的成長。這個詞由bildung與roman兩字結合，前者為英文education之意，後者則意同novel。

[3] 又譯作退伍軍人權利法案、軍人安置法案、退伍士兵權利法案等。

著這股浪潮蔓延至各個研究所，我們也改變了教授群體的構成。在1950至1970年間，每年獲得博士學位的人數增長了五倍，從大約6,000人增至30,000人左右（1940年，這一總數為3,000人。在六十年代，這一現象不足為奇！）。那恐怕不是曾動員民眾支持《法案》的赫斯特（William Randolph Hearst）[4]以及美國退伍軍人協會（The American Legion）所能考慮到的。但即使在那時，我們就清楚我們是某種影響龐大且重要的先鋒：美國的學位化。

成長於大蕭條時期的鄉野，我從未想過自己能上大學，以至於這一機會突然出現在我面前時，我甚至不知該如何應對。在舊金山浪跡大半個夏天以使自己「重新適應」平民身分後（也是由政府買單），我向一名身兼老式左派分子和碼頭工人運動煽動者的高中英語老師詢問我應該做什麼。他是第一個建議我當一名作家的人，就像史坦貝克（John Steinbeck），或是傑克・倫敦（Jack London）。[5]他說（大意如此）：「你應該去安提奧克學院（Antioch College）。它有一套半工半讀的制度。」那聽起來還滿有發展性的，於是我提交了他手邊恰好有的一份申請表，並在一兩週內獲得許可，然後信心滿滿地前往南俄亥俄（Ohio），瞧瞧那兒究竟已經、將要或正在發生什麼（正如我所說，這又是一次機遇。我不確定自己是否知道入學申請有時會被拒絕，而我也沒有B計畫。假如被拒絕，我可能會去電話公司工作，在夜晚嘗試寫作，把關於上大學讀書之類的事忘掉，這麼一來，我們應該可以全部倖免於現在這個折磨人的場合）。

[4] 赫斯特（1863-1951）是美國報業大王與企業家，對二十世紀的媒體事業有巨大影響；The American Legion是社會性、互助性質的榮民組織，最早成立於1919年（一次戰後），其後陸續有發展，對美國政治亦有實質影響力。

[5] 兩人都是美國著名小說家。史坦貝克（1902-1968）代表作為《憤怒的葡萄》（*The Grapes of Wrath*），傑克・倫敦（1876-1916）代表作為《野性的呼喚》（*The Call of Wild*）。

1946到1950年間，安提奧克學院乍看之下，儼然是美國教育機構裡，最能反映道地美國精神的典範，而我則完全傾倒於這個典範的魅力：它位在非常非常小的城區，蘊含著曖昧不明的基督信仰以及更模糊不清的民粹精神，此外，它還是一所文理學院（Liberal Arts College）。它的學生不到千人，大約只有一半在校（另一半都去芝加哥、紐約、底特律之類的地方工作）。住在學校能夠隨時與學生保持聯繫的教職員有75至80人，所有人都擠在位於俄亥俄州黃泉區（Yellow Springs）的森林與鐵軌間的校區。[6]因為占地狹小，加上藤蔓蔓延的窗臺、涼亭和磚瓦製的煙囪，校園看起來像是米高梅公司（MGM）為朱蒂（Judy）和米基（Mickey）、或可能是哈洛德·勞埃德（Harold Lloyd）所搭設的戶外片場，讓他們能自在地演出那些常見的電影片段，如初嚐禁果、體驗酒精、開敞篷車兜風、詐騙爛醉教授，體驗各種過激的自我。[7]這學校裡確實有一些這般逍遙的人，但比之於學校外在或地理位置所給人的感覺，它自身則嚴肅許多，雖然絕非看人下葬那種嚴肅。此處的氛圍兼具烏托邦式、實驗性、反傳統的特點——誠摯而痛苦，精神極度地緊張——到處是政治激進分子與審美自由精神的結合（或者說他們是審美意義的激

[6] 俄亥俄州的黃泉區是由社會主義者歐文（Robert Owen, 1771-1858）的追隨者於1825年設立的社區，他們意圖複製歐文於1823年在印第安那州（Indiana）設置，強調居民共產共榮的「新和諧社區」（New Harmony）。或許因為這樣的社區往往強調住民在物質與精神上的絕對平等，因此，紀爾茲才會說此地有曖昧的民粹精神。

[7] 米高梅（MGM）是美國著名的電影公司，全名為Metro-Goldwyn-Mayer，商標為一隻咆嘯的獅頭，出品過的著名電影包括《亂世佳人》（Gone With the Wind, 1936，改編自同名小說《飄》）。這裡的Judy and Mickey指的分別是Judy Garland（1922-1969）和Mickey Rooney（1920-），兩人自三十年代起合演了九部MGM出品的電影，包括《愛找到了安迪》（Love Finds Andy Hardy, 1938）。哈洛德·勞埃德（1893-1971）是在電影默劇時代，與卓別林（Charlie Chaplin, 1889-1977）齊名的喜劇演員，其代表作為《新鮮人》（The Freshman, 1925）。

進分子與政治自由精神的結合？）。它是1960年代嬉皮反主流文化運動盛行前的嬉皮。[8]這種表裡一致的氛圍隨著我們這群享有《退伍軍人安置法案》退役軍人的湧入而強化，不管在什麼情境下，我們都已不願意再從任何人那裡拿走任何東西。

這是塊沒什麼嚴謹規範、只有泛道德化地自我形塑的土地，而我悠遊於其中——當地的精神氣質（ethos）是貴格教（Quaker）式的，所謂鐵籠（iron cage）的核心精神[9]；盛行的態度（attitude）是猶太式的，嘲諷、不耐與自行批判。兩者結合得到的結果，是某種喧鬧的自省、對事物常帶有短暫的好奇。簡單說，我選了各種似乎能吸引我的、遲早有用的或者對我的性格有幫助的課程，我猜，至少確信對安提奧克來說，這就是自由教育的定義。由於想成為一名作家，我認為（想當然爾這個「認為」非常可笑）我應該主修英國文學。但我發現即便是英國文學，它仍舊會限制我作家生涯的開展。於是我轉成主修哲學，他們的課程要求實際上貫穿我所接觸的所有課程，像音樂學或財政政策，亦都赫然在列。至於「半工半讀」這一計畫中「工」的部分，以及它為我帶來的迫切問題是：什麼樣的企業會為一個將要成為文人的學徒提供崗位呢？我想，這甚至比主修英國文學更為可笑，我應該投身媒體界，以此為可能從事的職業，從而支持我直到我成為獨立的作者。但這個念頭很快地就被那今昔相同，那麼操勞、吝嗇的《紐約郵報》所提供的複印員職缺給平息。這所有的尋覓、嘗試與不斷放任（儘管就像我說的，我的確想辦法在這段期間內完成了我的婚事）的結果是，當我將要畢

8 原文是"it was counter-cultural before its time." "Counter-Cultural movement"多指六十年代美國年輕人對冷戰時代的社會主流價值觀，如當時保守的種族、性別、政治成見的抗拒，這在越戰爆發後更為明顯，「嬉皮」（Hippies）也是這個運動的一環。

9 此處借用馬克思·韋伯的「理性牢籠」概念。

業時，我並沒有比初進校門時更加明白我該如何在這世間生活。我仍在重新調整適應。

但是，就像安提奧克既不是神學院，亦非職業學校（trade-school）一樣（儘管它重視道德修養與務實生活），那並不是安提奧克的教育所關切的重點。人們應該從那兒獲得的，以及我已經獲得的，是一種霍普金斯（Gerard Manley Hopkins）所謂「凡是與預料相反的、新奇的、多餘的、古怪的」（all things counter, original, spare, strange）感覺[10]——體悟到事物的發生毫無規律可言，而已發生的一切又是多麼的珍稀。這畢竟是「可恥的五十年代」，就像流言傳述的，市區的公眾廣場空空如也，人人專心於政治迫害與追求一己之私，所有事物都陰沉黯淡，不似郊區的那種絢爛色彩。但那並非我記憶中的樣子。我記憶中的那個時代，是一段充滿詹姆斯式（Jamesian）色調的時日。[11]在熱核時代那種了解到一切都會隨時消失的時刻裡，成為一個沒有失去任何東西的人，遠比設定計劃和實踐野心更為迫切。有人可能會迷失或無助，或為自己到底是誰、是什麼等本體論的問題焦慮、折磨；但人們至少可以嘗試著不被磨鈍。

無論那究竟是「可恥」還是詹姆斯式的年代，就像安提奧克的曖昧定位一樣，唯一能確定的就是，唉，我在那個年代從那個地方畢業了，必須要離開並前往他處。問題是：要去哪裡呢？所謂的他處到底是哪裡？在求職的漫漫路途裡，我看不到任何具體的方向

---

[10] 霍普金斯（1844-1889）是英國詩人，被認為是維多利亞時期最富才華的詩人之一，尤其以詩作的節奏、韻律知名。引文出自〈斑斕之美〉（Pied Beauty）。

[11] 詹姆斯式（Jamesian）既可以指William James（1842-1910）所強調的務實、實用哲學，也可以是Henry James（1843-1916）的文學。按後文推敲，這裡指的應該是William James。當然，紀爾茲也可能只是單純想表達那是一段James兄弟在他曾主修過的人文知識、即哲學與文學領域上頗具影響的時光。

（沒有一個我為之工作過的人想要再見到我），我當時想，不如就暫時躲避在研究所裡吧，我的妻子，一位同樣對「現實世界」毫無準備、被迫離開大學世界且主修英國文學的學生，也認為她會這麼做。但是，又一次，我完全不知道該怎麼將這個念頭付諸實踐，而且我已經使用過《退伍軍人安置法案》的特權，我……我們……再一次失去所有資源。於是我重演了1946年的戲碼，向另一位非標準意義上的學術人，一位富有魅力、神智清明的哲學教授喬治・蓋傑（George Geiger）請益。他在哥倫比亞大學棒球隊時是盧・蓋瑞格（Lou Gehrig）[12]的替補，也是杜威（John Dewey）[13]的關門弟子。他說（一樣是措述大意）：「不要去讀哲學，它已落在湯瑪斯主義者（Thomists）和技術派（technicians）的手中。你應該試試人類學。」[14]

由於安提奧克學院沒有與人類學相關的課程，我當時並沒有對此展露多少興趣，而且我們完全不知道它究竟在探究些什麼，因此這多少算是個令人吃驚的提議。據說，蓋傑教授一直都與哈佛大學的人類學教授克羅孔（Clyde Kluckhohn）保持聯繫，克羅孔教授與同事一道創立了一個被稱為「社會關係」（Social Relations）的試驗性跨學科科系。[15]在這個科系中，文化人類學不是像過去一樣與考古學和體質人類學聯合，而是與心理學和社會學合作（但很不幸地

---

[12] 盧・蓋瑞格（1903-1941）為美國職棒大聯盟紐約洋基隊（New York Yankees）的傳奇球員。

[13] 杜威（1859-1952）是美國著名的實用主義哲學家，在二十世紀初有廣泛的影響力。

[14] 「湯瑪斯主義者」一般指的是承繼十三世紀哲學家Thomas Aquinas（1225-1274）思想的哲學思潮，在此指的應是試圖結合以Ludwig Wittgenstein（1889-1951）的分析哲學與Aquinas形上學的Analytical Thomists.「技術派」則是指強調哲學工具性的思潮。

[15] 克羅孔（1905-1960）為美國知名的人類學家，任教哈佛，尤以後文將提到的對文化概念的集成而知名。

是，就常態而言，與考古學和體質人類學聯合的現象仍然存在）。蓋傑教授說，那會是個為我量身打造的地方。

也許吧，對此我沒有特別反對。但最後解決我的是美國學術團體聯合會（American Council of Learned Societies）甫建立的一個同樣帶有試驗性質、為期一年的研究生獎學金計畫（這也許是你們會感到難以置信的部分）。這些獎學金由文理學院中一位被選定的文科教員授予他或她認為最有潛力的學生，每個機構只有一個名額。蓋傑（或「蓋傑先生」，我仍必須如此稱呼他；雖然他在去年以九十四歲高齡逝世，但他的教學生涯幾乎持續至生命的最後一刻，從不向時間或風潮妥協）是該理事會在安提奧克學院所選定的教員。他說，他認為我並不比周圍任何其他人都要前景黯淡，所以如果我想要，獎學金可以給我。這筆獎學金在當時（實際上在任何時候皆然）異常豐厚，足以保障我與妻子不只一年而是兩年的生活。我們向該學院的社會關係研究部門（SocRel）提交了申請（這回一樣只申請一家）並獲得入學許可。在舊金山度過又一個不尋常的夏天後，我們試著收拾好那些其實最好扔掉的零碎事物，趕往劍橋（麻塞諸塞州）開始邁向專業之路。

在另一篇同樣兼具精心雕琢過的坦誠與公諸於眾的自我隱藏的習作中，我描述了在二十世紀五十年代，進入社會關係學系時那種巨大的、不知所謂的、幾乎像千禧年來臨般的欣喜，以及當時我們這些在系中學習的人所津津樂道的計畫：建構一個「社會科學的通用語言」。計畫實行前的幸福感，只有極樂兩字得以形容，但是這段黃金時期就如學術界中的流行論斷和歧見，甚至是新學說所帶來的興奮一般，實在過於短暫。這個計畫成立於1946年，是所有傳統學科的難民集合地，隨著戰爭的混亂帶來了變動不安的焦躁以及保守、墨守成規的風氣。這樣的氣質在1960年代因為各種動亂鮮少在系內發生而褪色，到了1970年，顯然因為系上只剩下殘存的遺憾與不多的儀式，這股風氣就這麼灰飛煙滅。但環視這一切，如果你們在乎發生過的種種，並有辦法在急轉彎時不摔出車外，這的確是一段狂野、瘋狂的旅程。

我在系裡的生活從某一方面來說非常短暫，有兩年忙亂的時光住在學校裡學習態度；還有一年擔任教職員的工作（忙亂程度亦毫不遜色），對人們傳遞此態度：「退後，科學的時代來了！」。但從另一方面看來，我來回進出這裡有十年之久，寫論文、找研究課題、準備口試（「他們如何在黑足人（the Blackfoot）中訓練馬匹？」），我在系裡的生活其實蠻長的。[16]我用一年跟隨各領域的領袖人物（包括克羅孔、帕森斯〔Talcott Parsons〕[17]、奧爾波特〔Gordon Allport〕[18]、默里〔Henry Murray〕[19]、莫斯特勒〔Frederick Mosteller〕[20]和斯托佛〔Samuel Stouffer）[21]等人），學習掌握諸如人類學、社會學、社會心理學、臨床心理學及統計學等領域知識，另一年又看看哈佛其他一些有獨到見解的學者（如布魯納〔Jerome Bruner〕[22]、殷克勒斯〔Alex Inkeles〕[23]、大衛・施耐德

---

[16] 黑足人（The Blackfoot）泛指北美洲的印地安人社群，其中包含了North Peigan, South Peigan, Kainai Nation和Siksika Nation等印地安人聚落，這些聚落都源出Algonquian語族，並共享相近的文化。Blackfoot印地安人多聚居在加拿大Alberta省和美國Montana州。

[17] 帕森斯（1902-1979），美國社會學家，二十世紀中期結構功能論的代表學者。

[18] 奧爾波特（1897-1967），美國心理學家，關注人格特質和意識層面。

[19] 默里（1893-1988），美國心理學家，提出需求和壓力理論以分析人格。

[20] 莫斯特勒（1916-2006），二十世紀最偉大的統計學家之一，著作量驚人且有多方面影響。

[21] 斯托佛（1900-1960），美國社會學家，研究的核心關懷是如何探測人心態度，對社會統計的定量方法做出了重要貢獻。

[22] 布魯納（1915-），美國心理學家、教育學家，在認知過程的研究上成果豐碩。

[23] 殷克勒斯（1920-2010），美國政治學者，尤其關注比較政治、政治文化與政治社會學。

〔David Schneider〕[24]、霍曼斯〔George Homans〕[25]、巴林頓・摩爾〔Barrington Moore〕[26]、索羅金〔Pitirim Sorokin〕[27]等）的耕耘後，我發現我與妻子正面對著人類學生涯最殘酷且難以逃脫的事實（現在事情已有些不同）：田野調查。

我再次趕上了時代的浪潮。那時有一個跨領域研究團隊得到福特基金會（Ford Foundation）的慷慨資助，由許多機構以聯合、具不確定性的方式協力組織起來。福特基金會的這種慷慨大度，是在早先具傳奇色彩的歲月裡，在董事尚未弄清楚事情之前，對野心勃勃、無拘無束的事業的贊助。協辦的機構包括社會關係學系，麻省理工學院一個更新、贊助來源更模糊且宗旨更神秘的國際研究中心（Center for International Studies），以及設立在剛獨立的印尼蘇丹皇宮裡、革命性的加達馬達大學（Gadjah Mada University）。這一切讓這個團隊成為一個有遠見、烏雲罩頂、舉步待發的宏大聯合集團。團隊由兩名心理學家、一名歷史學家、一名社會學家和五名人類學家組成，全都是哈佛的研究生。他們計畫與來自加達馬達的一個團隊同行，一起前往爪哇中部，針對一個內陸小鎮，展開長期的深入研究。當時我和妻子正埋頭苦幹、披星戴月地補課，尚未來得及認真考慮我們在哪裡做田野調查的問題。某天下午，我們被這個團隊的主任（實際上，他常常神秘兮兮地稱病而擅離崗位）問及是否考慮加入這個研究專案，我妻子去研究家庭生活，我則研究宗

[24] 大衛・施耐德（1918-1995），美國文化人類學家，以從親屬制度切入發展象徵人類學知名。

[25] 霍曼斯（1910-1989），美國社會學家，強調對社會現象的心理解釋。

[26] 巴林頓・摩爾（1914-2005），美國政治社會學、歷史社會學家，他對現代化過程的比較研究對學界產生了重要影響。

[27] 索羅金（1889-1968），俄裔社會學家，哈佛大學社會系的創始者。

教。和誤打誤撞、天真無知地成為人類學家一樣，我們成了印尼研究者。

事情就這麼展開：餘下的一切全是附錄，是無常命運的實踐歷程。此後兩年半，我一直與一個鐵路工家庭同住在爪哇那被火山環繞、如飯碗底部的布蘭塔斯（Brantas）河谷平原，時值這個國家通過自由選舉、一路奔向冷戰的動盪與無情的屠戮場。返回劍橋後，我在杜寶婭（Cora Dubois）的指導下寫了一篇關於爪哇人宗教生活的論文。[28]杜寶婭是一位傑出的東南亞研究學者，當我離開時，她受聘為社會關係系的第一位女教授（我記得也是哈佛大學的第二位女教授）。再次回到印尼，我去的是峇里島和蘇門答臘。伴隨起義與內戰，政治鬧劇更是邁向高潮。之後我又花了一年待在新設立的行為科學高等研究中心（Center for Advanced Study in the Behavioral Sciences），在諸如孔恩（Thomas Kuhn）[29]、佛蒂斯（Meyer Fortes）[30]、羅曼・雅各布森（Roman Jakobson）[31]、奎因（W.V.O. Quine）[32]、希爾斯（Edward Shils）[33]、喬治・米勒（George Miller）[34]、科斯（Ronald Coase）[35]、史拜羅（Melford Spiro）[36]、阿

---

[28] 杜寶婭（1903-1991），美國人類學家，尤長於文化和人格、心理分析。

[29] 孔恩（1922-1996），美國科學史家，提出「典範」（paradigm）的重要概念。

[30] 佛蒂斯（1906-1983），南非人類學家，以迦納的研究知名，為結構功能學派的學者。

[31] 羅曼・雅各布森（1896-1982），俄國語言學家和文學理論家，是運用結構分析的先驅。

[32] 奎因（1908-2000），美國哲學家與邏輯學家，有很大的影響力。

[33] 希爾斯（1919-1995），美國社會學家，尤以對知識分子的研究知名。

[34] 喬治・米勒（1920-2012），美國人類學家，被認為是二十世紀最重要的二十位心理學家之一。

[35] 科斯（1910-），英國經濟學家，其交易成本和產權的概念對學界和實務都有重要影響。

[36] 史拜羅（1920-），美國文化人類學家，尤長於宗教與心理人類學。

普特（David Apter）[37]、弗雷德・伊根（Fred Eggan）[38]及約瑟夫・格林伯格（Joseph Greenberg）[39]等人的陪伴下充電。然後我又在柏克萊待了一年。隨後，1960年代開始燃燒。在芝加哥一晃眼就過了十年，時間彷彿不曾駐足，我部分時間用於教學，部分時間花在新興國家比較研究委員會（Committee for the Comparative Study of New Nations）裡，為一項關於亞洲與非洲後殖民國家的跨學科研究專案擔任指導工作，部分時間去摩洛哥中部山區的古城研究集市、清真寺、油橄欖種植、口頭詩歌，並指導學生的博士研究。最後，我在普林斯頓高等研究院（Institute for Advanced Study）待了近三十年（因為現在我七十二歲，而且還沒退休，這裡自然會是最後），面對著——該怎麼說呢——某種體制上的膽怯和自我感覺良好，努力維持一個逸出傳統的社會科學院（School of Social Science）[40]。我敢肯定，迄今為止形式相同和節奏不變的這些內容，已讓你們感到厭煩、啟人疑竇：在對未來感到困惑與不確定的時刻，一個送上門的機會不小心落在我的腳邊，地點、任務、自我與思想氛圍隨之改變。一段幸運人生，趕上幸運時代。一段誤打誤撞的學術生涯，無常、多樣、自由、受益頗多，且薪水不壞。

現在的問題是：這樣一種生活與經歷如今是否可行？在這個屬於附屬品的年代？在研究生們都開始以「準失業人口」自居的年代？在這個只有少數研究生願意經年累月地在荒野中以芋頭（taro）維生（甚至在布朗克斯或巴伐利亞的類似地方），並願意

---

[37] 阿普特（1924-2010），美國政治學家，關注比較政治、社會抗爭與暴力行為。

[38] 弗雷德・伊根（1906-1991），美國人類學家，以最早將英國社會人類學的取徑運用至美洲原住民的研究而知名。

[39] 約瑟夫・格林伯格（1915-2001），美國語言學家，以語言類型學和發生學的研究成果最為重要。

[40] 這裡指的是普林斯頓高等研究院編制下的社會科學院／部門。

為這不相干的事申請少得可憐的補助的年代？[41]學術界黃金年代的泡沫經濟破滅了嗎？一帆風順的學術浪潮已經褪去了嗎？

答案難以確定。這個問題還有待裁決（sub judice），而且日漸年邁的學者就像年長的父母與退休的運動員一樣，總是傾向把現在視為蓬勃過往的衰頹，榮景不再，也沒有任何信仰與希望，美好的事物就這麼煙消雲散。話雖如此，現在的學子們看來也積累了一定程度的焦慮，那是一種事物將會越來越艱辛的感受，底層學術圈（academic underclass）正在成形。就現狀來說，去冒不必要的風險、朝新的方向前進，抑或冒犯權威的見解，或許不是太明智的選擇。終身教職更難獲得（我知道現在要求得有兩本專書，而且，唉，天曉得我還有多少信得寫），過程則變得冗長無比，不僅耗盡人的能量，還磨鈍那些深陷其中者的雄心壯志。教學負擔越來越重；學生們的準備益發不足；行政人員以為自己是公司執行長，看到的多是效率與底線。獎學金縮水與商品化，而且被扔進超空間（hyperspace）裡[42]。正如我所說，我並不清楚其中有多少是準確的，或者說，在何種程度上是準確的？在多大程度上，它代表了學術界在那一段離奇的過往後所回復的常態？它又能代表多少在異常、不可能為常態的高峰後必然的衰退削減？能否代表一個在海洋那變幻莫測的變動中富含機會與可能的珊瑚群？我只知道，就在僅僅幾年前，我愉快、也許有點兒愚蠢地，對那些問我在這個奇怪的行業中如何獲得成功的學生和年輕同事說，他們應該保持輕鬆的態度、勇於冒險、拒絕坦途、避免逐利、走自己的路。我說，要是他

[41] 原文中的荒野為bush，指的可能是非洲、澳洲的荒野。Taro特別指大溪地人的食物。作者提到布朗克斯（The Bronx）和巴伐利亞（Bavaria），可能是強調青年人類學研究生連到相對「進步」的地方做田野調查也興趣缺缺。布朗克斯是紐約西北的一個地區。

[42] 這是形容申請獎學金的難度極高。

們真的這樣做了，要是他們堅持下去並保持對新鮮事物的敏感、樂觀向上、忠於真相，我的經驗是，他們絕對能夠倖免，還可以做自己想做的，過有價值且成功的生活。然而，我再也不會這樣做了。

變更主題

大家都知道文化人類學環繞著什麼：文化。棘手的是，沒有人能毫不遲疑地斷言文化是什麼。它除了是個本質上便有爭議的概念（像民主、宗教、素樸或社會正義），還被重層定義，以不同方式被使用，極難有精確的表述。它難以捉摸且不穩定，類似百科全書，被賦予規範性。那些只相信真實存在的事物的人，會認為文化這個概念很空洞、具危險性，甚而禁止在正經人士的嚴肅論述中提到它。環繞著文化創建一門科學似乎是天方夜譚，這個點子幾乎和概念問題本身一樣糟糕。

從人文學科、尤其是由文學與哲學的知識背景進入人類學，文化的概念立刻龐然聳立，它既是走進這一領域的謎陣的一條途徑，也是讓自我徹底迷失其間的手段。我到哈佛時，克羅孔正與之後擔任系主任、剛從柏克萊退休的克魯伯（Alfred Kroeber）[43]一起，希望整理出一個決定性、有如訊息大本營的、從阿諾德（Matthew Arnold）[44]和泰勒（E. B. Tylor）[45]以降文獻中所見之五花八門的「文化」定義的集成。他們找到了可劃分為十三個範疇的一百七十一種定義。原本打算待在家裡、棲身這些崇高觀念之間的我，也被喚去閱讀他們的成果，並提供修改、說明和商榷等種種建議。我不能說

[43] 克魯伯（1876-1960），美國文化人類學家，和克羅孔合作編集《文化：觀念與定義的批判性考察》（*Culture: a Critical Review of Concepts and Definitions*, 1952）。

[44] 阿諾德（1822-1888）為十九世紀英國詩人與評論家。

[45] 泰勒（1832-1917）為英國人類學家，被推尊為人類學之父。

這些努力大幅緩和了我個人或史學圈在語義學上的焦慮，或者降低了新定義出現的數目；因為現實情況恰恰相反。但這些努力讓我確實以一種硬生生、沒有太多指導或警告的方式，深入到問題的核心。這個問題，我後來才明白正是人類學這門學科的問題所在。

「文化」（是詞彙〔mot〕而非實際的東西〔chose〕，並不存在實際的東西）的變遷及其詞義、用法、解釋力的爭論，在當時才剛剛開始。在接下來的半個世紀裡，在文化概念的起伏中，它在清晰度和普及化方面來去浮沉，透露出人類學的蹣跚向前，我亦不外如是。在1950年代，我們有諸如克魯伯和克羅孔，露絲・班乃迪克（Ruth Benedict）[46]，雷德菲爾德（Robert Redfield）[47]、林頓（Ralph Linton）[48]、戈勒（Geoffrey Gorer）[49]、鮑亞士（Franz Boas）[50]、馬林諾夫斯基（Bronislaw Malinowski）[51]、薩丕爾（Edward Sapir）[52]，還有令人印象最為深刻的瑪格麗特・米德（Margaret Mead）[53]——她無處不在，新聞裡、講臺前、國會中都有她的身影；她主持研究計畫，籌立委員會，發起改革運動，爭取慈善家的支持，處理疑難雜事，並為同事指點迷津、修殘補缺。這些作者的雄辯、活力，廣泛的興趣與過人的才華，使得人類學式的文化概念立刻通行起來⋯⋯好吧，對於文化界而言如此，它廣泛散播而無所不包，以至於看上去能對一切人類計畫去做、去想像、訴說、去成為（be）或相信的

[46] 露絲・班乃迪克（1887-1948），美國人類學家，提出文化型態的理論。
[47] 雷德菲爾德（1897-1958，美國人類學家，尤以其提出之大傳統、小傳統觀念知名。
[48] 林頓（1893-1953），美國人類學家，對區分社會地位與角色二概念提出重要的見解。
[49] 戈勒（1905-1985），英國人類學家，將心理分析的技巧引入人類學中。
[50] 鮑亞士（1858-1942），德裔美國人類學家，被尊為美國人類學之父。
[51] 馬林諾夫斯基（1884-1942），波蘭裔人類學家，社會人類學的發軔者。
[52] 薩丕爾（1884-1939），美國語言學家、人類學家，研究美洲原住民語言，並指出語言與思維的交互關係。
[53] 瑪格麗特・米德（1901-1978），美國人類學家，亦為著名的公共知識分子。

一切事物，提供四時常青的解釋。當時大家都知道瓜基烏圖人（the Kwakiutl）[54]是自大狂，多布人（the Dobu）[55]有妄想症，祖尼人（the Zuni）[56]沉著，德國人專橫，俄國人性烈，美國人實際而樂觀，薩摩亞人（the Samoans）[57]懶散，納瓦霍人（the Navaho）[58]謹慎，特珀左特蘭人（the Tepotzlanos）[59]要麼牢牢聯合，要麼徹底分裂（有兩位研究他們的人類學家，彼此間還是師生關係），日本人則受恥感的驅使。大家都明白他們就是那樣，因為他們的文化使得他們如此這般（每種人擁有一種文化，而且就只有一種）。我們似乎陷入了某種邏輯以及語言之中，在其中，概念、原因、形式與結果皆可用同一個詞[60]來解釋。

此後，我把限縮文化觀念的範圍、讓它不再那麼無所不包當作我的任務——儘管事實上沒人把它分派給我，我也不確定多大程度上這是個有意識的選擇（我顯然不是唯一抱持此志向的人。在我這個世代，對晦暗不明和空泛言詞的不滿就像傳染病）。把「文化」轉化成一種有明確界限的概念，使它具有確定的應用、明晰的意義和特定的用法——於最起碼有所聚焦的學科中，在最低限度上有所聚焦的主題——在過去和今天一樣迫在眉睫。

這件活兒實是難以為之。把怎樣算是一種科學以及人類學有沒有可能符合標準的問題暫且擱下（對我而言，這個問題總教我覺得做作，看是要稱作研究、追求或探詢，隨你高興），這類努力所需的知識素材不是從缺，就是不被認為真的有效。這種努力的付出

---

[54] 瓜基烏圖人是住在加拿大溫哥華北部及英屬哥倫比亞沿岸一帶的印第安民族。

[55] 多布人，住在巴布亞紐幾內亞的小島「多布」上的原住民。

[56] 祖尼人，美洲原住民，居於新墨西哥州西部。

[57] 薩摩亞人主要活動於南太平洋薩摩亞群島的西部。

[58] 納瓦霍人是美國人數最多的原住民族群，主要分布在美國西南。

[59] 特珀左特蘭，位於墨西哥，在今日墨西哥城的東北115公里處。

[60] 即文化。

（要再說明的是，付出的並非只有我一人，而包含了相當多不同想法，因不同理由感到不滿的人們）及其所以能取得相當程度的成功，不單單只是標誌了既有的一些「文化」觀念開始失去影響和說服力（如文化是有教養的行為、是超機體的〔superorganic〕、像用蛋糕模做蛋糕一樣形塑我們的生活、像地心引力一樣引導我們的行為，還有像黑格爾毫無妥協的理論一樣、沿著趨向完美合一（perfected integrity）的內在法則演進）。尤有甚者，它也標誌著我們有更多新穎且更有效的、柯立芝（Samuel Coleridge）[61]所謂的思辨工具（speculative instruments）可用。它幾乎全然地變成其它學問的工具，如哲學、語言學、符號學、歷史學、心理學、社會學、眾多認知科學等，某種程度上還包括生物學與文學。隨著時間推進，這讓人類學家對於文化及其運作的敘述，可以不那麼一覽無遺、不那麼習慣成自然。我們所需要的，不只是一個觀念，或是那個觀念的一百七十一種版本。[62]

無論如何，正是伴隨這種預期的擔憂和懵懵懂懂，我在不到一年的準備後（尤其是語言上），於1952年啟程前往爪哇，計畫在雅加達南偏東南五百英哩外的偏遠農村中，找出、描述、甚而去解釋所謂「宗教」之為物。我已在別處嘮叨其中包含的實際困難，儘管情況十分兇險（有次我還該死地差點喪命），但大多克服了。就我所關注的事物的進展來說，一個重點在於：田野調查遠不只是清整現象而已，田野調查自身還有蔓延出去的角色。當我置身於爪哇小鎮的一個拐彎處，焦慮不安地面對突如其來的變化時，在哈佛課堂上一個方法論的兩難，或是費解的難題，則成了眼前的困境，一個必須要親身參與的世界。課堂上的難題固然令人困惑，然而要「與

[61] 柯立芝（1772-1834），英國重要的浪漫派詩人、評論家和思想家。
[62] 參前文所提，克羅孔與克魯伯歸類出的「文化」的一百七十一種定義。

爪哇人生活」，並試著找出頭緒打入其中，則遠不僅僅是一道謎題，不能靠歸類與定義，課堂上的聰明才智或是以文字溝通的方式也遠遠不足。

「莫佐克托計畫」（The Modjokuto Project，我們決定這樣稱呼它，試圖一如往常且徒勞地掩藏認同問題。「莫佐克托」的意思是「理想的中產階級都市」〔Middletown〕，這反映了一種我感到半信半疑且從未喜愛的傲慢）之所以與一般所接受的措辭和標準程序間產生鴻溝，在於它即便不是第一個，也是人類學家們最早且最富自覺的嘗試之一。它的研究對象不是一個部落族群、海島聚落，不是一個消失了的社會、已成遺跡的民族，也不是一個牧人與農民相互抵消、界域分明的小共同體。這個計劃要研究的，是整體、古老，多族群、城市化、識字且政治上有積極作為的社會（亦可謂是文明）。它的研究方式，不再是透過一些重建出的、平整的「民族誌的再現」（ethnographical present），讓所有東西都能井然有序地在永恆中相互密合；它訴求的，恰恰是研究對象的種種不協調與歷史性。這也許是件蠢事，但即便如此，它卻被許多學者承繼下去，藉此提出了為（一般相信是）喜好隱居生活的原始土著霍皮人（Hopi）[63]，或無關緊要、老朽、被棄於世外的匹格米人（Pygmies）[64]量身打造的文化觀點。無論爪哇、印尼、莫佐克托，或我之後造訪的摩洛哥是什麼，它們一定不是「（一個）群體之中的……行為模式的總和」（借用克魯伯和克羅孔集成中一個珠玉似的定義）。

不論當時或後來（我持續回去那裡），在置身莫佐克托努力記錄一切事物發展的歲月中，我所做的，並不是找出爪哇文化中被認

---

[63] 霍皮人，美洲原住民，保留區位於亞歷桑那東北。

[64] 匹格米人，指的是世界各地的矮小民族。

為是「宗教的」元素，把它們與對研究毫無幫助、所謂「世俗的」要素區分開來，再把這些元素塞入功能主義式的分析中：「宗教」凝聚社會，維繫價值觀、道德風尚，確保公共事務的秩序，為權力披上神秘的外衣，合理化不平等，減少焦慮，正當化不公的賞罰，以及其它種種（這是長久以來的典範描述）。問題最終變成了：對於具有符號象徵意味的人為事物，我們得把握一定程度的熟悉感；也不可能要更多了。通過這些人為事物，個體可以想像自己作為個人，想像自己是演員、受害者、知情者、法官等，以及（用一句人盡皆知的話來說）想像自己是一種生活形態中的參與者。正是這些人為事物、意義載體和施以影響力的要素（公共節日、皮影戲、週五祝禱、婚姻的結束儀式、政治集會、神秘的紀律、大眾戲劇、宮廷舞蹈、驅魔、齋戒月、稻米種植、葬禮、民間傳說、繼承法等），促成了種種想像並加以實現，讓它們公共化、可被討論，並因此在面對批評和爭端時，會受到影響甚而被修正。隨著情節的重層加厚以及我的身陷其中，最初作為考察「儀式與信仰在社會中的角色」（這裡必須出之以引用的形式）的計畫，轉變為關於意義建構（meaning-making）和伴隨而來之複雜性的具體事例的研究。

在此無須對研究或經歷的內容多做說明。我寫了一篇七百頁的學位論文（還嚇到杜寶婭教授），後壓縮成一本記述調查結果的四百頁著作。關鍵是我學到的這些教訓：

（1）人類學，至少是我信奉與實踐的這一類，關涉到一種嚴重異質的生活。在教室或書桌前所必須的技能，與在田野時所要求的技能全然不是一回事。在書齋有所成就不保證你也能在田野實地取得好成績，反之亦然。

（2）研究其他民族的文化（對本民族的研究亦然，但那會帶來其他問題），包括探索他們對於自己是誰、正在做什麼、以及這樣做的目的之思考。跟一般的筆記與問答式民族誌或外表光鮮的印象主義式的通俗「文化研究」相比，這一作法遠沒那麼直接、粗糙。

（3）為了探索他們對自己是誰、正在做什麼、以及這樣做的目的之思考，對他們生活於其間的意義架構，我們有必要把握有效的熟悉感。這並非指要和他人以同樣的方式感覺或思考，這是不可能的。它也不是要你像土著一般生活，這個想法太不切實際且虛偽。它要求我們的，是作為一個外來者，學習如何在他們的世界裡和他們一起生活。

然後是嫋嫋餘音。此後的四十多年（或將近如此），我在田野中度過的時間超過十年，不斷發展和闡明這一研究文化的取徑，剩下的三十年則試圖將它的魅力付諸文字（我沒有花很多時間在教學上，至少自我轉往高等研究院後是如此）。

無論如何，時代精神（Zeitgeist），或至少是精神傳播的觀念，確實頗有些道理。一個人自認是往人煙罕至的方向勇往直前，然後才發現這條路上有許多自己從所未聞的形形色色人士。語言學轉向、詮釋學轉向、認知革命、維根斯坦（Ludwig Wittgenstein）[65]和海德格（Martin Heidegger）[66]理論的餘震、孔恩和古德曼（Nelson Goodman）[67]的建構主義（constructivism）、本雅明

---

[65] 維根斯坦（1889-1951），奧地利裔英國哲學家，先後在邏輯和語言哲學做出重要貢獻，二十世紀最有影響力的哲學家之一。

[66] 海德格（1889-1976），德國哲學家，現象學和存在主義的先驅和重要代表。

[67] 古德曼（1906-1998），美國哲學家，在許多領域都有重大影響，尤以邏輯和分析哲學知名。

（Walter Benjamin）[68]、傅柯（Michel Foucault）[69]、古夫曼（Erving Goffman）[70]、李維・史佗（Claude Lévi-Strauss）[71]、蘇珊・朗格（Suzanne Langer）[72]、肯尼士・伯克（Kenneth Burke）[73]，還有語法學、語義學、敘事理論，以及近來神經映射（neural mapping）和情緒的身體化（somaticization of emotion）研究的進展，都霎時讓對意義建構的關心，變成可被接受的前提。當然囉，這如許多的取向與新見絕難口徑一致（這還是較溫和的說法了），它們的有效性也不能等量齊觀。但它們提供了一種氛圍和眾多思辨工具，讓從「懸掛在自己織成的意義之網中的動物」（用我轉寫韋伯的話來說）角度看待人類變得更加容易。我的信念與堅持自己方向的決心，則讓我突然成為一個奇葩。

離開爪哇後，下一站是峇里島。我在那兒試圖表明，諸如親屬關係、村莊形式、傳統的國家、曆法、法律，還有最惡名昭彰的鬥雞活動，可以作為文本——或者為了安撫那些缺乏想像力的人，稱作是「文本類比物」（text-analogues）加以閱讀——用另一句人盡皆知的話來說，它是描寫生存於世的不同方式的種種表述。之後是摩洛哥，我以相似取徑研究伊斯蘭隱士墓、城市設計、社會認同、君主政體，以及流動市場中蔓藤花紋製品的交易。在芝加哥，一場更為普遍的運動，在磕磕絆絆、分散作戰的方向中行

68 本雅明（1892-1940），德國馬克思主義哲學家、文藝批評家，影響了後來的法蘭克福學派。

69 傅柯（1926-1984），二十世紀法國重要學者，影響及於後現代主義思潮和後結構主義。

70 古夫曼（1922-1982），加拿大裔社會學家，符號互動論的代表人物。

71 李維・史佗（1908-2009），法國人類學家，對結構主義、神話學等領域有深遠影響。

72 蘇珊・朗格（1895-1985），美國哲學家，關注心靈與藝術的課題。

73 肯尼士・伯克（1897-1993），美國哲學家與文藝理論家，在美學與修辭哲學上有突出貢獻。

進、擴張，我在此開始執教，思想也被煽動起來。在那裡及其它地方的一些人，同時從理論與方法論上，把這一進展稱為「象徵人類學」（symbolic anthropology）。但我認為這整件事從本質上來說是一項詮釋學的事業，是要揭開事物面紗並給予定義，而非直譯或解碼。此外，我也對「象徵」一詞之神秘、玄遠的弦外之音感到不自在。故我更加偏好「詮釋人類學」（interpretive anthropology）的稱謂。不管是「象徵」還是「詮釋」（有人甚至偏愛「符號」〔semiotic〕），大量的術語開始湧現，有些是我的，有些是其他人的，有些是從早先的用法中重新加工的。圍繞著這些術語，我們有可能打造出一個修正過的「文化」觀念（我仍然要以此名之）。這些術語包括「深描」（thick description）[74]、「模型」（model-of/model-for）、「符號系統」（sign system）[75]、「知識」（episteme）、「精神氣質」（ethos）[76]、「典範」（paradigm）[77]、「標準」（criteria）、「視界」（horizon）、「框架」（frame）、「世界」（world）、「語言遊戲」（language games）[78]、「詮釋符」（interpretant）、「意義體系」（Sinnzusammenhang）[79]、「比喻」（trope）、「情節」（sjuzet）[80]、「經驗親近」（experience-

[74] 「深描」，由紀爾茲本人提出，或譯為稠密敘述，旨在通過細密閱讀文本（包括文字與非文字）重層的意義以揭示文化中的符碼。

[75] 「符號系統」，符號學的核心概念，指在一個既定的系統中，不同符號之間存在著給定的關係。

[76] 「精神氣質」，原意為精神、風氣，紀爾茲多以此形容文明、民族的文化取向和精神氣質。美國心理人類學會於1973年開始發行的一份季刊即題為Ethos.

[77] 「典範」，在孔恩的論述中，典範被認為具有主導性，影響典範下的知識預設與實踐，而典範間的關係不是淘汰而可謂是另闢蹊徑，即典範轉移（paradigm shift）。

[78] 「語言遊戲」，由維根斯坦提出，認為語言現象背後有規則，隨著時間，這些規則或是被淘汰，或是成為日用生活中不自知的要素。

[79] 「意義體系」，原文為德文，指欲理解一個事物的意義，須放在整個體系以及與其他事物意義的關聯上進行理解。

[80] 「情節」，出自俄國形式主義的文學批評，近於英文的“discourse.”

near）、「用言的」（illocutionary）[81]、「論述形構」（discursive formation）[82]、「去熟悉化」（defamiliarization）[83]、「語言能力與運用」（competence/performance）、「虛構」（fictiō）[84]、「家族相似性」（family resemblance）[85]、「眾聲喧嘩」（heteroglossia）[86]，當然，還有不計其數、可意義置換的「結構」（structure）。這種意義的轉向（turn toward meaning），不論怎麼命名和表述，已然改變了我們所欲追求的主題，以及探詢此主題的學科。

當然，所有這一切的發生，絕難擺脫一定程度的恐懼與厭惡。伴隨轉向而來的是種種交戰：文化戰爭、科學戰爭、價值觀戰爭、歷史的戰爭、性別戰爭、新與舊之間的戰爭。除非我能全神貫注，或者受我不夠聰明去承認的那些罪過所拖累，不然我是羞於爭論的。我將這種粗暴的行為，留給那些納米爾（Lewis Namier）[87]恰如其分地嗤之為對個人自身而非自己的工作更感興趣的人（納米爾想必是懂的）。但隨著論戰升溫及相伴而來的辭令，我發現自己處於這些激烈爭論的中心，在那些激動人心，如「真實（real）

---

81 「用言的」，指語言行為本身即帶有目的與蘊含行動性，代表著作可參考英國語言學家奧斯丁（J. L. Austin, 1911-1960）的*How to Do Things with Words*。

82 「論述形構」，傅柯認為特定領域自有一套知識、真理的標準，建構此論述的過程以及其應用即為論述型構。

83 「去熟悉化」，或譯「陌生化」，由俄國文藝批評家維克托・鮑里索維奇・什克洛夫斯基（Viktor Shklovsky, 1893-1984）提出，最初運用於文學與藝術批評，現在多用以提醒學者勿對習以為常的事物掉以輕心，應將它們變得不尋常以進行探究。

84 「虛構」，此處是指「某種被製造出來的事物」、「某種被捏成形的東西」。參見：韓莉譯，《文化的解釋》（南京：譯林出版社，2008），頁17。另一譯本則將fictiō譯為「小說」，參見：納日碧力戈等譯，《文化的解釋》（上海：上海人民出版社，1999），頁18。

85 「家族相似性」，後期維根斯坦哲學的重要見解，指如不同現象與概念原型間存在相似、可類比的特徵，可斷定它們如家族成員般具有相似性關係；這個看法對具體的研究實踐頗有幫助。

86 「眾聲喧嘩」，是俄國語言哲學家巴赫金（Mihkail Bakhtin,1895-1975）在"Discourse in the Novel"一文自創的詞彙，又稱「雜語性」，關注不同語言以至於語言現象背後存在的多元緊張和壓力。

87 納米爾（1888-1960），猶太裔英國史家，以近代英國政黨政治的研究聞名。

真的（truly）是真實（real）嗎」和「真（true）確實（really）是真（true）嗎」等問題上，我經常是讓他們感到困惑的焦點（「我說過那話嗎？」）。知識可能嗎？善只是一種意見嗎？客觀性是一假象？漠不關心是糟糕的信仰？描述具有宰制力？權力、財產和政治議程徹頭徹尾沉淪？在舊觀念的秉持者中間，有人因相對主義者剝奪了實在的存在而覺得天要塌了；想走在前頭的人，則用口號、拯救、奇思怪想，以及數量龐大的無謂著述，攪皺了原有的景致。凡此種種，至少讓近年的人類科學極富產值。無論美國心靈發生了什麼事，它肯定沒有封閉。

於是乎，它就這樣四分五裂了嗎？此時此刻，在人類學的圍牆內，似乎有很多人是這麼想的。這個領域的方方面面都響起了悲歌，哀悼著此學科不復存在的統一性、對耆宿的有失尊重、缺少了有共識的規劃、缺少明確的身份認同，以及缺乏讓新觀點和爭論得以合宜展開論述的共同目標。就我而言，了解到自己有時必須為了讓事情走得太遠、以及它們走得還不夠遠負些責任（流行的講法是「同流合汙」），我只能說自己仍保持冷靜和淡定。與其說針對爭論本身，倒不如說我是對它的假設有所疑心。所謂的統一性、認同以及共識，從一開始就不存在；認為它們存在的想法，是人們、尤其人類學家應挺身對抗的民間信仰。說它們走得還不夠遠，在於作為一種美德，學術上的反叛被過度稱讚了；說些什麼很重要，但不該是被迫為之；面對不完美的學術遺產，總有比對它們棄如敝屣更好的做法。

當千禧年手握鐮刀向我迫近時，我又身在何方呢？我的六十歲生日，是蜷曲在莫佐克托的長壕茅坑，捧著肚子苦思「我這把年紀還天殺地在這做什麼」度過的（當然不是整天囉，你們懂的）。我熱愛田野調查（當然……我知道……並非一向如此），這種經歷比學院更能滋養、甚而創造了我的靈魂。但當它結束時，它就真的結束了。我繼續寫作：我在這一行的時間太長，已沒法停筆了，而且我還有不少事尚未宣之於口。就人類學而言，至少當我觀察未來世代中的佼佼者正在從事或意欲為之的事，看他們在付諸實踐時遇到了什麼困難，以及近年來人文與社會科學中，幾乎所有大膽驚奇的研究皆會在意識形態上揭起爭擾，我便感到（用我自己的話小心來說）滿懷生機（sanguine）。只要某處有某人在奮力拚搏，如同我在不安的青春期所做的吶喊，總會有聲音留下的。在我出清一個不盡真實的生涯的時刻，薩繆爾・貝克特（Samuel Beckett）[88]的一則故事頗能捕捉我的心情。在一個溫暖晴朗的四月天，貝克特和一個朋友在都柏林三一學院的草地上散步，友人讚嘆當天之美好，並得到貝克特首肯。那位朋友接著說，「這樣的日子，會讓你覺得生在世間真是太好了！」貝克特則回道：「喔，我還不至於這麼想」。

等待時間

許多年前，在這個由傳奇和自我訃告組成的講座上，計量經濟史家弗格爾（Robert Fogel）[89]直接且坦率地總結道（他的演講在口氣和志向上都和我不同），這些年來他的研究工作環繞「建立生命週期跨代際（intergenerational）數據組合的可能性」，這個研究將可讓他與他的團隊「探討生命早期階段的社會經濟與生物醫療壓力，對慢性疾病發作的機率、對中晚年的工作能力，以及對至死方休的『等待時間』所帶來的影響」（就我在別處聽到的，他正為此秤量老鼠的胎盤）。我不確定自己是否符合所謂的「晚年」（弗格

88 薩繆爾・貝克特（1906-1989），作家，生於愛爾蘭，主要創作活動在法國進行，戲劇上的成就尤高，代表作為《等待果陀》（*Waiting for Godot*）。

89 弗格爾（1926-），二十世紀後半美國重要的計量經濟史家，1993年榮獲諾貝爾經濟學獎。

爾教授異乎尋常地沒有給出他的斷限），但無論如何，「等待時間」這一範疇（「艾斯特崗：我無法再這樣下去。維拉迪米爾：那只是你自己這麼認為。」）[90]和致殘疾病的發作（蹄鐵匠菲利克斯・蘭德爾的「四種體液惡疾爭來索命」）[91]將不會太遠了。不管是懷特（E. B. White）評論瑟伯（James Grover Thurber）或是反之，舊浪潮之爪終會席捲我們所有人。[92]

你們從我談的內容及說話的語速上應可想見，我並不善於等待，以後可能也無法應付得很好。隨著朋友和夥伴們漸漸老去，遠離史蒂文斯（Wallace Stevens）[93]所說的「極其不雅」（this vast inelegance），我自己又變得呆板且逐漸不被徵引，我當然應該再次對介入或撥亂反正感興趣。但毫無疑問，那將毫無用處且很可能滑稽可笑。對於學術生涯來說，沒有什麼比掙扎著留在學術圈更不恰當了，正如佛洛斯特（Robert Frost）所說，「沉湎於對昔日輝煌的回憶，也防不了臨終時獨臥枕席」（no memory of having starred/can keep the end from being hard）。[94]但此時此刻，我很高興能在訃聞作

---

[90] 引自：貝克特著，廖玉如譯注：《等待果陀・終局》（台北：聯經出版事業公司，2008），頁124。原文為“Gogo: I can't go on like this. Didi: That's what you think.”

[91] 引自Gerard Manley Hopkins（1844-1889）的“Felix Randall”一詩，原文為“Felix randal the farrier, O he is dead then? my duty all ended, Who have watched his mould of man, big-boned and hardy-handsome Pining, pining, till time when reason rambled in it and some Fatal four disorders, fleshed there, all contended?”蒙復旦大學陸谷孫教授施以援手，代為翻譯，譯文如下：「蹄鐵匠菲利克斯・蘭德爾啊，這麼說他死了？我的（教士）職責就此窮盡，在他身上，我曾目睹人的成型，骨骼雄健，歷經風霜的陽剛。日見消瘦，直到理智離散，四種體液惡疾爭來索命？」在此特向陸谷孫教授申致謝悃！

[92] 懷特（1899-1985）為二十世紀美國最知名的散文家；瑟伯（1894-1961）是美國作家、漫畫家。

[93] 史蒂文斯（1879-1955），美國現代主義詩人。

[94] 佛洛斯特（1874-1963），著名的美國詩人。此處引自佛洛斯特“Provide, Provide”一詩，中譯文見：理查森編、曹明倫譯，《弗羅斯特集》（瀋陽：遼寧教育出版社，2002），頁389。

家找上我之前，有這個機會說出自己的故事，並為自己辯護，僅此而已。

譯者　陳禹仲

國立臺灣大學歷史學學士。倫敦大學大學學院與瑪麗皇后學院政治思想史與思想史碩士。研究興趣為歐洲思想文化史、全球史、文化交流史。

譯者　傅揚

畢業於國立台灣大學歷史學系，現為劍橋大學東亞系博士候選人。研究興趣為中國政治思想史、思想文化史、比較歷史。

譯者　黃璐

1987年生，現為復旦大學史學理論及史學史專業博士生，學術興趣主要在西方馬克思主義、歐美新文化史學等，目前正從事關於義大利思想家葛蘭西（Antonio Gramsci, 1891-1937）的歷史思想研究。

PETER BROWN

我想確保的，是古人用他們自己的聲音，平靜地向我們訴說。我希望能為現代讀者還原古人所做的生命抉擇之重、他們遵循的理想之堅實，以及他們踩著漫長艱難的步伐時，希冀從同行者與上帝那兒得到的溫暖與撫慰。

彼得・布朗

1935-

1935年生於愛爾蘭都柏林。1953年進入牛津大學就讀，隨後至倫敦大學接受古代史學者Arnaldo Momigliano指導，1963年被牛津大學選為研究員，自此開始學者生涯。曾先後擔任倫敦大學皇家哈洛唯學院、加州大學柏克萊分校與普林斯頓大學等校的歷史學與古典研究教授。榮任英國國家學術院院士(1971)、美國文理科學院院士(1979)、美國哲學會院士(1991)等。

布朗最為人稱道的學術貢獻是為歷史學、宗教研究與古典研究等人文學傳統，開闢了一個新的研究領域：晚期古典(late Antiquity)。他重新探討了基督信仰在歐洲社會的傳遞，尤其注重基督信仰與羅馬帝國、歐洲部落、近東帝國等政治勢力的政治、文化、經濟與社會的互動關係。

Reference

1. *Augustine of Hippo: A Biography* (Berkeley: University of California Press, 1967)；中譯本：錢金飛、沈小龍譯，《希波的奧古斯丁》（北京：中國社會科學出版社，2013）。
2. *The World of Late Antiquity: From Marcus Aurelius to Muhammad* (London: Thames and Hudson, 1971)
3. *Religion and Society in the Age of Saint Augustine* (London: Faber and Faber, 1972)
4. *A Social Context to the Religious Crisis of the Third Century A.D.: Protocol of the Fourteenth Colloquy* (Berkeley: Center for Hermeneutical Studies in Hellenistic and Modern Culture, 1975)
5. *Relics and Social Status in the Age of Gregory of Tours* (Reading: University of Reading, 1977)
6. *The Making of Late Antiquity* (Cambridge, Mass.: Harvard University Press, 1978)
7. *The Cult of the Saints: Its Rise and Function in Latin Christianity* (Chicago: University of Chicago Press, 1981)
8. *Society and the Holy in Late Antiquity* (London: Faber & Faber, 1982)
9. with Lellia Cracco Ruggini and Mario Mazza, *Governanti e Intellettuali, Popolo di Roma e Popolo di Dio, I-VI Secolo* [Rulers and Intellectuals, People of Rome and People of God, I-VI Century] (Torino: Giappichelli, 1982)
10. *The Body and Society: Men, Women, and Sexual Renunciation in Early Christianity* (New York: Columbia University Press, 1988)
11. *Power and Persuasion in Late Antiquity: Towards a Christian Empire* (Madison, Wis.: University of Wisconsin Press, 1992)
12. *Authority and the Sacred: Aspects of the Christianisation of the Roman World* (Cambridge: Cambridge University Press, 1995)

13. *The Rise of Western Christendom: Triumph and Diversity, 200-1000 A.D.* (Oxford: Blackwell, 1996)

14. *Late Antiquity* (Cambridge, Mass.: Belknap Press of Harvard University Press, 1998)

15. ed. with G. W. Bowersock and Oleg Graber, *Late Antiquity: A Guide to the Postclassical World* (Cambridge, Mass.: Belknap Press of Harvard University Press, 1999)

16. ed. with G. W. Bowersock and Oleg Graber, *Interpreting Late Antiquity: Essays on the Postclassical World* (Cambridge, Mass.: Belknap Press of Harvard University Press, 2001)

17. *Poverty and Leadership in the Later Roman Empire* (Hanover, N.H.: University Press of New England, 2002)

18. ed. with Rita Lizzi Testa, *Pagans and Christians in the Roman Empire: The Breaking of a Dialoge, IVth – Vth* Century A.D., proceedings of the International Conference at the Monastery of Bose (October 2008) (Berlin: LIT Verlag, 2011)

19. *Through the Eye of a Needle: Wealth, the Fall of Rome, and the Making of Christianity in the West, 350-550 A.D.* (Princeton: Princeton University Press, 2012)

聖徒的追尋
彼得・布朗的學思歷程*

傅揚　譯

〔介紹〕

在2003年5月9日的晚上，我非常高興地歡迎美國學術團體聯合會的會員團體代表、主席、行政人員、各大學／學院的會員代表、訪問學人，以及卓越的賓客和朋友們前來參與查爾斯・霍默・哈斯金斯講座。我同時也極為歡欣地介紹本次的講者彼得・布朗教授。這個系列講座的標題「學思歷程」（A Life of Learning）絕妙地提醒了我們，學術研究的興奮和樂趣源自於不間斷地探索和發現。我們必定會從布朗教授對這個理念的信奉，發現許多裨益之處。

當沃德（John William Ward）[1]在1982年擔任美國學術團體聯合會主席時，他試圖以年度講座的形式，來紀念美國學術團體聯合會積極投身於優良的學術研究以及教學品質的這項傳統。從1982年

* 本文譯自：Peter Brown, "The Charles Homer Haskins Lecture: A Life of Learning," *ACLS Occasional Paper* No. 55 (2003).翻譯過程中曾得到蔡松翰和范姜士璁二位先生的幫助，謹此致謝。本文所有註腳均為譯者所加。

[1] 沃德（1922-1985），曾任教於普林斯頓大學和安默斯特學院（Amherst College），是少數幾位以積極行動反對越戰的大學校長，並且因此而被逮捕；其研究則主要關注美國研究中的神話與符號。

起，美國學術團體聯合會每年皆徵詢講者：

> 對於學者生涯的作品、動機、決心的契機和學思歷程中的愉快與不滿進行反思。經由己身畢生參與的漫長學術建制生活進行探詢。我們不希望講者對於學術研究的「成品」（product）進行介紹，反之是希望與其他學者分享學思歷程中的個人體驗。

布朗教授的演講是這個系列講座的第21號，這個講座乃是以美國學術團體聯合會首屆主席查爾斯・霍默・哈斯金斯之名所訂定的。由美國學術團體聯合會會員團體代表所組成的執行委員會，每年有義務提名該講座的講者。在經過磋商審議之後，委員會熱切地鎖定布朗教授，理由在於布朗教授在卓越的學術生涯中所創造的種種學術成就，正是明白地傳遞了美國學術團體聯合會亟欲分享的價值。

一位著名的學者提名布朗教授作為哈斯金斯講座的人選，如此道出：「他是目前在世的學者中，少數實際開展出一項嶄新研究領域的學者。」這項領域乃是「目前迅速發展的晚期古典研究」，已經逐漸成為「歷史、宗教、文學研究中擴展中的學術『銀河』（galaxy）[2]，這是歸因於布朗教授的作品所提供引發的『大爆炸』（Big Bang）。他則繼續身在其中扮演仁慈寬厚的天神角色。」在「布朗大爆炸」之前，介於西元250到800年間的晚期古典，是經由吉朋（Edward Gibbon）[3]所提供的「視角」（lens）被加以檢視。吉朋的觀點認為這「衰亡」的五百年使西方世界陷入一片無法逃脫的

---

[2] galaxy亦可指稱一群出色的人或燦爛的事物，此處頗有一語雙關的意味。

[3] 吉朋（1737-1794），英國著名作家、歷史學者，代表作為《羅馬帝國衰亡史》（*The History of the Decline and Fall of the Roman Empire*）。

全然黑暗，直至文藝復興時代。布朗教授則開創出對這段時期的嶄新認識，重新認識這段時期對後世社會、文化和宗教的不朽重要性。在這段時期中，作為現代法理學重要根基的羅馬法被訂定出來。拉丁天主教會和東正教教會在此時確立組織和信仰的基本結構。猶太教的拉比階層（rabbinate）亦在此時成形，猶太教的《塔木德經》（*Talmud*）亦被訂定成為明文法典。伊斯蘭教亦在此時創立。布朗教授捕捉了這些喧囂變化的浪潮，並且引領我們去經驗這些變化的浪潮。蘭頓（J. E. Lendon）[4]形容布朗教授的《晚期古典的權力與信仰勸服》（*Power and Persuasion in Late Antiquity*）是「一本平易近人、地位重要、趣味橫生兼之妙筆生花，不可多得的好書。從事古典研究的莘莘學子，應該要熱切地將本書推廣出他們這門神秘學科的黑暗洞穴中，讓它獲致廣大學術圈的注目。」

美國學術團體聯合會特別感到榮幸，這是因為布朗教授這次的哈斯金斯講座乃是第二次在我們的贊助下，所進行的主題演講。約莫在20年前，布朗教授曾擔任美國學術團體聯合會關於宗教史的講座，該講座爾後集結出版成《身體與社會：早期基督教的男人、女人與禁欲》（*The Body and Society: Men, Women and Sexual Renunciation in Early Christianity*）。就讓我為大家分享這本精彩作品跋頁中的一個簡短段落。我認為底下的段落證明了布朗教授在文學技巧上與吉朋相比肩，然而在饜足讀者的想像力和同理心的同時，能夠兼顧歷史寫作的精確性。布朗教授如此道出：

對於現代人來說，無論宗教信仰為何，早期基督教中關於克己、禁欲、獨身和美德生活的主題，都傳遞出冷酷無情的訊息。現

[4] 蘭頓，現為維吉尼亞大學歷史系教授，曾榮獲耶魯大學最佳博士論文獎，其研究關注於伯羅奔尼撒戰爭（Peloponnesian War）的歷史敘事與修昔底德（Thucydides）的歷史詮釋。

代歐洲和美國乃是源自於在中世紀取代羅馬帝國的基督教帝國，這個明確的的史實亦使人確定，上述早期基督教的概念，如同蒼白、令人生畏的精靈鬼怪（presences），迄今仍縈繞在我們之上。歷史學家必須設法還給它們原本具有的溫情以及有血有肉的面貌。藉由研究它們精確的社會和宗教脈絡，學者可以賦予這些觀念一些人性的重量，如同這些觀念曾經在原本的時代中所承載的一般。當奉獻出這樣的「祭品」（offering）後，冷漠的幽靈（chill shades）或許便會再次用專屬於那個消逝已久的基督教世界的語言，並且遠比想像中溫柔和緩地對我們說話。

我們何其幸運可以在2003年5月9日聆聽布朗教授直接面授他的學思歷程，我們現在則歡欣地讓哈斯金斯講座進入更多閱聽人的視野當中。

法蘭西斯・歐克禮（Francis Oakley）[5]
美國學術團體聯合會暫代主席

[5] 法蘭西斯・歐克禮（1931-），父母由愛爾蘭移民至英國利物浦，1959年於耶魯大學取得博士學位，曾任教於耶魯大學與威廉斯文理學院（Williams College），其研究關注於中世紀與近代早期的智識史和宗教史，以及美國高等教育的發展。

有件事令我一直記憶猶新：1988年時，我必須履行一項教人感傷的義務，即為我的知己和導師莫米利亞諾（Arnaldo Momigiliano）[6]撰寫訃聞。為此，我得了解義大利的知識與學術背景，因為這是年輕的莫米利亞諾在1920、1930年代成長的環境。這又使我必須涉足偉大的那不勒斯（Naples）哲學家克羅齊（Benedetto Croce）[7]的生平與思想：他的觀念論歷史哲學（Idealist philosophy of history），對當時義大利的歷史文化有決定性的影響。在一份1900年前後、由克羅齊同時代人為他撰寫的略傳中，作者提到我們的主人公曾因一起關於形上學的爭論，向一位同儕提出決鬥的挑戰。各位可以想像我讀到這兒時有多吃驚。這件事教人想翻頁讀下去，我也如是做了，但書中沒有提供任何進一步的資訊。可以想見的是，傳記作者認為，對他的讀者來說，這起事件極其平常，不過是世紀之交那不勒斯學術生活的一環，以致毋須多做說明。這些字句未加雕琢、毫無顧忌地佇立著，那種感覺就像碰上《盎格魯薩克遜編年史》（*Anglo-Saxon Chronicle*）[8]中的記事——「這一年龍見於天」。我1950年代末在英國（他所選擇的家園）時便認識莫米利亞諾，此後也一直敬愛他。但透過這些文字，我震驚地領悟到，對我來說，孕育莫米利亞諾的文化、學術世界的典範（克羅齊即為著例），著實如墨洛溫王朝（Merovingian）一般地晦澀難懂。[9]一種對他者（otherness）的敬畏，在我與他們之間油然而生。

[6] 莫米利亞諾（1908-1987），義大利學者，二次大戰時因其猶太人身分，避難至英國，後長期任教於此，為二十世紀重要的古代史學者。

[7] 克羅齊（1866-1952），義大利哲學家，著述含括哲學、美學、歷史等方面，被認為是二十世紀唯心主義的重要代表人物之一。

[8] 《盎格魯薩克遜編年史》（*Anglo-Saxon Chronicle*），以古英語寫就的編年紀事史著，為理解九至十二世紀英格蘭歷史的重要文獻。

[9] 墨洛溫王朝（Merovingian），歐洲中世紀的法蘭克王朝，於481至751年統治古代高盧（今法國）。

不久之後，我發現對其他人來說，我也像來自墨洛溫王朝的人。我讀了一份文稿，文中自信地宣稱，我本人關於晚期古典（late antiquity）的研究[10]，相當大程度上得益於參與瑪莉・道格拉斯（Mary Douglas）[11]在英格蘭以及傅柯（Michel Foucault）[12]在柏克萊（Berkeley）所舉行的研討班（seminar）。通過聲譽卓著的學府中生機勃勃的研討班，從而獲得正確的學問傳承——這一印象看似有條理，其實是種魯莽的時代錯置（anachronism）。就好比晚期古典那些迷人的疑偽信函，如聖保羅（Saint Paul）[13]寫給塞內卡（Seneca）[14]，或蘇格拉底（Socrates）[15]向博學的普羅提諾（Plotinus）[16]提供建言的例子——普羅提諾其實是位七百年後居住在亞歷山卓（Alexandria）和羅馬的新柏拉圖主義者（Neo-Platonist）[17]。整個智識界，包括顯赫的學術機構、特定的交流形式，以及最重要的，學者身上一般人所難以企及的知識視野，皆因為這些說法，而被壓縮精簡得類似童話故事般的簡單明瞭。

事實上，我與瑪莉・道格拉斯的交往始於1968年在倫敦聯邦俱樂部（Commonwealth Club）的一次傍晚午茶；那是個激動人心的場合。那是在我利用許多夜間洗浴的時間，專注地讀完她的《潔淨與

[10] 晚期古典（late antiquity），一般用以指稱三世紀晚期羅馬帝國的危機至七世紀中東羅馬帝國重組的時段。彼得・布朗的貢獻與學術聲譽，正在於透過各種面相的研究，讓人們對此時期的印象徹底改觀。

[11] 瑪莉・道格拉斯（1921-2007），英國人類學家，尤長於社會人類學，其著作對人類學、比較宗教和文化理論都產生了重要的影響，以女性的身分榮獲多項學術肯定。

[12] 傅柯（1926-1984），法國思想家、歷史學者，以後結構主義和後現代主義者知名，著述所涉領域繁雜，其作品對人文社會學科有相當強的顛覆性。

[13] 聖保羅（5-67），基督教會的奠基者。

[14] 塞內卡（54B.C.-39A.D.），羅馬帝國早期的修辭學家與作家。

[15] 蘇格拉底（469-399B.C.），古雅典哲學家。

[16] 普羅提諾（204-270），羅馬帝國時期的新柏拉圖主義者。

[17] 聖保羅，基督教會的奠基者。塞內卡，羅馬帝國早期的修辭學家與作家。蘇格拉底，古雅典哲學家。普羅提諾，羅馬帝國時期的新柏拉圖主義者。

危險》（*Purity and Danger*）[18]一書後的事。在1960年代的牛津，我們只有在洗澡（可以小心翼翼脫離「現實」工作的私人休閒場合）而非嚴肅的現代研討室，才可能吸收其它學科的知識。不久後，我自己開始讀起《自然符號》（*Natural Symbol*）[19]的原稿，這則是在多次往來牛津和帕丁頓（Paddington）的火車旅途中進行的。

至於傅柯，我們的論學之交始於1980年末在柏克萊熊窩酒吧（Bear's Lear）的一次辯論。那場辯論為時兩小時，氣氛熱烈，主題是奧古斯丁（Augustine）[20]的性欲觀和迦賢（John Cassian）[21]關於精神鬥爭的觀念有何關係。這促成我們之後在班克羅夫特（Bancroft）大學書店（University Books）的咖啡廳和在夏塔克（Shattuck）法國飯店（French Hotel）的幾次會面。但由於他的早夭，我們之間激烈但基本上未經計畫的談話為時不長。此間根本沒有什麼研討班。

這位處理現代史學史、立意良善的學者對我的誤解，使我了解到一件事：往往只待幾十年光陰，以及在距離培育我的學術世界外的幾千英哩處，我就變成了讓人（甚至是我自己）遙不可及的角色。這類角色的特徵是，孕育他們思想軌跡的學術活動模式，對當下而言是極為陌生以至殊異的。

正因如此，我很樂意接受哈斯金斯講座（Haskins Lecture）的邀請，在今晚毫不掩飾地對自己的研究工作，做一番自傳式的剖析。一個人從事法文所謂的自我史（ego histoire），不會僅是出於妄自尊大。反之，學者務必經常擔當自身的歷史學家，以恰如其分地保

---

[18] 《潔淨與危險》出版於1966年，是文化人類學、比較宗教的名著，從古代文明與社會對於「不潔」與禁忌的概念討論宗教與信仰心態。

[19] 《自然符號》亦為瑪莉．道格拉斯之重要著作，出版於1970年，她在此書中提出「座標」（grid）的概念，以此理解不同社會型態及其宇宙觀。

[20] 奧古斯丁（354-430），基督教教父。

[21] 迦賢（360-435），基督教神學家，又被稱為苦行者約翰（John the Ascetic）。

持知性的謙卑。歷史，可以讓人還諸本來的面貌。這和一些飽學之士樂於持有的自我感覺有所牴觸：他們把自己看作滑翔翼選手，靜靜地盤旋在空中，不同凡俗、自在地俯瞰其領域，彷彿這麼多年來這塊領域在身下自然地蔓延開。但眾所周知，真實生活並非如此。我們不是滑翔翼選手，我們與自己所研究的古代人物並無不同：我們都是身處特定時空背景，有血有肉的人。

讓我拋開滑翔翼選手高高在上但不盡真實的立場，回到地面吧！首先來到戰後英國。我們所置身的那個世界，有自己的學術活動模式，與今日盛行於美國者相當不同。1948年，當時我十三歲，從愛爾蘭來到英格蘭，就讀於舒茲柏里（Shrewsbury）的一所公學（即一所私立的寄宿學校）。我是在都柏林受訓的工程師之子，那時剛從蘇丹（Sudan）的喀土穆（Khartoum）回來不久，並曾見證新噴射機的頭幾次試飛。我當時是滿懷熱忱的天文愛好者，並曾改造火藥，弄壞阿姨的地毯。我滿心期待進入新學校的科學班（stream），但我的舍監召我去他的書房，在煙斗的氤霧中，他確鑿無疑地告訴我：「布朗，你的入學考試表現得太好了，你不該做科學。你應該學……希臘文」。我從善如流，儘管只學了一年。之後我參加初中會考（Junior Certificate），然後不循英國公學傳統，沒有受感召成為一名古典學者，而是一頭栽進了歷史研究。

但在那一年裡我已感覺到，對來自清教家庭的愛爾蘭男孩而言，「學希臘文」這件事，並不完全等同於他的英格蘭同儕「學古典學」一事。對講授者來說，古典學可以通向歐洲文明的夢幻時代，學希臘文則意味著進入一個由歷經歲月、但仍保持光輝的種種完美典型（包括語言、藝術與文化）所組成的世界。尤其重要的是，這條路可以擺脫對當下而言仍舊沉重的傳統基督教包袱，回到據信是撥雲見日、未受其後黑暗的數百年之迷信、狹隘和壓抑所影響的時代。

對我而言，事情卻並非如此。對我而言，「學希臘文」意味回到《新約》（*New Testament*），並由此回到古代近東背景下的基督教源頭。當時，學希臘文為我開啟了福音書和《使徒行傳》（*Acts of the Apostles*）的世界，在這個世界裡，古雅典和「榮耀屬於希臘」（the Glory that was Greece）[22]處於一個不尋常的邊緣位置。對我來說，沒有猶太教或基督教的古代世界，是個燦爛但虛幻的夢。只有決定性最後數世紀所見的古代世界，方能解釋我自身所處的世界——我是一名清教徒，生活在由羅馬公教所支配的愛爾蘭，他們聲稱自己直接延續著後羅馬時期與中世紀。同時，我也是個男孩，童年在喀土穆度過（我父母說，我在那兒得到衣索比亞國王海利・瑟拉希〔Emperor Haile Selassie of Ethiopia, 1892-1975〕的祝福），無論戰時或戰後總是望向中東：我父親在那裡工作，古埃及紀念碑和希臘、羅馬時期的廢墟，也在今日是穆斯林社會的地方巍然峙立。如果我在「學希臘文」，那意味研究一個有著豐富未來的古代世界；通向那個未來的關鍵，則存在於我後來所理解的晚期古典時期。

約莫十年後，我又在1956年被另一名權威人士召見，這回是欽定歷史學教授，中世紀研究的耆宿維維安・加布雷斯（Vivian Galbraith）[23]。他要就我的中世紀史學位論文方向進行面談。他在奧瑞爾（Oriel）學院的房內，倚著壁爐，攪火棒擾得爐具吱吱作響。他沒有轉向我，但忽地劈頭問到：「布朗呀，你找到哪個主教了嗎？你知道的，每個人都該有個主教。」

確實，我有主教，一個十五世紀的主教。尤有甚者，我有個英

[22] 語出愛倫・坡（Edgar Allan Poe, 1809-1849）。

[23] 維維安・加布雷斯（1889-1976），英國史家，曾為英國學術院院士和牛津大學欽定現代史教授。

國主教。最棒的是，我還有位相關檔案非常完整的主教（其實有許多主教可供選擇，像是坎特伯里大主教〔Archbishop of Canterbury〕亨利・齊契利〔Henry Chichele, 1364-1443〕、主教柏甫爾〔Bishop Beaufort, 1375-1447〕和樞機主教默敦〔Cardinal Morton, 1420-1500〕等），能讓我細緻地研究中古晚期主教教會的行政與政教關係。在當時的牛津，能接觸到尚未有人寓目的檔案，由此研究中世紀晚期英格蘭的行政與政治史，意味著你得到門票，在學術界長大成人了。

但我很快便把我的主教拋諸腦後。極其幸運的是，我得到全靈學院（All Souls College）的年輕院士獎助（Junior Fellowship，相當於博士後獎助，不過為期長達七年），讓我有機會學習作為一名古代史學者所需的技藝，我又開始「研究希臘」（do Greek）了。但不出數年，有一位主教再次縈繞在我心頭。這位主教活在千年以前的時代；和一般在牛津中世紀史學院（Medieval History School）所見的主教不同，他居住在距此以南超過一千英哩處——他是希波（Hippo）的奧古斯丁。

我想，我的愛爾蘭清教徒背景決定了這個選題。儘管中世紀研究相當吸引我，我也深深著迷於牛津中古晚期建築的純粹的美，並為鄰近地區精緻的中世紀鄉間教堂所觸動，但我並未因一種英格蘭典型的盎格魯式中世紀鄉愁而搖擺不定。在我看來，基督教史中舉足輕重的事件，存在於中世紀前的數百年，即早期教會（Early Church）的時代。這些事件發生在距英格蘭相當遙遠的地方——中東（《聖經》中的古代近東）和之後的古典地中海世界沿岸。但在以奧古斯丁為研究主題時，我在很重要的一點上仍忠於大學時作為中世紀研究者的訓練。因為我那時最關心的，是奧古斯丁的生平，特別是他北非主教任內的最後三十五年（四十一至七十六歲）中的舉措，並聚焦於基督教會在羅馬社會取得支配之過程。循此思路，奧古斯丁及其當代人的活動，可謂奠定了後來天主教會支配中古西歐的基礎。在這個從羅馬滅亡到宗教改革、緩慢但持續的過程中，加布雷斯教授的中世紀晚期主教，都得從我的主教開始說起。

澄清這點相當重要。儘管奧古斯丁的靈性地位巍峨崇高，我卻不認為我的奧古斯丁傳記僅對晚期古典的宗教史有所貢獻。遠過於此！《奧古斯丁時代的宗教與社會》（*Religion and Society in the Age of Saint Augustine*，我的第一本論文集）可謂是我的宣言（cri de guerre），它標誌了我的整個學術事業：缺少社會層面的宗教史，極難引起我的興趣。[24]

這其實不讓人意外。身為愛爾蘭南部少數清教徒的一員，這一點和絕大多數的天主教徒是一樣的：宗教的影響，全然地滲透進我們各自群體社會生活的方方面面。宗教即意味著認同。我記得自己六歲的時候，可想而知地對牛仔產生極大的興趣。但有件事令我無法徹底認同這些新的英雄：牛仔究竟是天主教徒還是清教徒呢？

迄今為止，脫離具體社會脈絡的宗教經驗研究，總讓我感覺那不過是個虛無飄渺的嘗試。對我而言，一部帝國晚期和中世紀早期的基督教興起史，若沒有立基於精確且新近的社會、經濟和文化史研究成果，那毋庸贅言，它不是歷史。

說的比做的簡單。無論如何，自寫作《希波的奧古斯丁》（*Augustine of Hippo*）[25]開始，我已盡最大努力去做。在此應特別強調

---

[24] 該書出版於1972年。

[25] 《希波的奧古斯丁》出版於1967年，是最好的奧古斯丁傳記之一，2000年時出版增改本，見後文的說明。中譯本見：錢金飛、沈小龍譯，《希波的奧古斯丁》（北京：中國社會科學出版社，2013）。

的是，這一直是件艱苦且經常紛亂複雜的活兒。最大的誤導，莫過於認為一名學者研究工作的進展，是遵循著預先決定好的軌跡，探究的過程異常輕鬆，其間沒有疑問、沒有錯誤的起頭，尤其以為研究者沒有因無知而生的持續苦惱，以及求助於他人的需求。

這個事業也仰賴我們所處的、各具特色的學術環境氛圍與資源，其關係有時比我們所承認的更加密切。作為一個移居美國的人，對此我有許多經驗。

首先是牛津柏德利圖書館（Bodleian Library）的一樓閱覽區（Lower Reading Room）[26]。現在回頭看看，在1950和1960年代，那兒有些對現代學者而言頗為陌生的元素；又如晚期古典時期哲學家的安靜的學習圈，或像我常關注的羅馬晚期文法家的嘈雜、彆扭的世界，需要耐心的重建。

這是書的世界，每本書都深嵌在圖書館的景致中。正是在書籍唾手可得的某個角落，全神貫注的讀者成為了渾然天成景致的一角。它們年復一年，顯而易見地置身在架上。這麼多年來，從1953至1978年，我自己的狀態經歷了不少變化，此間我的想法也時常變化，但在柏德利圖書館的一樓閱覽區中，似乎沒有任何事物產生變化。舉例來說，和我不同的是，一樓閱覽區總有個人坐在那裡。在奧古斯丁對《聖經》的理解與希波的禮儀的關係上，他是位知名權威。他不是大學的一份子，而是一名牧師，他定期從牛津郡（Oxfordshire）鄉間的教區來圖書館。我注意到他穿的是臥室的拖鞋，書本常常不敵拖鞋，而他也就此睡去。那時我是個拘謹的年輕人，忍不住懷疑我能不能相信如此嗜睡的人關於多納圖教派分裂

[26] Bodleian是牛津的總圖書館，Lower Reading Room是舊館一樓的閱覽區，蒐藏古代哲學、歷史、神學等書刊資料，與此相對的是位在二樓的Upper Reading Room（以中世紀與現代史，英語文學和語言學為主要蒐藏），本文依其特性，姑且將Lower Reading Room譯為一樓閱覽區。

（Donatist Schism）的觀點。[27]但這位令人尊敬的紳士代表的是一個更為寬廣的學問世界，和我在研討室從同儕身上看到的相比，它向更多的同行開放，並滋養更多學術追求的形式。正是為了兼顧像他這類不盡然身處學術界，但擁抱學問和具備一般文化的人，以及我在牛津的學生與同事，我寫作了《希波的奧古斯丁》，並特地確保它在英國由倫敦的菲柏（Faber's）而非大學出版社出版。

諸如此類的人物傳達了共享的學思生涯中不可思議的靜滯。我們在那些架前桌邊（而非在研討班或研究生課程的擾攘世界裡）一起閱讀的書籍，是我們真正的對話對象，它們像是永恆之丘，聳立在我們每個人各自的知識追求前方，伴隨著年輕學人想從浩瀚書海的舊故事中挖掘新意的衝動——強烈且常常難以言喻的衝動。這是我第一次體驗到一個獨特的學術環境中產生的、有所裨益的陌生感。

就已在美國居住了四分之一世紀這點來說，我可以毫不費力地描繪（甚或有些浪漫化）1960和1970年代柏德利圖書館的陌生感。但在由英國初來乍到的人眼裡，1978年時柏克萊的陌生感的特質，則有些難以捕捉。乍見之下，柏克萊大學最迅速且強烈衝擊我的是它似乎吞納了所有文化。在英格蘭，我的知性生活是自覺的「多中心」（polyfocal）的。大家都同意，牛津是那些沉悶的導師幹自己活兒的所在：在相當大程度上，他們以我前述的方式，在柏德利圖書館吸收並傳遞「神的學問」（godly learning）。但你得在倫敦的都會文化中，才能找到關於人性之謎的解答——如梅達谷（Maida Vale）和漢普斯泰德（Hampstead）的精神分析學家[28]，在

[27] 多納圖教派（Donatist），盛行於四、五世紀，其興起與基督教信仰在羅馬北非行省受壓迫有關，被正統天主教視作異端。

[28] 梅達谷（Maida Vale）和漢普斯泰德（Hampstead）皆位於倫敦，是二次戰後精神分析研究的重鎮。

大英帝國輝煌時期的廣袤視野下成立的生機勃勃的人類學和人種學研究中心，或布倫柏里（Bloomsbury）的沃爾堡研究院（Warburg Institute）[29]的歐洲文化史傳統。研究者與他藉以解釋晚期古典社會和宗教現象的理論框架，被恰如其分地區隔開了。像是他可以「在柏德利」（in Bodley）閱讀晚期古典的文本，但要在洗澡或「上行」至倫敦的火車上閱讀瑪莉・道格拉斯（還是「下行」呢？我忘了。在1970年，這個方向問題仍承載豐富的文化與社會意涵）。

在柏克萊，你找不到這種可親的區隔。很顯然的，所有學生，不分科系年級，都全天候地在校園各處的研討班上閱讀瑪莉・道格拉斯。在這些議題上，跟不上潮流是不被允許的。我第一次和領域相近的同行碰面，是在一個討論我《聖徒崇拜》（*Cult of the Saints*）一書草稿[30]的研討班上。他們彬彬有禮但毫不含糊地批評道，我沒有提到「中介」（liminal）這個詞。當然囉，他們是對的，我離開後盡責地去讀我的維克多・透納（Victor Turner）[31]。

但我無法不注意到，在這新環境中，吸收理論性洞見的時效相當的不同。這裡不是一個「多中心」的世界。「外頭」的好東西必須唾手可得，即便是牛津的導師，也要給逼著擰緊良知、敞開心胸。它們必須盡可能快速進來，並在大學的組織結構中有所表現。我很快便發現，「跨學科」（interdisciplinary）一詞可以讓教務長眉開眼笑，也被認為能有效打動資助機構的心。同時我還注意到，在拔擢候選人或研究計畫的評價過程中，「非理論化」（under-

[29] 布倫柏里（Bloomsbury）的沃爾堡研究院（Warburg Institute），建立於1905年，於1944年併入倫敦大學，是歐洲文化研究的重要機構。

[30] 此書後來於1981年出版。

[31] 維克多・透納（1920-1983）為英國重要的文化人類學家，在符號、禮儀和通過儀式（rites of passage）的研究上有重要貢獻。liminal、liminality又譯「閾限」，指的是處於兩者之間、曖昧模糊的狀態。特納在自己的研究中發揮此一概念，迄今仍富影響。

theorized）一詞常成為反對者的口實，而且有決定性的影響。坦白來講，對有抱負的年輕人和他們的老師來說，要在學術界長大成人，關鍵不在你應選擇一名主教，而是你應選擇一個「理論」（theory）。

這是很鮮明的第一印象。但在許多方面，它的影響僅止於我生活的表面。長期而言，對我產生深刻影響的，是我未曾心裡有數的要素：一個新的、由教學活動的日常節奏中衍生出的高度緊張性。美國的聽眾所不易理解的是，在我們的大學裡被視為理所當然的選課系統，對於來自其它教育體制的人而言，實可大大地開拓其心胸。在1970年代的牛津或倫敦，教學指的是每週花上大把時間，培養相對熟練但仍未完全成學的人，使他們能在最終測驗中表現優異。這種考試的範圍總是遠超出個人的專精領域，其主題則立基於長久以來的學術傳統。英國學術圈的集體共識，古板地仰賴這類最終測驗的課綱。可想而知，這個一板一眼的體系培養出一支非常特別的「指導智慧」（tutorial wisdom）。它旨在從答案極其顯而易見的傳統主題中，找到新穎和出乎意料的事物。對熱切的年輕教師和聰慧的學生來說，這個體系讓他們養成對習見事物的恐懼。因為教師與考生的主要任務，是要給所有人理應知曉的東西（在創意有限和老生常談的程度上），帶來一些「水準」（class）、火花與陌生感。

由於教師需對自身專業領域負起責任，並要求向所有年級的學生（從最優秀的研究生到徹頭徹尾的門外漢）講授專業領域，選課體制從而為長期受輕視的顯而易見的事物提供機會，讓它們能受到教師的注意。剛到柏克萊時，我發現自己會被問到一些愚鈍的問題，那些議題自吉朋（Edward Gibbon）[32]的時代開始，便已為古代世界的終結與中世紀的誕生之交的時期定下基調。這些傳統的問題，是那些牛津裡頭有智慧的導師認為理所當然，或因為令人發窘和「不酷」（uncool）而從心上抹除的問題：為什麼異教信仰走向末路？什麼導致了基督教會的擴張？基督教的興起對性是好的嗎？

經過一段狂熱而殫精竭慮的時期，再沒有什麼比在新環境中回歸舊問題，更能使心智煥然一新了。柏克萊正是這樣一個地方。在經常蔚藍得像十四世紀義大利（Trecento）[33]壁畫的晴空下，以及在偉大的布雜藝術（Beaux Arts）建築的簷影中（這讓柏克萊——傲人的「西方雅典」〔Athens of the West〕——看來更像晚期古典時代羅馬皇帝哈德良〔Hadrian〕[34]治下，和阿提卡的希羅德〔Herodes Atticus〕〔我的這類人〕[35]時代的雅典，而非培里克利斯〔Pericles〕[36]時期的雅典），我發現我對自己從沒想過的主題和表現形式產生興趣。我沉浸於晚期古典男女對神聖的探尋中。在這個崇高的追索中，個人的形象是什麼？在和「我的」聖潔者有關的禁欲苦行中，有哪些人類靈魂和身體的資源，被認為是可加以運用的呢？禁欲苦行，對傳統上歸給「普通」人的社會與身體生活產生什麼影響？粗略地說，激進的基督教神聖觀念對性和婚姻有什麼影響？在全美盛行「性別政治」（sexual politics）時，這些基本問題被生機勃勃地提出來了。正是為了回答上述問題，我著手寫作了《身體與社會：早期基督教的男人、女人與禁

[32] 吉朋（1737-1794），啓蒙時代的英國史家，其巨著《羅馬帝國衰亡史》（*The History of the Decline and Fall of the Roman Empire*）奠定了數百年人們對羅馬帝國歷史的理解。

[33] Trecento為義大利文，用以指稱十四世紀義大利文學與藝術的新風格。

[34] 哈德良（76-138），羅馬帝國五賢君（Five Good Emperors）之一。

[35] 希羅德（101-177），羅馬帝國時代的希臘學者、辯士。

[36] 培里克利斯（ca. 495-429 B.C.），古希臘雅典政治家。

欲》（*The Body and Society: Men, Women and Sexual Renunciation in Early Christianity*）。[37]

在許多方面，《身體與社會》可說是我的新冒險。在英格蘭，我研究的主要驅動力是運用英國社會人類學傳統的洞見以解釋「神聖」（holy）在晚期古典社會中如何發揮作用。那時我所關注的，是現代讀者會感到十分古怪、希望得到解釋的人物或儀式：荒野的敘利亞聖徒、神蹟靈驗的聖堂神殿裡的禮拜者、透過鬥爭或烙鐵等形式的中世紀神裁（ordeal）。現象越古怪，我越是感到興味。透過它們，我希望一瞥前近代和晚期古典社群持有的、源遠流長且不怎靈光的算計能耐。這些社群坦承上述人物與儀式不僅令人敬畏，還是有用的（useful）。我希望能還諸古人一些凡人的面貌——即使是那些最令人目眩神迷、最易招致現代人厭惡的人物。

但我仍舊是從外部觀察他們。我當時沒能做到的，是自問男男女女投入那樣戲劇化的神聖形式，究竟是怎麼一回事；或對於那些認為神聖男女不僅「有用」，而且值得尊敬甚而模仿的人來說，著迷於那樣的神聖意味著什麼。更有甚者，我注意到基督教的禁欲苦行並非是晚期古典唯一的宗教運動。在解釋基督教神聖事物的極端事例之社會角色時（例如住在北敘利亞村莊裡六十呎高圓柱上的西緬〔Symeon the Stylite〕[38]的日常角色），對於那些沒這麼戲劇性，但同樣可連結至各種富挑畔性的神聖型態的宗教權威，我當時並未找出解決之道。我閱讀了許多研究——它們討論拉比（rabbi）之於晚期古典的猶太教、哲學家之於異教圈子，以及蘇菲聖人（Sufi

[37] 該書出版於1988年。

[38] Symeon the Stylite，中譯為柱上的西緬（西門, ca. 390-459），是四、五世紀北非苦行修道運動的重要人物，彼得．布朗曾專文論之，文章收在前引《晚期古典的社會與神聖》中。

sage）與穆斯林學者（alim）之於中古甚至現代伊斯蘭的角色的問題，但我當時對這些人難置一詞。坦白說，我撒的解釋之網可以罩住更為炫目的基督教聖徒，卻無法捕捉住上述這些人。

我在1975至1978年造訪了伊朗、阿富汗和埃及等伊斯蘭國家，這趟旅程讓我感到頗為困惑。我確實發現了鬧哄哄的療癒神殿，但我也受到更多較為日常的事物所挑戰。穆斯林學者（ulema）[39]之間的學問交流、涵括已婚者群體的道德準則的韌性，以及穆斯林與他們自身社群內外的人交往時，那令人吃驚的、非常真實的平靜與端莊——這些獨具特色的形式都激起了我的興趣。在觀察伊斯蘭國家其他源自晚期古典的現象，並就它們與一流的伊斯蘭學者討論時，我在我自己的研究時段中找到可資類比的角色。這類人不同於前此我所關注的、戲劇化的苦行禁欲聖徒。我開始注意到靜默的異教聖人、精緻體現了許多傳統古典晚期文化教育（paideia）[40]的人物，以及猶太教的拉比：在他們所處的社會環境中，他們是居於家中的已婚人士。

與此同時，我讀了哈多（Pierre Hadot）在1981年出版的《精神鍛煉與古代哲學》（*Exercices spirituels et philosophie antique*），在此值得說明一下這份富啟發性的45頁論著對我產生的影響。[41]透過此著作，我學會了如何體察原作者與批評者閱讀古代哲學文本時，他們所具有的道德嚴肅性的存在之重（這些文本或跟著我陳列在朝向金門大橋〔Golden Gate Bridge〕的竇氏圖書館〔Doe Library〕的古典學研討室中，或擺在「聖丘」〔Holy Hill〕棕櫚曳影下的聯合神學

[39] 即前段alim的複數型。

[40] Paideia源自希臘文，是古代世界各種通向理想文化素養的教育過程（如歷史、哲學、音樂、藝術等）的總稱，姑且譯作文化教育。

[41] 哈多（1922-2010），法國思想家與人文學者，尤長於古代哲學，1982年膺任為法蘭西學院教授。

研究院〔Graduate Theological Union〕的圖書館裡）。[42]哈多堅稱在古典時期，哲學是一種生活方式；他也詮解道，古典哲學文本的存在，是為了實現個體緩慢但確實的轉型過程。他的理解與詮釋，給我之前以為的、僅是空幻的道德偉岸，帶來了人味。對我而言，哈多改變了這一切。非基督教的神聖追求，極其莊嚴又具挑戰性地獨樹一幟的人性論，進入了我的視野。沒有哈多，我不會對他的法蘭西學院（Collège de France）同事傅柯的著作投以高度興趣。傅柯在《關注自我》（*Care of the Self*）[43]中明白表示，他的著作頗得益於哈多。哈多亦然——他在一系列充滿洞見的文章中，描述了自己與傅柯的距離：與傅柯別具一格的考慮，及其對古代文獻的挑畔和與眾不同的解讀之間的距離。我很珍視傅柯的研究和我們之間的情誼，但在我心目中，哈多的《精神實踐與古代哲學》對我的影響最為重要（令我們的學術文化汗顏的是，這部著作遲至1995年始有英譯本）[44]。

因此，正是其它神聖型態的挑戰（我在伊斯蘭世界的親身體驗），還有哈多的呼籲（我們應認真看待異教先行者，以及與基督教聖徒同時代人對道德追求的真摯與熱切），促使我撰寫《身體與社會》。

在許多方面，《身體與社會》皆可謂是一部老派的著作。它緩慢地在基督教作家間遊走，企圖一個接一個地認真傾聽他們，著重在早期基督教的男男女女如何體驗自己的身體。它也嘗試平允地析

[42] 竇氏圖書館和聖丘兩處均位於柏克萊。

[43] 《關注自我》（Care of the Self）為傅柯《性經驗史》（*The History of Sexuality*）的第三卷，出版於1984年（1986年英譯）。

[44] 哈多《精神實踐與古代哲學》，英譯本為《作為一種生活方式的哲學》（*Philosophy as a Way of Life: Spiritual Exercises from Socrates to Foucault*），1995年由Blackwell出版。

論當時的社會與道德脈絡：正是這個脈絡，讓這些作家們可以如此活力充沛，擲出許多與現代不同的、大膽且離經叛道的性和婚姻觀念。

要言之，這本書讓我將前此尋求解釋的熱情擱置在一邊。早期在英格蘭時，我的工作是喜滋滋地讓讀者能對研究中所見的奇異人物，產生明白透徹的理解。但在這本書中，我不再試圖這麼做。我想確保的，是古人用他們自己的聲音，平靜地向我們訴說。我希望能為現代讀者，還原古人所做的生命抉擇之重、他們遵循的理想之堅實，以及他們踩著漫長艱難的步伐時，希冀從同行者與上帝那兒得到的溫暖與撫慰。

總而言之，我敢說這是一部「非理論化」的書。對許多人而言，它不是傳統的柏克萊印象中（我自己最初也有這種印象），會由加州大學出版社推出的那類著作。但由於它得益於許多因素，如聖丘神學圖書館的資源，古典學研討室那些精緻、古色古香且可謂是布雜藝術的藏品，以及尤其重要的、學生們對傳統問題的正解的迫切要求等，《身體與社會》誠然是部「柏克萊的書」（儘管最終是在普林斯頓完稿的）。

1983年從柏克萊來到東岸，我立刻沐浴在讓人更加心曠神怡的氣氛裡。我在柏克萊時，並沒有注意到當時有一個具派系色彩、關於方法論的熱烈爭辯。回顧那個時候，我有意地與這個辯論保持距離。因為我離英國體制尚不甚遠：在這體制中，學者反映出的，是在學術上純真無邪的世界。我們選擇相信，每一所大學都有兩種人：學者和弄權者。我們知道弄權者是誰，也知道他們的所作所為。有時他們能幫上忙，但更多時候他們危及了我們的崇高目的。我們常常認為，他們在休息室、辦公室和會議上耍弄的手段，是時不時考驗聖人耐性的種種折磨。但我現在吃驚地看到的，是非常不同的景象：有學問的學者自己在使政治手段。研究這段時期的史家告訴我，當時我有幸目睹文化戰爭（Culture Wars）的最後階段。我不喜歡我的所見所聞。如果因為堅持在歷史研究中運用「理論」導致了這個現象，那我可不願走上這條路。

我想你們已經發現，我對我置身的不同大學的圖書館，有一份獨特的情感。長期而言，好的圖書館的館藏甚至其陳設，比任何模範的研討班或是能帶來啟發的同儕，更可以啟迪心智。普林斯頓的圖書館有極其豐富的館藏。在高等研究院（Institute of Advanced Studies）的圖書館，我看到難以超過且持續蒐羅的館藏，所涉範圍遍及古代世界的所有面向，如考古、銘刻、紙草，以及文獻資料。上述情況同樣適用於燧石圖書館（Firestone Library）和馬爾康圖書館（Marquand Library）[45]的考古收藏。燧石圖書館加上普林斯頓神學院（Princeton Theological Seminary）的斯珀爾圖書館（Speer Library），則涵括了整個教父時期，以及中古早期和中世紀。遠在我的同事葛瑞夫頓（Anthony Grafton）[46]引領我進入《註腳的悲傷史》（*The Sad History of Footnote*）[47]前，我便習慣稱普林斯頓是「西方世界的註腳之都」（the Footnote Capital of the Western World）。你們若知道我有多喜愛好的註腳，便曉得對我來說，這實是一精心挑選過的讚譽。

有些東西，一定得透過豐富扎實的註腳，才能做得盡善盡美。淵博和真材實料的學問，是進入晚期古典研究的核心領域的不二法門。正是在普林斯頓，於1980年代末和1990年代初，我再一次感到可以無拘束地移向不同的研究領域，它們喚起我作為中世紀研究者

---

[45] 燧石圖書館為普林斯頓的總圖書館。馬爾康圖書館之全名為Marquand Library of Art and Archaeology，以藝術與考古資料為主要蒐藏。

[46] 葛瑞夫頓（1950-），美國史家，尤長於歐洲近世的學術傳統、歷史編纂與文化史。

[47] 此書後來以*The Footnote: A Curious History*為名出版。中譯本見：張弢、王春華譯，《腳注趣史》（北京：北京大學出版社，2014）。

的未竟事業。在研究了人類崇高的形象許多年後，我希望再為自己對具體事物的感受找到出口。在這點上，圖書館裡卓越的歷史和考古的知識蘊藏幫助了我，特別是在這些年裡，因為再次踏上中東（土耳其、敘利亞、約旦和以色列）晚期古典的土地，我的理解得以更為充實也進一步受到刺激。

舉例來說，晚期羅馬帝國之帝國結構權力運作的問題，是我新的迫切要務。例如1986年後蘇聯的重組改革（Perestroika），以及前此的俄羅斯政治異議現象，都讓西方觀察家注意到，道德權威在搖搖欲墜的獨裁國家政治中扮演的角色，其實相當複雜。

我之前在哈多啟發下完成的研究，曾討論謹飭潔己的人物在四、五世紀東部帝國統治階級的文化教育中所扮演的角色；也處理了在基督教世界的名義下，異教哲學家持續享有的非凡模範地位。現在，這些成果自然地流向我對權力及其控制的廣袤世界的研究。我感到吃驚的是，在晚期古典地中海世界有教養的精英份子之間，與文化教育有關的端莊守禮，可以作為一種壓抑暴力，以及限制政府力量運作的形式。1990年代初，我寫了《晚期古典的權力與信仰勸服》（*Power and Persuasion in Late Antiquity*）[48]，並愉快地流連在一些主題上，它們和當代東歐和中東的國家概念再定義有關。同時，這些主題也是極佳的註腳：利巴涅斯（Libanius）[49]時代安提阿（Antioch）城市政治的細節；在今日土耳其、希臘和敘利亞內陸，那些已經廢棄的晚期古典城市裡，為紀念統治者而立的碑銘所傳達的文化與政治訊息；主教宅邸的佈局陳設和競賽場的修繕；最後但並非最不重要的，在安提阿大教堂（Great Church of Antioch）庭院中，嘎嘎叫嚷出傾向基督一性論（Monophysitism）、招惹爭端的

[48] 該書出版於1992年。

[49] 利巴涅斯（ca. 314-394），羅馬帝國晚期，一位以希臘語進行寫作的修辭學家。

詩句的寵物鸚鵡的神學觀點。我感到我的雙腳再一次踏上了堅實的地面。

我也又一次找到自己回歸主教的路。我上一次造訪他們，是在三十多年前研究寫作《希波的奧古斯丁》時。相較之下，他們現在很不一樣了。我在1967年完成奧古斯丁研究時，壓根不會想到自1981年起，歐洲圖書館進行的嚴謹「打撈」（trawling）（現在大大借助於電腦資料庫），會讓奧古斯丁老年時27件迄今未知的信件，以及他主教生涯早期22份長篇布道文重見天日。我讓這些新的證據引領我，修正了自己對主教在北非扮演的角色的原初印象。因為新的《書信和布道文》（*Letters and Sermons*）展示的，是一個更加混亂的世界，奧古斯丁的權威比我過去所想的更為脆弱。它們頻繁透露的是，奧古斯丁常為環境所迫：被吵鬧的會眾叫囂，受無賴的同伴欺詐，面對高壓且不留情面的世俗官僚時感到無助。看來，基督教會在羅馬社會中崛起取得力量的過程，似乎比我原先在1967年時所認為的更加緩慢且跌跌撞撞。從奧古斯丁時代仍舊惶懼不安的主教，到中世紀晚期加布雷斯教授那些充滿自信的樞機（Princes of the Church），想要道出天主教拉丁教會的這個轉變，益發具有挑戰性了。至少在晚期古典時期，主教坐擁權力並不是必然的結局。

這正是我這些年嘗試去做的：在新證據的幫助下，再一次處理基督教會的社會角色的問題。我最新的一本書《貧困與領導》（*Poverty and Leadership*）考察了主教和教士為關懷貧苦所提供的幫助，如何促成晚期古典時期社會想像的變遷。[50]古代世界看待社會的方式，是一座座城市中市民與非市民的區隔。晚期古典社會則認為，無論在城鎮或鄉間，存在的是貧富間普世性的對立。從古代到

[50] 該書出版於2002年。

晚期古典，反映了整個社會「身體印象」（body image）的無聲變異。這個變異的激烈程度，和同時同地個人因基督教禁欲主義興起而生的「身體印象」的變異，可謂不遑多讓。

以上種種對我產生什麼影響呢？它留給我的，也許是對註腳的更強烈渴望，以及面對純粹文獻時更加尖銳的懷疑傾向。文學理論之應用於晚期古典時期的文獻證據，已讓我們對文本能消除現實生活中之緊張和異常的力量，產生嚴肅的敬意。如果每個時代都有其應得的歷史方法論，晚期古典的基督教作家一則作為熟練的修辭學家，一則對於其置身的世界，始終無悔地製造強而有力且為自己考慮的「再現」（representation），他們恰可作為後現代「詮釋的懷疑」（hermeneutical suspicion）的一帖針劑。

正因如此，這些年來我投入在古典晚期和中世紀早期，歐洲與中東基督教化的問題上。我對公元200年至1000年之間，基督教在西歐傳布的研究，特別是在近期《西方基督教王國的興起》（*The Rise of Western Christendom*）第二版中，著手比較了遙遠地區的社會，如愛爾蘭、冰島、亞美尼亞和中亞。[51]當時，這些地區生產了自己關於基督教化過程的「再現」。對這些再現的比較研究，能告訴我們許多有關基督教在地形式的文化資源之訊息。它也刺激我們不斷地往四處看——如果可能的話，看看考古資料，但也別忘了文獻本身偉大又凌亂的「挖掘場址」（excavation site）。我們仍須一而再、再而三地在文本中披沙揀金，找尋迄今未受重視的證據的吉光片羽，以及潛藏在證據邊緣、傳達懸而未決的不尋常要素和不同聲音的線索。

坦白說，我從中得到了極大的樂趣。它之所以有趣，很重要的一個原因是，它可以讓我們進一步重視，在一個轉變中的世界裡，

---

[51] 該書第二版出版於2003年。

更受壓抑、步調更慢，和更少化為文字（因為化為文字更加不易）的現象。我喜愛我所發現的人與事。在比我們過去所認為的遠為複雜的宗教與文化風貌下，我養成對絕大多數蘊藏光華的小人物的愛好。

以上談的，多少出乎意料，是我從偉岸的主教奧古斯丁開始，不斷前進至早期拜占庭（Byzantine）男女聖徒的懾人廊簷的研究歷程。至少在當下，我很愉快地發現自己置身在小人物中；在勝者為王的基督教文獻中，往往只能在非常邊緣的地方才能看到他們的身影。當然，這些人並不知道晚期古典正發生在他們身上。儘管到了這個時期行將結束之時，多數人已認為自己是基督徒，但他們和未來的基督徒有不同之處：他們不會在自己與異教的過往間，畫出涇渭分明的界線。他們滿足於盡可能地與仍舊混沌的當下相安無事。現代希臘詩人帕拉馬斯（Kostis Palamas, 1859-1349）曾尖刻地寫道（一位考古學家在評價土耳其南岸一個拜占庭早期遺址阿納穆爾〔Annemurium〕的房屋群裡發現一堆標記著異教、猶太與基督教符號的魔法石板時，曾恰到好處地引用）：

> 不盡然是基督徒，也非全然的偶像崇拜者
> 用我們的十字架與形象
> 吾人正嘗試打造新生活
> 其名則尚屬未知[52]

---

[52] 原文如下：
Neither Christians quite nor quite idolaters,
Using our crosses and our images,
We are trying to build new life
Whose name is not yet known.

培養必要的技巧，使人能夠有智慧地處理，並且能夠尊重那些正將踏入未知將來的人們，無論是偉人或芸芸眾生，仍是晚期古典史家的學中之學（ars artium）。在以上簡短但誠摯的談話裡，我希望我已描繪出滋養我、並以各種從未預想過的方式引領我抽絲剝繭考慮一個轉變中的世界的各種環境。我希望許多在背景和思想軌跡上與我迥異的學者，可以像我近半個世紀以來所做的一樣，流連在晚期古典的世界。回顧我的學思生涯，我始終覺得，對我們來說，最好的格言嵌鑄在通向柏德利圖書館舊大門的階腳上。在一串捐獻者名單之上的，是《但以理書》（*Book of Daniel*）裡一段奇妙的詩句：

> 必有多人切心研究
> 知識就必增長[53]

譯者　傅揚

畢業於國立台灣大學歷史學系，現為劍橋大學東亞系博士候選人。研究興趣為中國政治思想史、思想文化史、比較歷史。

[53] 原文如下：Plurimi pertransibunt et multiplex erit scientia (Daniel 12:4)

PETER GAY

7

歷史的環境與事件，不論大或小，都是在個人性格、職業訓練，以及世界運行之方式，三者的交織與衝突中所形塑而成，並導致各種事件的發生。

在我的史學寫作裡，其一致性只有一種特質，那就是一股想將事情如實呈現的熱情。

彼得・蓋伊

1923-

1923年生於德國柏林，1941年移民美國。哥倫比亞大學碩士、博士，並榮獲多所大學頒予的榮譽博士學位。曾任教於哥倫比亞大學歷史學系、耶魯大學歷史學系、古根漢基金會學者、德國柏林高等研究院的訪問學人。

其研究領域寬廣，橫跨十八至二十世紀的歐洲，觸及了啓蒙運動史、德國威瑪共和、佛洛伊德、精神分析研究之史學、布爾喬亞文化以及現代主義與藝術、音樂文化等幾個範疇。一生著作繁多，多次為史壇議程，開拓嶄新風貌。

Reference

1. *The Dilemma of Democratic Socialism: Eduard Bernstein's Challenge to Marx* (New York: Columbia University Press, 1952).

2. translated and edited, *The Question of Jean-Jacques Rousseau* (New York: Columbia University Press, 1954)；中譯本：王春華譯，《盧梭問題》（南京：譯林出版社，2009）。

3. *Voltaire's Politics: the Poet as Realist* (Princeton: Princeton University Press, 1959).

4. translated and edited, *Philosophical Dictionary* (New York: Basic Books, 1962).

5. translated and edited, *Candide* (New York: St Martin's Press, 1963).

6. *The Part of Humanity: Studies in the French Enlightenment* (New York: Knopf, 1964).

7. edited, *John Locke on Education* (New York: Bureau of Publication, Teachers College, Columbia University, 1964).

8. with the editors of Time-life books, *Age of Enlightenment* (New York: Time, 1966)；中譯本：汪定明譯，《啓蒙時代》（北京：中國言實出版社，2005）。

9. *The Enlightenment: An Interpretation: the Rise of Modern Paganism* (New York: Knopf, 1966)；中譯本：劉森堯、梁永安譯，《啓蒙運動（上冊）：現代異教精神的崛起》（台北：立緒，2008）。

10. *The Loss of Mastery: Puritan Historians in Colonial America* (California: California University Press, 1966).

11. *Weimar Culture: the Outsider as Insider* (New York: Harper & Row, 1968)；中譯本：劉森堯譯，《威瑪文化：一則短暫而燦爛的文化傳奇》（台北：立緒，2003）。

12. *Deism: An Anthology* (Florida: Krieger Publishing Company, 1968).

13. *The Enlightenment: An Interpretation: the Science of Freedom* (New York: Knopf, 1969)；中譯本：梁永安譯，《啓蒙運動（下冊）：自由之科學》（台北：立緒，2008）。.

14. *The Bridge of Criticism; Dialogues of Lucian, Erasmus, and Voltaire on the Enlightenment: -on History and Hope, Imagination and Reason, Constraint and Freedom—and on its Meaning for Our Time* (New York: Harper & Row, 1970).

15. edited, *Eighteenth Century Studies; Presented to Arthur M. Wilson* (Hanover, N. H., University Press of New England, 1972).

16. with John A. Garraty edited, *The Columbia History of the World* (New York: Harper & Row, 1972).

17. *The Berlin-Jewish Spirit, a Dogma in Search of Some Doubts* (New York: Leo Baeck Institute, 1972).

18. with Robert K. Webb, *Modern Europe* (New York: Harper & Row, 1972-73)

19. *The Enlightenment: a Comprehensive Anthology* Vol. 1-3 (New York: Simon and Schuster, 1973).

20. *Style in History* (New York: Basic Books, 1974).

21. with Gerald J. Cavanaugh, *Historians at Work* (New York: Harper & Row, 1972-75).

22. *Art and Act: on Causes in history—Manet, Gropius, Mondrian* (New York: Harper & Row, 1976).

23. Robert Witten Pincus, "*A View of Decade,*" *Museum of Contemporary Art, Chicago, Illinois, September 10 Through November 10, 1977* (Chicago: The Museum, 1977).

24. *Freud, Jews, and other Germans, Masters and Victims in Modernist Culture* (New York: Oxford University Press, 1978).

25. *Bourgeois Experience: Victoria to Freud Vol. 1-5* (New York: Oxford University Press, 1984-1998).

26. *Freud for Historian* (New York: Oxford University Press, 1985).

27. *A Godless Jew: Freud, Atheism, and the Making of Psychoanalysis* (New Haven: Yale University Press, 1987).

28. *Freud: a Life of our Time* (New York: Norton, 1988)；中譯本：梁永安、李宜澤等譯，《弗洛依德傳》（台北：立緒，2002）第一冊：1856-190、第二冊：1902-1915、第三冊：1915-1939；梁永安、李宜澤等譯，《弗洛依德全傳》(一套三冊)（台北：立緒，2006）；梁永安、高志仁、龔卓軍譯；劉森堯注解，《弗洛依德傳》（上下冊）（廈門：鷺江出版社，2009）。

29. *The Freud Reader* (New York: W. W. Norton, 1989).

30. *Reading Freud: Explorations & Entertainments* (New Haven: Yale University Press, 1990)

31. *Library of Congress Music Division Concert, 1997-11-18, pre Concert Lecture* [sound recording](Washington: Library of Congress, 1997)

32. *My German Question: Growing up in Nazi Berlin* (New Haven: Yale University Press, 1998)

33. *Moritz Fröhlich-Morris Gay: a German Refugee in the United States* (Washington D. C.: Center for Advanced Holocaust Studies, United States Holocaust Memorial Museum, 1999).

34. *Mozart* (New York: Lipper/Viking Book, 1999); 中譯本：天悅譯，《佩戴桂冠的乞丐：偉大又卑微的莫扎特》（台北：左岸文化，2002）、《我不是阿瑪迪斯：莫扎特傳》（台北：左岸文化，2009再版）。

35. Mark S. Michael, Robert L. Dietle edited, *Enlightenment, Passion, Modernity: Historical Essays in European Thought and Culture* (Stanford, Calif.: Stanford University Press, 2000).

36. *Savage Reprisals: Madame Bovary, Buddenbrooks* (New York: W. W. Norton, 2002)；中譯本：劉森堯譯，《歷史學家的三堂小說課》（台北：立緒，2004）、（北京：北京大學出版社，2006）。

37. *Schnitzler's Century: the Making of Middle-Class Culture, 1815-1914* (New York: W. W. Norton, 2002)；中譯本：梁永安譯，《史尼茨勒的世紀: 布爾喬亞文化經驗一百年: 中產階級文化的形成1815-1914》（台北：立緒，2004）、《史尼茨勒的世紀：中產階級文化的形成1815-1914》（北京：北京大學出版社，2006）。

38. *Modernism: the Lure of Heresy: from Baudelaire to Beckett and Beyond* (New York: W. W. Norton, 2008)；中譯本：梁永安譯，《現代主義異端的誘惑：從波特萊爾到貝克特及其他人》（台北：立緒，2009）。

布爾喬亞的描摹者
彼得・蓋伊的學思歷程*

韓承樺　譯

〔小傳〕

彼得・蓋伊，1923年出生於德國柏林，1941年移民美國。蓋伊1946年畢業於科羅拉多州的丹佛大學，接著則先後於1947、1951年取得哥倫比亞大學的碩士及博士學位。此外，他還獲得幾所大學頒予的榮譽博士學位。1962至1969年間，蓋伊任教於哥倫比亞大學歷史學系。其後，他轉至耶魯大學歷史學系，擔任比較歐洲史及思想史教授，並於1984年，榮任耶魯大學的史特林講座教授[1]。

作為一位著作超過二十餘本的史學家，蓋伊在啟蒙運動、德國威瑪共和、佛洛伊德以及布爾喬亞文化等議題上，留下不可勝數的文字創作。其中，近期出版的專書諸如：《布爾喬亞經驗史：從維多利亞到佛洛伊德，冊五，縱樂的戰爭》（*The Bourgeois Experience: Victoria to*

* 本文譯自：Peter Gay, "The Charles Homer Haskins Lecture: A Life of Learning," *ACLS Occasional Paper* No. 58 (2004).本文所有註腳均為譯者所加。

1 史特林講座教授是耶魯大學最高的學術榮譽，一般授予各領域最傑出的現任教授。耶魯大學一般在同時間授予校內二十七位教授此殊榮，目前則有四十名教授在職。

Freud: Vol. V, Pleasure Wars, 1997）、《我的「德國人問題」：那來自納粹柏林的「出身」》（*My German Question: Growing up in Nazi Berlin*, 1998）、《佩帶桂冠的乞丐：偉大又卑微的莫扎特》（*Mozart*, 1999）[2]。

蓋伊於1997至2003年8月間，擔任紐約市立圖書館的學術及寫作中心主任[3]。身為一位多產作家、知名教授，以及世上最受人尊敬的學者之一，他於任職期間替寫作中心的各個層面，做了卓越的規劃，妥善地保障學人研究寫作時的充分隱私，並將該中心打造為一個供社會交流、公眾討論的公共空間。

蓋伊筆下的豐富著作，獲得許多知名獎項的青睞，諸如《啟蒙運動（上冊）：現代異教精神的崛起》[4]，獲得1967年的美國國家書卷歷史及傳記類獎（National Book Award in the category of History and Biography）；1990年在海牙的第一屆阿姆斯特丹歷史學類獎（the first Amsterdam Prize for Historical Science from the Hague）；1996年美國藝術暨文學學會的金品獎（Gold Metal of the American Academy of Arts and Letters）[5]。此外，蓋伊曾於1967-68年間，擔任古根漢（Guggenheim）基金會學者，並於1970-1971年期間擔任劍橋大學邱吉爾學院的海外研究員，1978-1979年時擔任德國柏林高等研究院的訪問學人。1988年，蓋伊還榮獲了紐約市立圖書館的最高榮譽獎項－圖書雄獅此一獎項（Library Lion）[6]。隨後幾年，蓋伊被選入

---

2 中譯本見：天悅譯，《佩戴桂冠的乞丐：偉大又卑微的莫扎特》（台北：左岸文化，2002）。

3 該中心成立於1997年，蓋伊為首任主任。目前主任為讓．斯特魯茲（Jean Strouse），為美國知名的傳記作家。

4 中譯本見：劉森堯、梁永安合譯，《啓蒙運動》上、下冊（台北：立緒文化，2007）。

5 此獎項成立於1909年，依不同學科共分為六類。歷史學類最早是於1910年頒發，得主為羅德士（James Ford Rhodes, 1848-1927）。而從1984年開始，定期為每六年頒發一次。

6 紐約市立圖書館每年會頒發此獎給在文學、藝術與學術等各領域的傑出學者。2011年的得主為：維爾克森（Isabel Wilkerson, 1961-）、雪弗（Stacy Schiff,

美國藝術暨文學學會（The American Academy and Institute of Arts and Letters）的成員，並於1959至1960年間，成為美國學術團體聯合會的院士。

〔介紹〕

2004年5月7日，彼得蓋伊教授榮任第22屆的哈斯金講座的講者，對美國學術團體聯合會的成員及朋友發表了這場演說。這個講座是由該協會當時的主席威廉華德（John William Ward），為紀念協會首屆主席所設立的。並特別將其命名為「我的學思歷程」（A Life of Learning）。而本次的主講人蓋伊教授，其一生在「學習」這件事情上所展現的經歷，則是如此地深刻廣博，無人能出其右。

彼得・蓋伊教授是一位學者，亦為一位傳記作家，他所撰寫的兩卷本啟蒙運動史，被認為是二十世紀對啟蒙運動作出整體性詮釋的最重要作品之一。該書也讓蓋伊贏得了美國國家書卷獎。而他那五冊關於十九世紀布爾喬亞階級文化經驗的史作，則被人稱道為，是一部需要「一位擁有十足之勇氣和廣闊知識的當代史學家」，以其「取用不竭的精力、耐心和奕奕之精神」來完成這個「龐大且令人感到興奮的、有野心的計畫」、「重要的歷史書寫工程」。同時，我們也不能忘記，蓋伊教授在佛洛伊德與精神分析此二面向的研究。此外，他還著有其它不同主題的作品，諸如關於：伏爾泰、莫札特、視覺藝術、風格、威瑪共和文化（Weimar culture）、殖民地時期美國（colonial America）的新教徒史學家……等主題，不勝

1961）、莫森特（Natalie Merchant, 1963）、麥克尤恩（Ian McEwan, 1948-2008）、庫許納（Tony Kushner, 1956）以及法蘭岑（Jonathan Franzen, 1959-）。

枚舉。蓋伊教授近期關於十九世紀的大著，亦是廣受好評。甚且，其於各著作書末，針對參考書目所寫的評介，也都是令人讚賞的傑作。

蓋伊教授擔任紐約市立圖書館學術及寫作中心的第一任主任，帶領該中心經歷籌畫階段，並主持了頭四期的會員課程。其中一位成員對於蓋伊帶給他們的領導風範，及家庭般的溫暖，深情地回憶道：「蓋伊非常注重對知識的好奇心，因為這能夠使課堂充滿活力，這也讓我們因聚集在此而感到快樂、與有榮焉。」

蓋伊教授被稱為一位從事「觀念的社會史研究」學者。頂著這個頭銜，他在過去近二十年來，帶給我們一些關於歐洲史研究最突出的成果。他引領讀者轉換新視角，重探那些我們自認早已熟習的文本，反省一些已為老生常談的史事。舉例來說，蓋伊教授筆下之「維多利亞時代的布爾喬亞」，便不再是我們所熟知的「維多利亞時代的布爾喬亞」，至少，不會是我們原本所認為的那樣。此即為蓋伊教授一生對舊有歷史論著所作的挑戰。

彼得・蓋伊教授，他筆下卓越的學術成就，使其被提名為哈斯金斯講座的講者，「這是屬於人文學者的殊榮，但此獎項的份量，卻可能無法與其著作產量相比肩。對我來說，蓋伊教授最令人感到驚訝的，其實並不在於他學術成就的豐碩與廣泛。而是他一生心力所體現的，那持之以恆的天性……閱讀任何種類的書籍……而他持續讓我感到驚訝的部分，就如前所述，即便他面對不同的領域，都能保持著大量閱讀的習慣。當他發覺有他想要瞭解的事情，儘管那並不一定與他的寫作相關，他仍會持續地追索、閱讀，直到查明為止。」

蓋伊教授願意接受美國學術團體聯合會（ACLS）執行委員會的邀請，擔任2004年的哈斯金講座的講者，這令我們倍感榮耀。而這份榮譽，將隨著演講稿的印行出版，再次煥發光彩，同時，我也確信在多年之後，這篇講稿仍會被讀者捧讀於手中。

余寶琳（Pauline Yu）主席[7]
美國學術團體聯合會

[7] 余寶琳（1949-），以研究中國文學和文化知名的美國學者，特別是對於中國傳統詩和比較文學的研究。曾在明尼蘇達大學、哥倫比亞大學、加州大學洛杉磯分校和加州大學爾灣分校擔任教席，自2003年起擔任美國學術團體聯合會主席。

在我的生命經驗中，曾當過兩次難民。第一次的難民經驗，始於1939年春末，那時我與父母正計畫如何逃離納粹德國。這次的經驗，實遠比第二次還要令人感到害怕。我們差一點就要失敗了。如果那次無法成功地投奔自由，那麼我今天便無法站在此處與你們說話，請你們來聽我回顧自己的學思生涯。

第二次的難民經驗，發生在1955-56年的冬天，這次我欲逃離的地點則是哥倫比亞大學（Columbia University）。自從我研究所畢業後，便留在這間學校任教，長達八年左右。那一年，我從當時的公共法律和行政系所（the Department of Public Law and Government）轉至歷史系。當然，對我來說，這個轉變並不如前次攸關性命的緊張感，但它卻是我生命中的第二次「放逐」——如果這對我是個適當詞彙。而我今天的演講，便是以第一次的「難民」經驗為背景，來談論這第二次的「放逐」。

我的第一份教職是公共法律和行政，這是在我展開博士研究期間，修課之餘所擔任的教學工作。那一年是1947年，我正在著手進行一項關於美國政府的研究，這研究讓人記住了不少有趣的事物。五年後，我的第一本書於1952年出版，《民主社會主義的困境》（*The Dilemma of Democratic Socialism*），這是我博士論文的增訂本（不過，其中「增」的部分，則僅保留於出版過程所遇到的「編輯危機」前，因為，該位編輯不斷地要求我「刪減它、再刪減它」）。這本書獲得了哥倫比亞大學出版社的一個獎項，也收到不少好評。許久之後，我發現一篇登載在頭版的匿名評論（在《泰晤士報文學增刊》〔*The Times Literary Supplement*〕還存在匿名評審的那個年代），書評作者想當然爾便為理查・托尼（R. H. Tawney）[8]。

[8] 理查・托尼（1880-1962），英國著名的經濟學、歷史學家。曾任教於格拉斯哥大學、牛津大學並擔任倫敦大學經濟史教授。

然而，儘管我有這些學術成就，公共法律行政系的老教授們，卻很少願意從底下的菁英年輕學者中（當時這些年輕學者都是男性）[9]拔擢任何一位。最後，這些老教授憑著他們的智慧，決定讓一位年輕學者得到升遷機會，而我則不在他們的考慮之中。

此後，一位歷史系的朋友，替我找到一個現代歐洲研究（Modern Europeanist）的空缺，邀請我加入他們。其後，當我進入歷史系工作時，認識了系上兩位成員：理查・霍夫斯塔德（Richard Hofstadter）[10]、亨利・羅勃茲（Henry Roberts）[11]。我很喜歡與他們相處的六年時光，兩位教授對於我的所著所言，影響至深。我深深覺得自己非常幸運，總是能夠結識益友。1941年，我在丹佛遇到了一群樂於接納我的美國人。隔年至1943年，則遇見一位原本不大有可能認識的人，他是循道宗教派的牧師，哈維・普托夫（Harvey Potthoff）[12]。雖然他僅比我年長幾歲，但卻是我的一位重要老師。他在我甫於1943年初到美國之時，介紹一群和我志趣相投，多就讀於丹佛大學的學生與我認識。後來，他還引領我們進入貝多芬晚期弦樂四重奏作品（the late Beethoven Quarters）[13]的曲弦之中。

毫無疑問地，我在哥大結識了一眾朋友，起初呢，就是從該校的歷史學家開始。當我還是個單身漢時，我與狄克・霍夫斯塔德（就是理查・霍夫斯塔德）走得特別近，與狄克及他的家人渡過了一整個夏天。我觀察他的著作風格，特別是《改革的年代》（*The*

---

[9] 年輕學者在原文中為younger men，蓋伊為了避免讀者誤會他也將女性包含其中，因此特別補充這句話。

[10] 理查・霍夫斯塔德（1916-1970），美國歷史學家。

[11] 亨利・羅勃茲（1916-1972），美國歷史學家，專長為東歐史。

[12] 哈維・普托夫（1911-2002）美國神學家，任教於位於丹佛的伊利夫神學院（Iliff School of Theology）。

[13] 貝多芬於1825-1826所創作的六部弦樂四重奏作品，這也是貝多芬一生最後的作品。

Age of Reform, 1955）這本由演講集結成冊的書籍。[14]在我所熟識的史學同行中，狄克極為出眾的個人寫作風格，於我心中留下了深刻印象。他有一項特別的天賦，那就是詼諧風趣且意有所指的言辭。那些無法領略此般優雅言談的人，便沒能感受他這番本領。此外，他還能善用那些取自社會學的專業觀念術語，更甚者則如精神分析學。他在運用時，也能避免落入賣弄學問或無法與同仁溝通的窘境。在踏入歷史系所前，我已從霍夫斯塔德以及其他史家身上，學到了很多。不過，順帶一提，這段時間就像是一段「不好的過去」。我這話的意思是，在1950年代中期，我的工作仍沒有著落，且在全美境內都無法找到職缺，或者，這可能是世界各國的學術圈競爭性問題。不過，無論如何，我終究在歷史系找到了教職，從此成為一位史學家。這份工作剛開始時，便讓我十分滿意。很快的我感覺到，事業上的這種轉變，對我而言，就像是回到家了一樣。

1955到56年間，就像是命運早已安排好般，我獲得了霍德獎學金（Hodder Fellowship）[15]，來到普林斯頓大學。這份獎學金使我不需擔負任何外務，只需要發表一場演講，讓聽眾瞭解我那段時間的研究概況。這一年，我的知識興趣從德國的社會民主問題，轉移到啟蒙運動上。我有一個從未實現的計畫，就是要寫一部以「次要」政治思想家之政治理論為主題的三部曲。所謂的「次要」政治思想家，並非指洛克（John Locke）[16]或盧梭（Jean-Jacques

[14] 《改革的年代》一書曾獲1955年的普立茲獎。

[15] 瑪麗・霍德（Mary MacKall Gwinn Hodder, 1860-1940）為普林斯頓大學教授。她為獎勵具潛力但尚未受到肯定的學者，以其遺產成立此獎學金。第一筆獎學金於1944年頒發，通常是一年一名。從2005年始，則擴充為三名。自2006年起，受獎助的學者還必須要在大學部開授一門課。

[16] 洛克（1632-1704），英國哲學家，經驗主義代表人物，提出著名的「政府論」。

Rousseau）[17]，而是如康德（Immanuel Kant）[18]、伏爾泰（Francois-Marie Voltaire）[19]、萊辛（Gotthold Ephraim Lessing）[20]與休謨（David Hume）[21]等作家。之所以稱他們為「次要」，只是因為他們並不是「純粹的」政治理論家。兩年前，也就是1953年，我發表了一篇討論哲學家政治思想的文章。[22]我必須承認，這篇文章是在相當有限的實證基礎上作論述。但我認為，當時人們對於啟蒙運動政治的普遍性認知，太過偏頗，總而言之，是完全不足夠的。大體上，我認為這些啟蒙時代哲人並非愚蠢的樂觀主義者，被天真的進步論蒙蔽雙眼。他們也不是理性主義者——如果「理性主義者」意指一個人徹底相信理性的支配能力，而對感性全然忽視。與上述這些「名聲」相反，他們將歷史學與神學分離開來的「世俗化」作法，對日後歷史寫作之發展有重要的貢獻。現在回想起來，自己當時在那樣的基礎上大發議論，除了驚訝之餘還有點膽顫心驚。不過，當我投入啟蒙運動思想的研究後，便很高興地發現，其實存有成堆似山的史料，足以支撐這篇文章裡頗為武斷的論點。而這也就是我接下來屬咐自己該完成的任務。

我在普林斯頓的那一年展開關於伏爾泰的研究，這或多或少有些意外。但我十分明白，關於伏爾泰的思想，需要用一部完整的專著來闡明。這本於1959年出版的書，書名簡單卻充滿自信：《伏爾

---

17 盧梭（1712-1778），知名瑞士裔法國哲學家、政治家。
18 康德（1724-1804），德國哲學家，開啓唯心主義古典哲學。
19 伏爾泰（1694-1778），法國哲學家、文學家，被譽為「法蘭西思想之父」。
20 萊辛（1729-1781），德國劇作家、文藝理論家。
21 休謨（1711-1776），蘇格蘭史學家、哲學家、經濟學家。
22 這篇文章實際上是於1954年發表在《政治科學季刊》（*Political Science Quarterly*）第69卷的第三期。篇名為〈政治理論史中的啓蒙運動〉（The Enlightenment in the History of Political Theory）。原文出處為：Peter Gay, "The Enlightenment in the History of Political Theory," *Political Science Quarterly*, 69:3(Sep., 1954), pp. 374-389.

泰的政治觀：現實主義詩人》（*Voltaire's Politics: The Poet as Realist*）。我必須承認，我還滿喜歡自己所有的出版品，不過，對於這本書，我還懷有一種特殊情感。因為這本書是在修正，或嘗試去修正時人對伏爾泰這位思想家的見解；再者，此書之撰述也讓我以最直接的方式，來熟習歷史研究的方法：將自己「嵌入」歷史中（by plunging into it）。

當我獲得哥大教職事宜確定之時，我個人所關心的議題，也不再僅限於伏爾泰政治思想的範疇。當時的普林斯頓大學歷史系，擁有幾位著名的成員，其中尤其是帕爾默（Robert. Roswell Palmer），那時，他已經是位享譽國際的歐洲學研究專家，正在替他那本著名的歐洲史教科書（*A History of Modern World*）作第二版的修訂。[23]這段時間，我和他走得很近。但在此我必須稍作補充一下，幾年後，當我於1969年，從哥大轉至耶魯大學，我們雖然在同一個系，見面的次數卻越來越少。畢竟，帕爾默不大欣賞我不斷宣揚與實踐的佛洛伊德主義（Freudianism），這對他而言是十分古怪的。回到1955-56年，那段期間，除去對佛洛伊德的看法外，從其他許多方面來看，帕默爾還真是個反傳統的人，他甚至不會介意在午餐時間談論公事。他這些特殊之處在那個時代成為一個話題，那些高尚的普林斯頓學者，以其不夠體面為由而排斥他。於是，我遂利用許多非正式的用餐時間來打擾他，我對他說：「鮑伯，告訴我一些與歷史有關的事情吧。」確實，對於史學，我還有很多需要學習的地方。而帕爾默則是非常願意引領我進入十八世紀歐洲的謎題之中。

[23] 帕爾默（1909-2002），美國歷史學家，專研十八世紀的法國史。此處提及的這本教科書，至2006年時，已出版至第10版的修訂本，並被翻譯成多國語言，中譯本見：何兆武、孫福生等譯，《現代世界史》（北京：世界圖書出版社，2010），共五冊。

那年冬天下半旬，我仍於普大潛心學習，鮑伯幫了我一個連他或我都無法想像的大忙。1956這年，紐約歷史協會（The New York Historical Society）決定在該年年會上，利用一至二天的時間，專門討論一本美國史家的歐洲啟蒙運動之論著，那年恰為它出版的第二十五週年。當然，我所指的就是：卡爾・貝克爾（Carl Lotus Becker）[24]的《十八世紀哲學家的天城》（*The Heavenly City of the Eighteenth-Century Philosophers*）[25]。這本書從1932年問世以來，便不斷再版，至今我們所使用的應該是第十二或十三版了。此書的用字遣詞既精煉又詼諧風趣，交織出許多天才洋溢的文段，以及一個鮮明有力的論點。我對啟蒙運動的興趣，經過與帕爾默的往復討論，從未減退。此外，我還談及自己對於貝克爾該書論點的不滿。對我而言，那本書是一篇漫不經心的文字，充滿了錯誤，甚且，在我看來，其論點更是錯的徹底。貝克爾宣稱，那些啟蒙哲士的理性主義，其實與經院哲學的理性主義相去不遠。他進一步據此斷言，啟蒙運動其實只是對湯瑪斯・阿奎那（Thomas Aquinas）[26]時代的一種缺乏原創性且無意識的仿效。對此，我不客氣地指出，真是一派胡言。而我這番堅決的批評則引起了帕爾默的興趣。他就和美國大多數的歐洲學研究者一樣，不是曾經就學於貝克爾，就是深受其影響。而貝克爾的學術聲望，以及他那種獨具個人寫作風格的翩翩魅力，均意味著該年的會議主辦人，很難找到一位能對貝克爾那細緻優美、聰慧的論述，提出絲毫質疑的學者。於是，他們遂尋求帕爾默的協助，而他便將我的名字遞交出去。

---

[24] 卡爾・貝克爾（1873-1945），美國歷史學家，任教於康乃爾大學。
[25] 中譯本見：何兆武譯，《十八世紀哲學家的天城》（台北：左岸文化，2002）。
[26] 湯瑪斯・阿奎那（ca. 1225-1274），中世紀經院哲學的哲學家和神學家。

那年春天，我來到綺色佳（Ithaca）[27]，在會議的上午場次提交論文。這篇文章引起了全場轟動，但說實在的，我並不意外這樣的結果。午餐會議的主持人批評我的文章，下午場次的論文發表人，則花了三至四個小時來抨擊我，直到晚餐會議，那位主持人也和前人一樣，持續地批評我。現在，我猜你們可能想像的到，當時的這些評語，真是搞的我頭昏眼花。批評我論點者，各個都是學有專精，年歲長於我的學者。而我，畢竟只不過是一名史學的初學者。我必須承認，那些鋒銳言辭確實讓我感到些許緊張。儘管如此，當天深夜，我回想這些密集、激烈且有志一同的批評，其實反倒增強了自己的信心。我所提出之「異說」而招致的諸般輕蔑，其所激發出的能量，只是讓我更加堅信自己正循著一條正確的道路前進。會議結束後，我帶著這種「不勞而獲」的自信心離開綺色佳，而這股力量便足以支持我投入新的研究工作。

之後，我花了將近兩年的時間投入啟蒙運動的研究中。在那本《伏爾泰的政治觀》出版後，我認為自己還未能做到一位十八世紀思想研究者所該談的問題。這次，我計畫寫一篇長篇論文，頁數總計概有一百餘頁。在不受註腳或參考書目的限制下，我得以完成自己在伏爾泰研究中才開始認真思考的一些修正性論點。但是，當我開始動筆後，遂發現了伏爾泰一些隱蔽、神秘的動機，這使我明白，此研究主題仍存有許多空白，若無近十年的時間來處理，我一個人絕對是分身乏術的。然而，當時在我的思緒裡，流動著另一條智識細流，它與我當時正反覆思索那所謂的——「理性的時代」（Age of Reason），一前一後地串聯起來。那就是：精神分析學（psychoanalysis）。

[27] 綺色佳（Ithaca），位於美國紐約上州（Upstate New York）中部的城市，是康乃爾大學所在地。

我是從1950年代開始對佛洛伊德產生興趣，那時我認識一位年紀較長的同事：諾伊曼（Franz Neumann）[28]，他是一位納粹德國的難民。他在一門三個人的小型討論課上，集中深入地閱讀精神分析學。其成員包括他的太太英吉（Inge Werner）[29]與他們一位很親近的朋友赫伯特・馬庫色（Herbert Marcuse）[30]，他是我所認識的人之中，最有趣的一位。馬庫色從華盛頓來到哥大，講授幾堂社會學，然後與他的朋友見面，一起閱讀、討論佛洛伊德。當然，我知道像馬庫色及幾位思想較激進的同事都十分推崇佛洛伊德。畢竟，像西奧多・阿多諾（Theodor W. Adorno）[31]與馬克思・霍克海默（Max Horkheimer）[32]這些在智識上信奉馬克思主義的「壞男孩」們，也是對佛洛伊德持正面評價的。甚且，我也瞭解，他們和諾伊曼這位還稍嫌年輕的朋友，在對現代資本主義的批判當中，運用了不少我們可能會認為過於激進的精神分析學。然而，大家在諾伊曼位於里佛岱爾（Riverdale）[33]的家中，言談間對佛洛伊德學說所展現的關注，則是相當不同的。對我而言，倘若諾伊曼如此嚴肅地研讀佛洛伊德，那麼，這就意味著，此人的觀點必定具有某種程度的重要性是我不能忽略的。

我必須承認，起初我以為若欲瞭解佛洛伊德的觀念，僅需仰賴艾利希・佛洛姆（Erich Fromm）[34]的研究就足夠了。佛洛姆將佛洛伊德的精神分析學，應用到他關於社會現象的討論上，一篇篇通

---

[28] 諾伊曼（1900-1954），德國政治學家，專長為國家社會主義研究，一般被認為是西德現代政治科學的奠基者之一。

[29] 英吉（1910-1972），1960年代至1972年在聖地牙哥州立大學教授現代語言。

[30] 赫伯特・馬庫色（1898-1979），德國哲學家。

[31] 西奧多・阿多諾（1903-1969），德國哲學家，法蘭克福學派創始者之一。

[32] 馬克思・霍克海默（1895-1973），德國哲學家。法蘭克福學派創始者之一。

[33] 里佛岱爾（Riverdale），位於紐約市布朗克斯區（Bronx）。

[34] 艾利希・佛洛姆（1900-1980），德國心理學家、精神分析學家。

達曉暢的論文，令我印象深刻。那時我甚至規劃了一個關於情愛和政治的寫作計劃。只是，這本書從未付諸實現（現在我甚至無法想起，我究竟想透過那本書來論證甚麼）。當時，馬庫色發表了一篇重要且極具批判性、以佛洛姆為主體的回顧性文章。[35]文章指出，佛洛姆是一位「身披革命外衣的自由主義者」，他並不是位意志堅強的評論者，只是個將自己偽裝成激進派的溫和主義者。佛洛姆的基本論點是：人類之天性極易適應任何環境，原先信奉民主社會主義者，會因循著更好的選擇而急遽轉變。生活在資本主義下的現代男女，人人身上那隨著資本羅網而來，又隨其消逝的典型平庸樣貌如：貪婪、自私、庸俗……等，將會在佛洛姆自己所想像的制度變遷下，逐漸凋零。當然，馬庫色並非否定資本主義崩毀的可能。然而，馬氏所欲強調的是，佛洛姆對人類天性的看法，太過於膚淺、幼稚。對此，我也深有同感。佛洛伊德對於人性，存有許多更為有力的論據。顯然，馬庫色是無法認同佛洛姆對人性隨波逐流的悲觀看法。

從那時起，我便轉而直接閱讀佛洛伊德的學說。佛洛伊德對我的影響，還沒出現在我任何關於啟蒙運動的研究中，反倒是在1968年出版的一本小書《威瑪文化》（*Weimar Culture*）[36]中，明顯流露出這位心理學大師對我的影響。這本書的其中一章，我稱之為〈兒子的反叛〉，次章則為〈父親的復仇〉。簡單來說，這是在威瑪共和底下的伊底帕斯情結（Oedipus complex）。此時，我已準備好要認真看待佛洛伊德的學說，看我能從他身上獲得怎樣的資源。1970年間，我在這方面獲得長足的進步。我前往西新英格蘭精神分析協

[35] 該文為：Herbert Marcuse, "The Social Implications of Freudian 'Revisionism'," in *Dissent*, 2:3 (1955), pp. 221-240.

[36] 中譯本見：劉森堯譯，《威瑪文化》（台北：立緒文化出版社，2003）。

會[37]，接受他們完整且正式的精神分析課程的訓練。這對我來說，是一段很重要的經驗，諸如：像我的老師一樣作精神分析；參加個案研討（這其實是你們所能想像的，形式最為「高貴」的八卦）；以及學習正統的面對分析材料之態度，亦即未受到佛洛姆所影響的態度。

在此我要說明，我並沒有因這段時間醉心於精神分析學，如靜靜地坐在病人所躺之長沙發後的那種樂趣，就忽略了我史家的職志。誠如我所言，歷史學才是我的本業。我希望精進自己的史學寫作，讓它更為廣博堅實，寫出那些由人類所創造，人類所經歷過的歷史。此外，我再順道講一點，我這種運用精神分析學於歷史研究的想法，還替我在所得稅上幫了個小忙。故事是這樣的：我的精神分析訓練課程，一星期要上五天。其中一天，我在課程進行中，接到位於紐哈芬的內政稅務服務處通知。他們希望我能夠解釋，那些因精神分析訓練時數而來的大筆減稅額。結果，我給了他們一個完美又誠實的回答：「我之所以要學習精神分析學，是為了精進我身為歷史學者的專業技巧，而非換工作。」這種正確的態度，則完全符合內政稅務服務處的相關規定。簡言之，各位，你們可以順帶記住，精進自己專業技能的花費，是可以抵稅的。

除了稅務外，還有一事值得一提。我的精神分析訓練，還給我另一項出乎意料的收穫。1985年初，當時諾頓出版社（W. W. Norton）的負責人蘭布（Don Lamb），請我寫一本佛洛伊德的傳記。我頓時覺得，這是一個不錯的主意。因為就某種程度來說，我已花費許久的時間，充分且深入地探索佛洛伊德的學說及思想。當時的坊間書肆，已有兩種大部頭的佛洛伊德傳記：其一為恩斯特．

[37] 西新英格蘭精神分析協會（Western New England Institute for Psychoanalysis），成立於1952年，位於紐哈芬。

瓊斯（Ernest Jones）[38]所著，出版於1953至57年間，經典且繁厚的三卷冊佛洛伊德傳；其二為羅納德・克拉克（Ronald W. Clark）[39]出版於1980年，詳實記述佛洛伊德生命的傳記。我相當欣賞這兩部書，但我也有信心，這其中還有許多空白值得挖掘及講述。為了這本傳記，我走遍維也納、倫敦、紐約，以及華盛頓那藏書豐富的國會圖書館（Library of Congress）。耗時兩年，寫成此書。為何能如此迅速完稿呢？這是因為，在動筆之前，我已對佛洛伊德所有值得入傳之事蹟做足了準備功課。

不過，我還是沒有回答這個問題：這些精神分析訓練對我究竟有何助益？我可以向各位報告，讀者對我的作品有各式不同的評價：有趣的主題、對過去的研究提出一些新觀點，其中，最多數的意見則是，寫得很好。顯然，我在哥大所學習的課程與寫作風格並沒有浪費。不過，那精神分析學呢？這些年來，我收到一連串的反對意見。像是：精神分析學不足採信；它僅在我研究維也納布爾喬亞時才有效用；或是認為，將精神分析法應用在史家關注的議題上，並不會帶來多大改變，因為它僅適合處理個人問題而已。為了替自己辯護，我於1985年出版的一本小書《給歷史學家的佛洛伊德》（*Freud for Historians*），就是為了消除這些責難的聲音。我仍然深信此書的價值，也認為這本書已替佛洛伊德作了周全的辯護。不過，這本書對我往後的學術生涯並未產生任何影響。

我這一種思想取徑，除了難以在史學界立足，心理史家對我的批評聲浪，亦是不在話下。根據他們對於我所採取之方法的評論，

---

[38] 恩斯特・瓊斯（1879-1958），英國精神分析學家、神經科學家，是佛洛伊德正式傳記的作者。該書共有三冊。見：Ernest Jones, *The Life and Work of Sigmund Freud* (New York : Basic Books, 1953-57）.

[39] 羅納德・克拉克（1916-1987），英國記者、作家。見：Ronald W. Clark, *Freud: The Man and the Cause* (New York, Random House, 1980）.

是認為我的取徑太過重視社會和文化壓力所引起的因果關係。在這些心理史家來看，歷史的行動者，都像是他們自己無意識底下的奴隸。毫無疑問的，史學同業對我提出的論點，反應都頗為冷淡。事實上，正因為我是位史學家，我始終無法滿足於「單一心靈」（single-minded）、單一因果關係（single-cause explanations）的解釋方式。我也不相信，佛洛伊德會傾向這種簡單的解釋。無論如何，在一些批評聲浪出現後，我很幸運地讀到了大衛・休謨的自傳。在閱讀的過程中，我注意到休謨能從別人對他英國史研究的批評中，尋得慰藉。輝格（Whigs）與托利（Tories）兩黨人，都對休謨的史作嚴加指摘。而休謨則認為，如果他的說法招致了如此多的批評，那麼其中一定有其正確之處。有鑑於此，我又一次在自己的學術生涯中（當然，我在綺色佳滿頭大汗的那天，是第一次），嘗試將負面評價作為建立信心的來源。

當我的研究工作持續進展時，我才發現自己已經愈趨仰賴精神分析的方法來理解歷史，這時候我才瞭解了前面所講的「自信心」的功效。1976年，我將自己一系列發表於紐約市科柏聯盟（Cooper Union）[40]關於歷史因果論的演講出版，題名為《藝術與行為》（*Art and Act*），該書討論了馬內（Edouard Manet）[41]、格羅佩斯（Walter Gropius）[42]、蒙德里安（Piet Mondrain）[43]三位藝術家。我在這本書提出：史學家的職志是，尋找發生在個人、團體、國家或軍隊之中的各種動機，因為，諸般動機實是源發於生命中的三個主要範疇：

[40] 科柏聯盟學院（Cooper Union），位於紐約市內的小型私立學校。成立於1859年，該校有三個學院，分別是建築，藝術與工程學院。

[41] 馬內（1832-1883），法國著名畫家，19世紀法國印象畫派的開山鼻祖。

[42] 格羅佩斯（1883-1969），二十世紀最重要的建築師之一，包浩斯學院創辦人。

[43] 蒙德里安（1872-1944），荷蘭畫家，風格派運動幕後藝術家和非具象繪畫的創始者之一。

文化教養（culture）、職業技藝（craft）、性格（character），三者都是歷史學者應該予以關注的。這三個範疇相當容易理解，我想就不必再詳加說明。一個人是在接受獎勵與懲罰的文化教養中成長，在大多數的情況下，他將會繼續遵循父母所服從的教養方式。同時，一個人是帶著他的天賦本性進入這世界，通常，這些天性原先是潛藏於心，爾後逐漸顯露於外；又或者是因為父母、手足、教師、朋友、牧師的影響而改變。至於一個人的職業或技藝，則是當個人企圖追求更高層次的文化教養時，如詩人、畫家、建築師、作曲家，便會受到更顯而易見的影響。這就誠如眾多的學徒，他們走入個別之專業，接觸到各種獨特、不可替代的風格。這需要他們耐心地養成，而無法倚仗其天生之精神、能力及天賦。總之，我始終主張，誠如這本《藝術與行為》所嘗試揭示的，歷史的環境與事件，不論大或小，都是在個人性格、職業訓練，以及世界運行之方式，三者的交織與衝突中所形塑而成，並導致各種事件的發生。而現實世界所提供給每一個個人的，就是上述這些「資源」。

我想花一些時間來談論這個三環體系（three-fold scheme），因為這是我引以為傲的觀點，此外，它也激起了廣泛且持續不斷的爭議。個別而言，三環體系中的任何一個動因，皆僅提供了部分性的解釋。事實上，即使這三個環節結合在一起，也很難獨自發揮全面的功效。它們仍十分仰賴社會現實，以及人們所賦予的想像。借用蘭克（Leopold von Ranke）[44]著名的見解，一位史學研究者所欲瞭解的是（當然我也是其中的一份子）：歷史的事實究竟是如何。不過，史家所欲瞭解的，實遠遠超越蘭克所言，亦即：歷史如何被當時的人所認識。這個特別的課題，便必須仰賴史學家對個人的詮

[44] 蘭克（1795-1886），十九世紀德國最重要的歷史學家，也是西方近代史學的重要奠基者之一，被譽為「近代史學之父」。

釋來解決。感知的歷史（history of perception），或是無意識接收某種觀念的歷史，兩者都很重要。它們能回答許多史學難題，也能解決許多現實世界的問題，但是，這種詮釋也伴隨著誤解過去的風險。

我認為，這便代表與心理學相關的問題，會出現在歷史研究中的兩個方面：第一，當歷史行動者受到外在事物的刺激，進而作出反應時，性格便是這時刻的決定性因素。第二，當史家在追索當時文化中各種可資利用之可能性，藉以研究歷史行動者之所以如此作為的時候。這二者絕非總是相似。當然，這對心理史家來說，是歷史研究中最為關鍵的所在，而史家其餘的工作只是一些機械性的操作。不過，像我這樣的歷史學者則認為，再從社會與職業技藝兩面向，尋找對整體更為寬闊、複雜維度的理解，是至為必要的。在這個喜好使用標語口號的年代，我沒有替自己數十年所經營的這種史學取一個吸引人的名稱，或許有點可惜。我姑且用一個稍嫌奇特的說法來稱呼它：受精神分析啟發的歷史。這個稱呼，重申了我的兩個基本論旨：第一，心理史家的歷史化約論，雖然有趣且有其重要性，但單靠它是無法揭開覆蓋在歷史上的神秘面紗。第二，史學家若對於人類潛意識中關於品味、性愛情欲、抉擇等範疇，以及它們在人類有意識生活中所留下的痕跡投入相當的關注，便有可能觸及人類心中那些本質性的力量，而這些力量顯然能以一般性的解釋（general interpretation）來理解。

我想補充的是，加入這種思考元素的史學研究，無論在提供解答，或是在提出問題的方式上，都將更具有啟發性。此外，這種思考方式也讓我能有條不紊地，進行當時剛開始的研究計畫。1980年代初期，當我將研究重點放在維多利亞時代的布爾喬亞這議題上時（稍後我將會再談及這主題），我很清楚自己不會選擇傳統的研究課題，再次詳述十九世紀這群早已飽受惡評的城市居民。這項研究的頭兩卷，題名為愛（love）與性慾（sexuality），而第三卷則處理侵略性（aggression）。這些不符傳統慣例的主題安排，對我來說是再自然不過的事情了。我很早以前就很清楚，用這種視角來研究歷史可能會引起的難題。受精神分析啟發的史學家，很可能能夠找到許多重要的材料，但這些材料，卻無助於史家做出更深入理解過去的歷史解釋。

貝克爾曾說過，歷史人物留下來的文件檔案，並非刻意製造出來的。當然，除非像季辛吉（Henry Kissinger）[45]那樣的人物，刻意留下記載其成就的記錄，這就與對其他人詳加研究所得到的結果，截然不同。在我們仰賴的檔案中，大多數可能還是偶然保存下來的，但某種程度上，它們對那些受精神分析啟發的歷史學者而言，仍是某種程度的謊言。

按照時間順序，話題再回到我的下一本作品。在我的啟蒙運動研究第二卷出版前一年，我先完成了《威瑪文化》。這本書的寫作動機，其實是兩位哈佛的教授，伯納德・貝林（Bernard Bailyn）[46]和唐諾・福連（Donald Fleming）[47]所交付的任務。當時，他們正著手編輯一套以希特勒政權下之流亡者為主題的書冊。其關懷的論題包括：一眾流亡者對他們新家園的影響，以及新家園又如何反過來影響流亡者。兩位編者需要一篇長文作為導言，內容需與德國歷史的獨特性：民主共和主義（democratic republicanism）的政治實

[45] 季辛吉（1923-），美國外交家，季辛吉在1969年到1977年之間在美國外交政策中發揮了重要作用。在這段時期內，他倡導緩和政策，使美蘇之間緊張的關係得到緩解，並在1972年中美會談中扮演重要角色，促成中國的開放和反蘇中美聯盟的形成。

[46] 伯納德・貝林（1922-），美國歷史學家。

[47] 唐諾・福連（1922-2008），美國歷史學家，研究美國與歐洲當代思想史。

驗有關。這份文字工作直接傳達給我一個訊息，而不是我主動想到的：雖然我已醉心於十八世紀思想史這塊領域達二十年之久，但現在我可以轉移這股熱情了。同時，這也顯示出精神分析法在我的思緒裡，佔有更重要的地位。從那時起，我便構想了其他更能刺激我好奇心的歷史謎題：十九世紀的布爾喬亞、佛洛伊德、歷史寫作等課題。現在，我已經投入兩年的時間，追索著一條更為不同的歷史軌跡，且比先前所嘗試的更為困難，那就是：現代主義（modernism）。我要對現代主義做出一個綜合性的研究，當然，目前還離完成的程度很遠。我希望能將諸如：維吉尼亞・吳爾芙（Virginia Woolf）[48]、奧森・威爾斯（Orson Welles）[49]、喬治・巴蘭欽（George Balanchine）[50]、帕布羅・畢卡索（Pablo Picasso）[51]還有其他人放入書中。當然，這樣的瘋狂構想，需要耗費相當的時間來完成。[52]

我研究的題目相當多元，甚至有人認為有些瘋狂，然而這便觸及了關於史家研究動機的問題。為什麼歷史學家要選擇某個特定主題來研究？有可能是循其指導教授的建議，又或者是因為教授討厭這個題目。當然，研究者與其問題，也可能只是場意外的相遇。我能瞭解，一位史家會因其深受一個義大利小鎮吸引，促使他渴望在這「天堂」花上一段時間來從事研究工作。史家選擇一個論題，可

[48] 維吉尼亞・吳爾芙（1882-1941），英國女作家，被譽為二十世紀現代主義與女性主義的先鋒。

[49] 奧森・威爾斯（1915-1985），美國電影導演、編劇和演員。

[50] 喬治・巴蘭欽（1904-1983），俄羅斯著名芭蕾編舞家，1933年至美國成立芭蕾舞學院，被尊稱為「美國芭蕾之父」。

[51] 帕布羅・畢卡索（1881-1973），西班牙畫家、雕塑家。為立體主義的創始者之一，同時是20世紀現代藝術的主要代表人物之一。

[52] 2008年，蓋伊出版了一本《現代主義異端的誘惑：從波特萊爾到貝克特及其他人》（*Modernism: the Lure of Heresy: from Baudelaire to Beckett and Beyond*）〔中譯本見：梁永安譯，台北：立緒文化，2009〕，應當是這個寫作計劃最後的成果。

能同時反映出他想要面對那些曾對他或是其家庭造成傷害的一連串事件。這種解釋對那些專攻納粹德國史的學者來說，格外真實、貼切。簡而言之，經驗，是一股潛在的動力。

現在，你們也許想知道，當我不斷改變自己關心的課題時，這對我來說是否有何特殊意義？一些對我工作感興趣的朋友，對此十分好奇。他們聲稱要在我多樣的著作中，找出一條連貫的思路。他們認為，也許有鑑於我在納粹時期見證過「非理性的勝利」，所以我一生志在尋找的，就是「理性的勝利」。我認為，「我那神秘的思想基調，其實就是對理性的渴求」，這種解釋是蠻有吸引力的。雖然這業餘的精神分析論調頗具說服力，但我卻無法發現自己存有此般前後貫串的思路。當然，我也很有可能錯了。佛洛伊德用許多充滿智慧的言語教導我們，其中一個重點就是，我們其實並非真的瞭解自己。

然而，假如在我所有的工作中，真有一條貫串的思路，我認為那會是另外一條。這時候，請別考慮我第一本關於民主社會主義的書，該書寄託著我當時心中的政治關懷。此外，也別把那些應酬性的論文算進去，像是研究威瑪共和的那篇。以我其他的作品而論，我認為，在我的史學寫作裡，其一致性只有一種特質，那就是一股想將事情如實呈現的熱情。簡言之，這是一位修正主義者的特質，不過，我期許自己並不要為了修改而修改。我並不認為自己是哈姆雷特（Hamlet）[53]，他就如我們所瞭解的，深受一種必須將事物導正的詛咒。恰恰相反，填補歷史知識地圖中的空白，或者糾正過去研究中嚴重的錯謬，這兩件事情對我而言，一直是饒富趣味、吸引

[53] 哈姆雷特，即莎士比亞悲劇作品《哈姆雷特》中的主角，為丹麥王子。哈姆雷特的父親在被謀殺後化成鬼魂，要求哈姆雷特報復兇手。在經歷痛苦掙扎後，哈姆雷特達成目的，整個王宮也陷入死亡的恐怖中。他最後中了致命的毒劍死去。

力且充滿了樂趣。此外，我始終認為，作為一位史學家，講話一定要有憑據。所以，以下我便以自己的研究作為兩個簡短的例子，說明這種修正主義的想法：一個是我在1950-60年間所關心的「啟蒙運動」（Enlightenment），另一個則為我從1970年代開始動工，十九世紀的布爾喬亞（nineteenth-century bourgeoisie）。

我對十八世紀思想史的研究，最初是以充實自己知識的需求為出發點。那時候，我在哥倫比亞學院（Columbia College）教授一學年的政治思想史課程，這是「從柏拉圖到北大西洋公約組織」（from Plato to NATO）[54]課程之中的其中一門。我藉由每一年重新講授該課程，來熟習過往的歷史：像是一場運動，或一個世紀，這些都是我應該要更深入瞭解的。這就是我開始關心十八世紀的原因之一。我發現，關於這個時代的二手研究並不多，且其立論皆難以令人信服。那時候專攻十八世紀歷史的法國學生，傾向將這片領域留給語言學專家、哲學家或法國文學的教授。關於那個時代的幾位主要的人物，如狄德羅（Denis Diderot）、盧梭（Jean-Jacques Rousseau）、霍爾巴赫（Paul-Henri Thiry, baron d'Holbach）[55]與其他幾位人物，書市上有大量詳細且可參考的傳記。卻鮮有著作能將啟蒙時代（Le siècle des Lumières）[56]置於我欲尋找的歷史脈絡中。在英語世界裡，想當然耳，相關論著的主題都太過狹隘。若要舉出最受歡迎、最容易取閱的論著，那就是我先前提到的，貝克爾的《十八世紀哲學家的天城》。

---

54 「從柏拉圖到北大西洋公約組織」（from Plato to NATO），這裡指的是西方思想史，意指從古希臘時代以迄二十世紀。

55 霍爾巴赫（1723-1789），法國啓蒙思想家，無神論者。

56 啓蒙時代（Le siècle des Lumières），通常是指在18世紀初至1789年法國大革命間的一個新思維不斷湧現的時代。

在我那時看來，這個時代尚有極多研究工作尚待進行，特別是必須細讀那些哲學家。在我開始仔細閱讀後，第一份成果還是關於伏爾泰的政治思想。其實，當時已有一部作品，主題與我非常相似。它是一本自「哥倫比亞大學法國暨浪漫語文學研究所」（The Department of French and Romance Philology）之博士論文修改出版的書。[57]這本書提供了一個機會，或許應該說亟需讓像我這樣的歷史學家來閱讀這位學者所使用的材料，並做出更為深入的觀察。這位作者僅簡單地從字面意義來詮釋伏爾泰的諷刺言語，且完全忽略其詩作、戲劇中的政治意涵。因此，伏爾泰的長篇史詩《亨利亞德》（*La Henriade*）[58]並未出現在她的論文中。伏爾泰之所以撰寫這部長詩，一方面是希望與維吉爾（Virgil）[59]一較高低，這是非常確定的。但其動機卻遠不只此。《亨利亞德》此部長詩，奉承亨利四世（Henri IV）是一位有效率、寬容的法國君王，顯然是一部帶有濃厚黨派色彩的政治著作。這部作品，亦為伏爾泰那時代政治鬥爭中的一部分。《亨利亞德》支持所謂的保皇黨（Royalist party），這恰巧切合了伏爾泰對貴族黨的厭惡，因為他們主張貴族制度守護了法國的自由傳統，也就是貴族的自由。

此外，伏爾泰在1760年代對日內瓦政治事務帶有偏袒立場的干預，也非常有趣並透露出不少訊息。但是，這部分亦未出現在該論文中，因為這位作者並不瞭解，那段時期激起了日內瓦內部對立的劇烈爭執。這是一個好例子，可用來解釋伏爾泰是一位經驗主義

---

[57] Renee Waldinger 1953年的博士論文《以法國大革命為背景來看伏爾泰與改革》（*Voltaire and Reform in the light of the French Revolution*），後來於1959年出版。

[58] 《亨利亞德》是一首歌頌讚美法國國王亨利四世（於1589至1610年在位）的長詩。

[59] 維吉爾（70 B.C.-19 B.C.），被譽為古羅馬最偉大詩人，留下了《牧歌集》（*Eclogues*）、《農事詩》（*Georgics*）、史詩《埃涅阿斯紀》（*Aeneid*）三部作品。

者：在這次地方政治衝突過程中，伏爾泰的思想出現了明顯的演變。他從一位不願讓僕人聽到自己瀆神言詞的貴族知識分子，轉變為日內瓦平民百姓的捍衛者，並且替這些人的投票權激烈辯護。因為伏爾泰得知日內瓦的民眾懂得閱讀，甚且，他們還會讀他的書。當日內瓦的政治對抗益加熾熱時，簡言之，伏爾泰的政治傾向，比盧梭還更為左傾。

而我新近關於維多利亞時代布爾喬亞的著作，雖然與之前的作品有些不同，但是在本質上仍是密切相關的。在1984至1998間出版的這五冊，它們有一個共同的標題：《布爾喬亞的經驗：從維多利亞到佛洛伊德》（*The Bourgeois Experience: Victoria to Freud*）。這套書的論點替十九世紀中產階級作了全面的辯護，但是我最初寫作的動機卻並非如此。大約在1970年，我與我的朋友韋布（Bob Webb）[60]計畫合寫一本教科書。當我在撰寫關於十九世紀末期的篇章時，這段時期的文化史引起了我的興趣。這是一個在繪畫、文學、建築、詩作與戲劇各方面都出現劇烈變動的時代，這些作品也反映出，人們在面對工業化及政治民主化時的複雜反應。

當我結束了自己對於「啟蒙運動」的探索後，我便決定要告別這個時代。而繼起的下一個世紀，在我看來，的確是一個適合重新出發的起點。我深知踏入一個全新領域的風險，特別是這塊領域已有許多優秀的作品，亦有許多人正在耕耘。但是，研究領域的轉變，以前就無法阻止我前進，現在自然也不會讓我感到卻步。布爾喬亞，在今日被認為是進入十九世紀的關鍵。在此你們必須回想三十多年前，我正要投入《布爾喬亞的經驗》研究時的學術環境。

---

[60] 韋布（1922-2012），美國馬里蘭大學歷史教授，專長為近現代英國史研究。他與蓋伊合著的教科書為《現代歐洲史》（*Modern Europe: Since 1815*），於1973年出版。

自二次大戰結束後，社會史逐漸受到重視。因此，像是婦女、黑人、工人、革命人士等，都成為史家喜愛的主題。我並不否認，這幾個研究領域中許多優秀作品的價值。對歷史學者而言，能夠拓展史學研究的領域是極具價值的。我並不打算批評社會史研究，事實上，我一些最好的朋友就是社會史學者。即便他們的研究，帶有政治動機的為數不少，又有部分作品被指出具有特定立場，我仍認為這些「代價」都是值得。然而，這股新興且成功的社會史研究所帶來的結果之一，便是相對忽略了人數最多的中間階層：布爾喬亞。我在這裡使用「相對的」是因為關於中產階級的研究其實從未停止，但卻不是當時學術研究的焦點，當時的史學界流行尋找前人未用之材料，提出一些顛覆傳統論點的詮釋。二次大戰後的數十年，是令研究者振奮的，但對中產階級史而論，則收穫甚少。中產階級在維多利亞時代政治發展中，扮演著舉足輕重的角色，當時似乎是一個合適的時間點，來拓展布爾喬亞的研究。

與大家的理解恰好相反，起初我並非意圖替布爾喬亞作任何辯護。這或許聽來不大可能，一開始，我只想要更全面地瞭解布爾喬亞。至於該如何開展，以及從何處著手，這是後來才需面對的問題。起初，我就明白，若沿用過去的研究框架，將是徒勞無功的。此外，正如先前所談的，我在選擇研究主題時，必定會同時考慮到精神分析理論對於人類慾望的解釋。我對精神分析的相關閱讀，引領我開始關注人類的性慾。這是我從精神分析訓練所得來的直接成果。與性慾既相近又敵對的侵略性（aggression），則是我第二個想到的主題。這些是我在1970到1971年時，盡最大努力所能達到的成果。這時，很湊巧的，我那位在耶魯大學圖書館的手稿與檔案部門擔任檔案保管員的太太露絲（Ruth Gay）[61]，有一天下班回家時帶著一張影印紙，那是從一本十九世紀中葉之日記中一頁複印出來的。我太太對我說：「你可能會對這個有興趣。」的確如此。那是一份由瑪寶兒・陶德（Mabel Loomis Todd）[62]所製作的私人懷舊日誌（retrospective journal）中的第一頁。這份日誌，是她於女兒出生後開始動筆，內容則是從她先生讓她懷孕的那一刻寫起。書頁裡充滿與性相關的具體描述，人們大概無法想像，一位體面的維多利亞婦女會寫下這些，甚至是記住這些事情。日誌的內容，就算不是全部，但也幾乎都與情色有關。

這個發現便是後來一切的起點。它讓我確定該如何進行對維多利亞時期中產階級的研究。隔日早晨，就如你們所能想像的，我試著儘可能地查明關於陶德女士的一切。然後，我就發現了在這書頁之外，大量的資料。她就像是一個歷史資料的「寶庫」，受過良好的教育，說話言詞優雅，與她作為天文學家的丈夫大衛（David Todd, 1855-1939）住在安默斯特（Amherst）。陶德女士的日誌、日記、信件裡，還有更多與我太太的發現類似的事蹟，這也可以從她先生的私人日誌獲得證實。更令人好奇的是，陶德女士還擁有一位愛人，名為奧斯汀・狄金森（Austin Dickinson），是艾蜜莉・狄金森（Emily Dickinson）的兄長。她早前曾寫過關於她兄長的事情，而我所注意到的那些描述，通常——事實上我應該說「往往」——均未被刻意掩飾為正經之事。她的愛情生活，仍需要進一步探索。

[61] 露絲（1922-2006）寫了數本關於猶太人的專著，譬如曾獲得1997年美國國家猶太人書獎（National Jewish Book Award）的《未被終結的人群：東歐猶太人與美國的相遇》(*Unfinished People: Eastern European Jews Encounter America*, 1996)

[62] 瑪寶兒・陶德（1856-1932），美國編輯、作家，首先將艾米莉・迪金遜（Emily Dickinson, 1830-1886）編輯成冊出版。

其他人的愛情亦為如此。這些沉默謹慎的維多利亞人，在他們的私人寫作，如他們寫給伴侶或姊妹的信件，或是在日記中，就十分坦率地表達自我的情感。我查閱大量的檔案，不只在耶魯，也不僅止於美國境內。此外，還包括其它類型的檔案，像是醫生的檢查報告，如1890年代著名的「摩歇調查報告」（Mosher Survey）[63]。她訪查了超過四十位女性，其中有已婚人士或大學生，詢問她們的性經驗與感受。結論是，不論哪個階級的已婚女性，她們通常都很享受自己在床上與丈夫的親密體驗。在此，我必須提一下另一位史家，史丹佛大學的卡爾・德格勒（Carl Degler）[64]，他正與我從事相近的研究。由此，我們獲致了頗為相似的結論。我可以用一句話來總結：「維多利亞時代的人，其實並非如我們所想像的那麼『維多利亞』」。

這些相當令人驚訝的「答案」，還需要我們更深入地閱讀各種相關主題的刊物。其中，我發現一連串有趣的歷史階段：早期，人們是保持沉默，僅留下關於好色男女的暗示；二戰結束後，雖然大致相同，但卻使用了更加露骨的言詞。無論是一如瑪莉亞純潔的聖人（Marys）或是如抹大拉的馬利亞一樣的罪人（Magdalenes）[65]，無論聖徒或是罪人，他們所犯的錯開始可以被公開討論，彷彿是既好笑又有價值的娛樂活動。因此，研究這些作家，對我而言真是樂趣無窮。當然，我們也必須對平民百姓的日常生活，投注更多關

---

[63] 克莉亞・摩歇（Clelia Mosher）為史丹佛大學的衛生學教授。她從1892年至1920年間，研究女性的性態度，共有45名女性填寫這份私密問卷。

[64] 卡爾・德格勒（1921-），美國歷史學者，曾任美國歷史協會（American Historical Association）會長。曾以著作《非黑非白：巴西與美國的奴隸與種族關係》(*Neither Black Nor White: Slavery and Race Relations in Brazil and the United States*, 1971)，獲得1972年的普立茲獎。

[65] 蓋伊在此運用聖經中最為純潔的聖母瑪莉亞與有罪的抹大拉的馬利亞為例，說明無論是光譜的哪一端，都開始不再是研究者的禁區。

懷。這些研究成果，沒錯，它們都是歷史。我堅信自己的研究成果是過去的真實樣貌，畢竟這是一位史學家的職責。

我認為，對於歷史學的專業實踐，有一件事情是值得注意的，那就是要灌輸這些史學實踐者一個想法：別理會那些無益的幻想，如後現代主義。但這並不是表示，專業史學寫作就全無自己的流行風尚。某些人的保守心態在幾十年間，抗拒了有用甚至是必要的創新。我可以證實，其中一種創新並不為他們接受，即為佛洛伊德的洞見。不過，史學的發展過程也顯示，不少史家樂於吸收值得重視的學問，並邁向新的方向。自從那些偉大的啟蒙運動史家實踐了用世俗的方式來解釋歷史原因，歷史學對於證據的精緻度，就變得更為講究，而這也深化了歷史解釋的深度。特別是，對於我也入列其中的「文化史家」來說，研究主題的範圍亦被大幅度地拓展。我覺得，能走入伏爾泰、布克哈特（Jacob Burckhardt）[66]、布洛克（Marc Bloch）[67]、伍德沃德（C. Van Woodward）[68]、霍夫斯塔德等人的世界，不只是一種特別的榮幸，更是一種純然的樂趣。

最後，我想用自己的故事來替這場演講作結。有時，人們會指責我是一位工作狂。我必須承認這項指控，但是，在那不受干擾的工作時光中，我卻是感到相當快樂。一般，那種將工作與娛樂區分開來的說法，並不完全適用於我。當然，我現在要做的，以及未來將要進行的研究工作，有時的確會強迫我去做一些「瑣事」（poor things）。例如，看看馬內，聆聽史特拉汶斯基（Igor

---

[66] 布克哈特（1818-1897），瑞士裔文化史家，其名著《義大利文藝復興時代的文化》（*Die Kultur der Renaissance in Italien: Ein Versuch*）是歐洲文藝復興研究的扛鼎之作，亦是開啓現代文化史研究視野的重要史學名著。

[67] 布洛克（1886-1944），法國歷史學家，專治中世紀法國史，年鑑學派創始人之一。

[68] 伍德沃德（1908-1999），美國歷史學家，專長為美國現代史。曾任美國歷史協會會長，曾以《瑪麗・切斯納特的內戰日記》（*Mary Chesnut's Civil War*, 1981），獲得1982年的普立茲獎。

Stravinsky）[69]，走過由格羅佩斯（Walter Adolph Georg Gropius）[70]所設計的建築物，反覆閱讀著普魯斯特（Marcel Proust）[71]與吳爾芙（Virginia Woolf）[72]的作品。有時候，當我在筆電前渡過一個美好的早晨，我會這樣問自己：「這些算是工作嗎？」歌德（Johann Wolfgang von Goethe）[73]在其自傳中，對讀者說了一段著名的警語：「一個人年輕時許下的願望，將有可能在成年時實現。」這對我來說，從未是一個「問題」。在我有記憶的歲月裡，我總希望自己能終其一生不斷地學習。而我也十分感激，因為命運替我做的所有安排，恰恰就是如此。

譯者　韓承樺

1983生於台灣台北。國立政治大學歷史學學士、國立台灣師範大學歷史學研究所碩士。現為國立台灣大學歷史學系博士生。

研究興趣為中國近現代思想史、文化史，特別關注「語言詞彙、概念、翻譯、文化交流」幾項因素交織出的歷史圖景。著有《審重咨學：嚴復翻譯《群學肄言》之研究》、〈意識：從「學術」到「政治」場域的概念挪用（1890-1940）〉等單篇論文及書評數篇。

---

[69] 史特拉汶斯基（1882-1971），俄國作曲家，20世紀現代音樂的重要人物。

[70] 格羅佩斯（1883-1969），德國建築師和建築學教育家，現代設計學校「國立包浩斯學校（德文：Staatliches Bauhaus）」的創辦人。

[71] 普魯斯特（1871-1922），法國意識流作家。

[72] 吳爾芙（1882-1941），英國女作家，是二十世紀最卓越且具創新能力的意識流小說家之一。被譽為二十世紀現代主義與女性主義的先驅。

[73] 歌德（1749-1832），德意志戲劇、詩歌和散文作家，被視為最偉大的德國作家之一。

GERDA LERNER

我們已經指出過去的「無名氏」實有他們的聲音，並且能夠述說自己的故事。我們讓過去被忽略的史料重見天日，並且學習到新的詮釋方式。

我並不願意在自身專業中僅擔任一個業餘、邊緣的角色。我堅信為了要研究和寫作婦女史，史家必須接受最優秀的傳統訓練，同時辛勤地鍛鍊寫作技巧，最終還必須要超越它。

葛爾達・勒納

1920-2013

1920年生於奧地利維也納，1939年移民美國，2013年於威斯康辛州麥迪遜市辭世。

起初為小說家，長期參與基層政治活動，1958年開始學術生涯，其後取得哥倫比亞大學博士學位。曾任教於社會研究新學院、長島大學、哥倫比亞大學以及莎拉勞倫斯學院。曾獲古根海姆學者、美國歷史學家協會的布魯斯・卡頓歷史寫作終身成就獎（2002年）、美國歷史協會的卓越學術貢獻獎，並獲頒威斯康辛大學等多所學校的榮譽學位。獲選1980年美國歷史家學會的主席及美國文理科學院院士等。

專長為婦女史，是該領域的代表性先驅學者。代表作為《黑人女性在白人美國：一部文獻史》、《女性經驗：一部美國的紀錄》、《父權社會的創立》、《女性運動自覺的建立》。

Reference

1. *The Grimké Sisters from South Carolina: Rebels against Slavery* (Boston, Houghton Mifflin, 1967).
2. *The Woman in American History.* (Menlo Park, CA: Addison-Wesley Pub Co. 1971).
3. ed., *Black Women in White America: A Documentary History* (New York: Pantheon Books, 1972).
4. *Women Are history: A Bibliography in the History of American Women* (Madison: University of Wisconsin Press, 1972).
5. ed., *The Female Experience: An American Documentary* (Indianapolis: Bobbs-Merrill Educational Pub, 1977).
6. *A Death of One's Own* (New York: Simon and Schuster, 1978).
7. *Teaching Women's History* (Washington, DC: American Historical Association, 1981).
8. *Creation of Patriarchy* (New York: Oxford University Press, 1986).
9. *The Creation of Feminist Consciousness from the Middle Ages to Eighteen-seventy* (New York: Oxford University Press, 1993).
10. *Why History Matters: Life and Thought* (New York: Oxford University Press, 1997).
11. *The Feminist Thought of Sarah Grimké* (New York: Oxford University Press, 1998).
12. *Fireweed: a Political Autobiography* (Philadelphia: Temple University Press, 2002).
13. *The Majority Finds Its Past: Placing Women in History* (Chapel Hill: University of North Carolina Press, 2005).
14. *Living with History: Making Social Change* (Chapel Hill: University of North Carolina Press, 2009).

為婦女喉舌
葛爾達・勒納的學思歷程*

陳建元　譯

〔小傳〕

葛爾達・勒納1920年生於奧地利的維也納。她在1939年移民到美國。勒納最初是一名小說家，同時長期參與基層和社區的政治活動，她於1958年開始其學術生涯。她於1963年取得社會研究新學院學士（現在的新學院大學），並且在1965、1966年在哥倫比亞大學分別取得碩、博士學位。勒納通常被稱頌為婦女史的先驅學者和婦女歷史運動的卓越學者，她同時獲頒許多學校的榮譽學位。她曾任教於社會研究新學院、長島大學、哥倫比亞大學以及莎拉勞倫斯學院，並且於1972-1980年擔任莎拉勞倫斯學院婦女史碩士課程的主任。她在1980年獲聘為威斯康辛大學麥迪遜分校歷史系的羅賓遜・愛德華教授，她也在此開設了婦女史的博士課程。並於1991年成為該校的榮譽教授。

* 本文譯自：Gerda Lerner, "The Charles Homer Haskins Lecture: A Life of Learning," *ACLS Occasional Paper* No. 60 (2005).本文所有註腳均為譯者所加。

勒納透過作為學者、政治活動者的活動以及寫作超過十本書和無數文章，在開創、正當化以及喚醒人們對於女性史的注意上，取得相當進展。她所寫的書包括《黑人女性在白人美國：一部文獻史》（1972）、《女性經驗：一部美國的紀錄》（1972）、《父權社會的創立》（1986）、《女性運動自覺的建立》（1993）以及《為何歷史重要》（1997）。除了歷史著作，她也以2002年的回憶錄《野草：一部政治自傳》現身說法，本書記錄了她在法西斯主義下的生活以及1950年代在美國所參與的政治運動。

勒納在她的生涯中已獲得無數的獎項和榮譽。她自1984至1991年榮任威斯康辛大學的威斯康辛大學校友基金會（WARF）的傑出研究教授。

她曾獲得以下機構的獎助以及院士頭銜：社會科學研究委員會（1970-1971）、洛克斐勒基金會（1972）、美國國家人文學術基金會（1976、1987）、福特基金會（1978-1979）以及禮來基金會（Lily Foundation）（1979）。她於1980-1981年榮獲古根漢學者、1977年於阿斯彭研究所（The Aspen Institute）以及1974和1991年兩次在義大利貝拉吉歐的洛克斐勒基金會擔任訪問學人。

她在1980年被選為美國歷史家學會主席，這是該組織五十年以來首位女主席。她在1992年榮獲美國歷史協會的卓越學術貢獻獎。勒納於1994年獲選進入威斯康辛科學、藝術和文學學會，1998年獲選為美國文理科學院院士。

勒納在2002年成為第一位獲得美國歷史學家協會的布魯斯・卡頓歷史寫作終身成就獎得主。有兩座獎項以她命名：莎拉勞倫斯學院的葛爾達・勒納獎學金基金會以及美國歷史家協會頒給最傑出的美國婦女史博士論文的葛爾達・勒納－安・費萊爾・史考特獎。勒納的著作同時獲得其母國奧地利所頒發之榮譽，最為晚近的是1996

年的奧地利科學和藝術榮譽十字勛章。

〔介紹〕

葛爾達．勒納這位開創美國婦女史的學者，應美國學術團體聯合會的邀請，於2005年5月6日發表第二十三屆查理斯．霍默．哈斯金斯講座。這個系列講座是1983年美國學術團體聯合會的主席約翰．威廉．華德為了紀念該協會首位主席哈斯金斯所創立，並命名為「學思歷程」。本講座旨在紀念學者終生的學術貢獻，演講者應該要「反省作為學者的人生，關於研究的動力、決心、所獲得的滿足（以及破滅）感，透過宏觀地省視自己的生命，還有在學術組織中的生活，向其他學者分享一個獨特的個人學習經驗。」本演說是美國學術團體聯合會年會的高潮。

如同霍斯金斯，葛爾達．勒納一生皆奉獻給歷史學術以及公共服務。在研究中殫精竭力，而在散文中雄辯滔滔，她完美地體現了學者風範，不過她進入學術圈的路途則較眾人殊異。

勒納教授在她的演講中呈現了一幅將畢生奉獻給學術與社會運動的圖像。她十五歲時成為積極的運動分子，在其母國奧地利反抗法西斯主義者；在1950年代的加州抗議黑名單，並且積極組織替民權以及女性平等奮鬥的草根運動。她解釋道：「我對於婦女史的熱情奉獻深深植基於我的生命。」

愛荷華大學的琳達．克貝爾（Linda Kerber）教授，同時也是美國歷史協會主席如此說道：

> 在出版社樂於印行女性主義史家獲獎著作的今日，很容易就會遺忘在不久以前，如同一位同事曾告訴我的：女性只是一個話題，而不是一門學科。葛爾達．勒納不是第一位要

> 正視婦女史為一門學科的二十世紀史學家，在她之前有一瑪麗・畢爾德（Mary Beard）[1]、康斯坦斯・麥可賴夫琳・格林（Constance McLaughlin Green）[2]與伊蓮娜・佛雷色娜（Eleanor Flexner）[3]—她也不是同時代史學家中唯一關注婦女史的人，但是她貢獻最多，特別是在建立婦女史為一門嚴肅的學問上。如同其他史家，她從1960年代開始便進行深入地研究並且撰寫清楚明白的文字，不過與其他領域的史學家不同的是，她在研究工作進行之前，還得先要求別人尊重她的研究對象。

勒納也是其他史學領域的開拓者。遠在將歷史國際化作為一個常見詞語以前，她就出於堅信重要的歷史問題需要奠基於全球視野的廣泛研究，所以寫了不少以全世界為視野的歷史。

讓我引用琳達・克貝爾另一段省思勒納學術生涯的話：

> 當我想到我們的友情以及多年來的共事經驗，我發現這是經由學術團體所培育的，像是美國學術團體聯合會轄下的組成分會，這也證明了這裡確實——其是對於我這一代的女性——對於知識份子生活還有維護該生活的人際關係而言，是

1 瑪麗・畢爾德（1876-1958），美國女權運動家，曾在哥倫比亞大學院就讀社會學，旋即退學，投身爭取婦女選舉權與工會運動。瑪麗的丈夫是美國史名家Charles Beard（1874-1948），曾在紐約哥倫比亞大學和新學院大學任教，後來為反對美國參戰退職。瑪麗從未在學院任教職，但透過寫作，公開演講和跟丈夫合作出版專著，在學院體制外為樹立美國婦女史做出了重要貢獻。

2 康斯坦斯・麥可賴夫琳・格林（1897-1975），美國歷史學家，以*Washington, Village and Capital, 1800-1878*一書獲得普立茲獎。

3 伊蓮娜・佛雷色娜（1908-1995），美國獨立史學家，被視為婦女史研究先驅。伊蓮娜的父親Abraham Flexner (1866-1959)是美國醫學教育家，並創立普林斯頓高等研究院。

一個安全的地方，也是一個重要的脈絡。學術團體——像是其中的美國歷史家協會，葛爾達是第一位擔任主席的移民也是第二位擔任主席的女性，而美國歷史協會在十多年前頒給傑出學術貢獻獎，說明了我們同樣生為女性主義史家如何與我們的職業生涯有關。我們的適應能力，或者說我們的心智清明，學術社群的影響實在難以估量。我們誠摯地希望學術團體能夠有助於學思歷程。

當葛爾達・勒納接受我們執行委員會的邀請來發表2005年哈斯金斯講座時，美國學術團體聯合會倍感光榮。我們十分樂意將其傳達給更多聽眾。

余寶琳（Pauline Yu）主席[4]

美國學術團體聯合會

[4] 余寶琳（1949-），以研究中國文學和文化知名的美國學者，特別是對於中國傳統詩和比較文學的研究。曾在明尼蘇達大學、哥倫比亞大學、加州大學洛杉磯分校和加州大學爾灣分校擔任教席，自2003年起擔任美國學術團體聯合會主席。

獲邀發表查理斯・霍默・哈斯金斯講座，是極大且令人有些畏懼的榮譽。我在閱讀過一些傑出前輩們的講稿後，心生崇敬之意，也深刻認知到自己仍不足以孚此榮譽。我只能假設自己之所以獲選是因為過去四十年學術工作上的付出，但我無法像過去的前輩一樣，透過講述在學院中的思想成長的過程，來談論自己的學思歷程。因為我較晚進入學術圈，所以過程跟他們有些不同。

我的生命中充滿了間斷以及不連續——突然的斷裂、毀壞、損失和新的開端。我是恐怖統治和迫害下的倖存者。我被迫改變自己的文化、語言、國籍和階級。作為女性、猶太人、移民以及激進份子的我，始終是個邊緣份子。我在體制內的工作也十分成功，除了創設了許多組織，也在學術專業中備受尊重。我之所以不斷轉變實出於外在事件的驅使，但是我面對外在環境時也一貫堅持以下的信念和關懷：作為富有創意的作家、熱切關注歷史事件以及歷史如何被形塑、高度奉獻於社會運動、擔負起公共空間的責任以及畢生對於婦女在社會中的地位之關心。我總是試圖彌合理論與實踐之間、行動和思想之間的差距。我不斷嘗試尋找兩者之間的平衡點：心靈生活以及所謂的現實生活——社會脈絡中的生活。

我的學思歷程濫觴於政治活動、承擔風險、反抗權威與承擔後果，繼之以同體制外人士、從事低薪工作之黑、白女性、家庭主婦一齊工作。接著在學院中，我研究弱勢族群和女性的權利，對抗各種歧視和排除異己的行為，在最近十年則替兼職學術工作者的權利喉舌。我從自學走向學院訓練，並且成為一個新研究領域——婦女史——的開創與提倡者。我既努力維持定義之精確和理論之清晰，同時不忘創意層面，即身為作家對於個人、獨特性以及故事性的重視。

或許我在此演講中所要解釋的便是，這些信念和關懷最終如何匯流在一塊。

我是一個出生在1920年維也納中產猶太家庭的女孩。我的家庭是夾在殘破帝國下受侵略與動亂威脅之極不安寧下的寧靜小窩。一位猶太女孩在奉天主教為國教並且視反猶主義為優良政治傳統的國家成長，意味著從很小的時候開始，便被視為異類。猶太人被隔離——我們並不「正常」。法西斯主義者和反猶主義者組成政黨，它們在我成長的歲月中漸趨茁壯。最終，他們是否會掌權只是時間早晚的問題而已。

作為一個猶太人，我在成長過程中也不斷被提醒，猶太人的歷史就是不斷地被迫害、毀滅，接著間隔著短暫勉強的寬容，但旋即又再次進入被迫害和破壞的另一個週期。

心智的生命是什麼？我在家庭中接收到各種想法。作為藥師的父親體現了科學性探究的美德，他尊崇可驗證的事實和可重複的實驗。

我的母親有些接近女權主義者，深受易卜生、北歐小說家，和法國的前衛思想家影響。她自命為波西米亞人，反抗布爾喬亞式的禮節並高聲疾呼性解放，同時勇於嘗試從素食主義到瑜伽等當時最為前衛的活動。她對於婚姻深感失望，並極力抗拒母親與家庭主婦的角色。她為自己所塑造的生活風格讓她的婆婆極為反感，兩人也因此始終處於交戰狀態。她們居住在同個屋簷下的事實——我們家住樓上，祖母住樓下——讓衝突更加惡化。祖母是位強硬的女性，深感自己有責任要保護孫女們不受其母親的污染。天性愛好和平同時十分孝順的父親，在這充滿衝突的環境中總是充當和事佬，希望至少能維持表面上相安無事。母親是一位藝術家並且渴望能夠全心投入，但她始終無法做到，只有在後來不斷移民的歲月中，她無需再承擔家庭責任後方能如願。她在城中有間工作室，同時也是年輕藝術家和作家的沙龍。儘管他們的婚姻陷入困境，我父親仍想盡方法協助她在藝術上的發展。

母親與祖母在家中因為爭執所造成的緊張，迫使我自幼便必須在相互衝突的信賴關係中抉擇。我十幾歲時是站在母親那邊的，認為她是社會限制下的受害者。在我眼中世界被切割為一個個的戰場，自己必須不斷作出抉擇。

1934年奧地利爆發了血腥的內戰，維也納的戰場幾乎就在我家門前。經過一個星期的血腥戰爭後，奧地利的民主體制便被神權統治般的獨裁政體取而代之。議會民主被宣告為非法，工會組織即刻被禁止，新政權的反對者則紛紛下獄。在德國政府支持下，秘密運作的納粹運動在奧地利國內掀起了一場恐怖戰爭，其終極目的為「合併」（Anschluss），即將奧地利併吞入納粹德國。

在極權主義的氛圍下，我學著倘佯於圖書館的書海，探索書中的思想世界，來消解絕望和無助的情緒。我閱讀托爾斯泰、馬克西姆・高爾基（Maxim Gorky）與特拉文（B. Traven）描繪南美革命分子的浪漫小說。我在腦海中想像監獄、刑求與那些將生命奉獻給追求自由的鬥士。我與學校裡的朋友開始接觸美國爵士樂，認識了貝茜・史密斯（Bessie Smith）[5]、路易斯・阿姆斯壯（Louis Armstrong）[6]和艾靈頓公爵（Duke Ellington）。[7]這些文化上的熏陶還有母親帶我去看的俄國、法國與意大利藝術電影，都激勵我更積極地參與政治。

不過，我還是花了一年的時間才鼓起勇氣參加哪怕是最為粗淺的地下活動。我所做的是閱讀並傳閱一份地下報紙，也透過「紅色

[5] 貝茜・史密斯（1894-1937）為美國爵士樂歌手，一般被稱為被稱為「藍調女歌后」。

[6] 路易斯・阿姆斯壯（1901-1971）早年以演奏小號成名，後來他以獨特的沙啞嗓音成為爵士歌手中的佼佼者，也被稱為「爵士樂之父」。

[7] 艾林頓公爵是美國作曲家、鋼琴家以及爵士樂隊首席領班，他被視為對於爵士音樂極富影響力，甚至可以說對美國音樂極富影響力。他的音樂涉及許多領域，包括藍調、福音音樂、電影配樂、流行音樂和古典音樂。

援助」（Red Aid）名義幫助一個家庭，他們的父親因為1934年的衝突而被流放。雖然這些行動相對來說並不重要，但是如果被發現的話，個別都要吃上半年到一年的牢飯。雖然我充滿了恐懼，但也終於掙脫了那不斷壓迫自己的失敗主義，我感覺反法西斯主義運動，即那些分佈在世界陌生的反抗者與自己愈來愈近。

1936年時父母安排我參與前往英格蘭六個星期的交換學生計畫。不幸的是，我被指派的寄宿家庭是英國的法西斯主義與反猶主義者。我設法逃離他們並加入了由傑出的生化學家霍爾丹（J. B. S. Haldane）[8]及其夫人在威爾斯舉辦的宿營活動。他們兩人長期主張和平運動，並在不久前才公開加入共產黨。我深深傾倒於他們的魅力、溫暖與談話中彷彿蘊含整個世界的機鋒。我結識了一位牛津的學生，他視引導我正確地皈依馬克思主義為己任，他指導我閱讀經典，並且花上許多鐘頭以純正的牛津學風解釋其中精微之處。我生吞活剝了這些全新以及對我而言非法的想法，如同一個飢渴的人大口吞灌清涼飲料。在這個年輕人的團體中，我也對自己有了全新的認識，他們以女英雄的眼光看待我這個能在法西斯主義國家生存下來並表現出反抗精神的女生。從英國返家後，我的自信心提升不少，並且有了更大的動力對抗法西斯主義，對於馬克思主義也萌生了嶄新的興趣。

在年少時期的探索中，我深受偉大的諷刺家，同時是德語世界公認最為傑出的現代詩人卡爾・克勞斯（Karl Kraus）的影響。在他所創刊的《火炬》雜誌（*Die Fackel*）裡，他尖銳地嘲諷軍國主義和官僚科層，對於德語墮落的現象抨擊炮火尤烈。我曾前往聆聽他

8 霍爾丹（1892-1964），英國遺傳學家和進化生物學家，同時是一名堅定的馬克思主義者。1956年時由於對大不列顛政府關於蘇伊士運河危機的政策感到不滿，離開牛津大學前往印度，並在日後成為印度公民。霍爾丹一般咸認是種群遺傳學的奠基人之一。

獨自朗讀莎士比亞的劇本和奧芬巴哈（Jacques Offenbach）的歌劇——真是令人難忘的演出。[9]他富有力道的的寫作、詩句中蘊含的力量，以及對思想結構的專注投入，在在令我如痴如醉。當我多年以後要運用作為第二外語的英文創作時，他對於語言的尊崇便不斷指引我前進的方向。我明白自己不僅需要學習字彙和句法，在能夠成為一位作家以前，更應該要理解英語這個新語言其文法與詩學背後所蘊含之不同文化。時至今日，我仍視自己為克勞斯的弟子。

我在維也納的時候很幸運地就讀於一間開設給女學生的私立自然科學中學（Realgymnasium）長達八年，這間學校由一位猶太女性校長領導，老師們皆受過良好教育並且充滿熱情，當中不少人還擁有高等文憑。我熱愛在那所學校所受的嚴格訓練，也享受既從容不迫又能樂在其中的學習所帶來的力量感。我最愛的科目德文，由一位嬌小親切的女性擔任教師，結果後來發現她竟然是地下納粹黨的積極分子。她帶領我們學習標準高地德語（High German）與中古高地德語（Middle High German），並研讀古老民謠的原文。我挑選了十二首德語民謠作為榮譽學位論文的主題，探討它們從中古到當代的風格變化。在這早期的作品中融合了文學史與風格分析，這也預示了我未來的興味所在。我在納粹接管政府前的一個月完成了論文。那位納粹老師給予極高的評價，這也是後來當我入獄時她願意支持我的原因。

---

[9] 卡爾・克勞斯（1874-1936），二十世紀早期最著名的奧地利作家之一。他是記者、諷刺作家、詩人、劇作家、格言作家、語言與文化評論家。《火炬》雜誌自1899年出版至1936年，共922期，其中絕大多數文章皆由克勞斯撰寫。學者指出自1892至1936克勞斯總共進行超過七百場如列納所參加的演出，有時是讀劇本，有時則是演出輕歌劇。參見：Siegfried Mattl, "The Ambivalence of Modernism from the Weimar Republic to National Socialism and Red Vienna," *Modern Intellectual History*, 6:1 (2009), pp. 223-234.

我在文理中學（Gymnasium）所受的古典學訓練，與最優秀的美國中學相比毫不遜色，但是文理中學中幾乎不承認美洲的存在。在二戰前奧地利以種族為中心的人類知識中，這些地區被定義為微不足道的不毛之地。後來當我開始批評傳統歷史中的刪節和排除異己時，我回想起自己所接受的既片面又充滿偏見的歷史訓練。在我的時代，一位受過良好訓練並且傑出的歐洲分子，很有可能對於其它大陸的歷史與文化一無所知。

1938年3月納粹佔領奧地利，這直接衝擊到我的家庭。不出兩個星期，一位「友善的納粹」告知父親他的名字在逮捕名單上，父親當天就離開了奧國。他之所以有能力這麼做，是因為在五年前他在鄰近的小國列支敦斯登開了一間藥局，並且時常前往洽公。他的遠見及其從未返回奧地利，在日後保住了全家人的性命，因為當全世界都對猶太人關上門時，提供了我們一個落腳地。隨即，父親的遁逃導致武裝納粹兩次強行搜索我們家，而幾個星期後母親和我遭到逮捕。我們被隔離開來關入一般的市立監獄，但是未被控訴任何罪名。後來才明白，這是為了引誘父親返回奧地利，而把我們作為人質。

我與兩位年輕的政治犯同房，他們都面臨漫長的刑期。他們教導我勇氣以及隨機應變，而當因為我這個猶太人而讓我們的食物被減半時，他們仍舊將食物平分給我。他們是社會主義者，並且身體力行。我那時相信自己永遠失去自由；若我的地下活動曝光，更將在集中營結束一生。那時候我才明白，正面迎擊最糟的可能，是能夠克服恐懼的，即使是在最為絕望的時刻，只要勇敢反擊便能重新點燃希望之火。我著魔般地想要逃出監獄去參加畢業考試（Matura exam），若是沒有通過的話，我便無法在歐洲就讀大學。考試將在被逮捕後的五週舉行，我在廁紙上寫滿陳情、對所有守衛不斷毛遂自薦，甚至要求守衛們監視我去參加考試。除了守衛們的揶揄外，我沒得到任何回應。在考試日的隔天，我被帶給蓋世太保訊問，發現所有關於畢業考的細節都在我的紀錄之上，不過我仍舊被送回牢房。母親與我在一週後被釋放，我發現為了要新組成納粹教育部門，考試延後了一星期。我在獲釋後的翌日上午前往應試，並且獲得榮譽成績。我也獲知德文老師還有其他納粹老師曾經替我向蓋世太保求情。因為我是學校中唯一被逮捕的學生，他們認為這一定是搞錯了。

母親與我能被釋放的條件是，我們必須立刻離開奧地利。接下來的三個月，我們不斷被警察騷擾、威脅要將我們再次下獄，同時又要不斷解決政府官僚體制所施加的種種阻礙。最終，就在惡名昭彰的「水晶之夜」（Kristallnacht）[10]發生之前，母親、妹妹還有我方得以同流亡於列支敦斯登的父親團聚。

我從備受呵護與細心照料的童年驀地進入成年，變成一個無國可依的人，一個身無財產、公民權利的難民。我從中學到了什麼教訓？

我了解到社會的不同定義方式，能夠將本來擁有權利的公民貶為罪該被放逐之人；事實上在納粹的定義下，將被貶為能夠也應該讓人消滅的毒瘤。

沒收財產與剝奪公民權也能作為這種消滅工作的幫兇。

[10] 「水晶之夜」指的是1938年11月9日至10日凌晨，納粹黨員與黨衛隊襲擊德國全境的猶太人的事件。這被認為是對猶太人有組織的屠殺的開始。許多猶太商店的窗戶在當晚被打破，破碎的玻璃在月光的照射下有如水晶般的發光，這就是該事件名稱的由來。這次攻擊看起來像是民間自發的，不過事實上卻是由德國政府策劃。在這場事件中，有約1574間猶太教堂（大約是全德國所有的猶太教堂）、超過7000間猶太商店、29間百貨公司等遭到縱火或損毀。在奧地利也有類似的事件，94間位於維也納的猶太教堂遭到破壞，超過三萬名猶太男性遭到逮捕並被關入集中營。

人無法獨自生存。為了要生存下去，人必須要鼓足勇氣，接受援助也幫助他人。

1939年4月，我好不容易移民到美國，希望稍後能將家人一同接來。但基於美國對於移民的限制，這是一件不可能的事情。在親身經歷了政治和權力的殘酷後，我早已成為一名徹底的反法西斯者。在無一技之長領取低薪的流亡歲月中，我仍然繼續接觸馬克思主義思想。我在抵達美國兩年半後與卡爾・列納（Carl Lerner）共結連理，他是希望投入電影業的劇場導演，同時是名共產黨員。我們搬家到好萊塢後，我開始參與這裡的極左派工會運動，後來也加入對抗好萊塢黑名單（the Hollywood blacklist）的行動中。在作為共產黨員的歲月裡頭，我參與的多是草根性活動：如裁廢核武、倡議和平、種族平等以及女權。接下來的二十年我始終生活在社會底層，求得溫飽為當務之急，行動與組織其次，抽象思想則是奢侈品，是閒暇時間的小小放縱。不過我仍然努力朝成為一位作家邁進，出版了短篇故事、翻譯，也寫作音樂劇和電影的劇本。

我於1963年秋天進入哥倫比亞大學就讀。當時我已經四十三歲了，女兒就讀大學，兒子在讀高中。我先生則埋首於成功的製片還有電影教學工作上。我在選擇研究所的時候考慮了許多學校，因為我希望學校能夠接受我以格林姆凱姐妹（Grimke sisters）作為論文題目，她們是唯二擔任美國反奴隸協會會員與講師的南方女性。哥倫比亞是唯一一間系主任願意修改規定以符合我的需求的學校。我已經投入四年的心血研究這個題目，所以甚至在口頭答辯舉行前就已被批准作為畢業論文。也由於這種彈性，我得以在入學三年後便同時取得碩士和博士學位，同時在新學院兼任教職，最後一年則在布魯克林的長島大學教書。

三年的研究所生涯在某種程度上是我生命中最快樂的時光。這是我成年後，第一次有時間和空間來思考和學習。由於長久以來被拒於教育體制門外，我對於知識變得極度貪婪，為此我放棄了所有的娛樂、社交還有其他興趣。最重要的是，當時我腦中有一個逐漸成形的計畫，驅使我充滿激情地全心學習所有需要的知識。

在哥倫比亞大學博士班的入學口試中，我被問了一個標準問題：「我為什麼要學習歷史？」我毫不猶豫地回答：「我希望把女人放進歷史。」我糾正自己：「不，不是把她們放進歷史，因為她們本來就在其中。」我希望繼承瑪麗・畢爾德已然開展的計畫。毫不意外地，這個宣言令許多人十分吃驚。我到底在想什麼？還有，到底什麼是婦女史？這些問題讓我走上漫長的解釋之路，過去四十年我都在不斷探索。我當時口試的結論帶有些烏托邦的色彩：「我希望婦女史能具有正當地位，並進入各年級的課程當中，而且我希望人們得以攻讀婦女史的博士學位，不再需要託辭自己在研究其他主題。」

彷彿嫌自己的年紀以及背景還不夠與眾不同，我這份簡短的演講讓自己更脫離主流，因為被他們視為自大又自以為是。我對研究所的不滿與其說在於治學風格，更不如說是治學本質——我無法接受課程的安排方式，也無法接受要被灌輸的世界觀。

從我離開維也納學校的二十五年當中，我曾做過粗工、半技工、家庭主婦、母親以及社區運動者。在擔任這些角色時，我總會遇到一群默默付出，但不受公共肯定的女性，她們通常沒有薪水，往往也不明白其工作背後的重要性所在。政治組織深獲益於她們的付出，但是沒有人能透過歷史或是傳媒來理解他們的貢獻。

現在我位於這個國家最好的研究所之一，但是他們所教導的歷史中彷彿婦女從不存在，除了少數領袖還有那些引發動亂的女人。

我在研究所所學習的跟在奧國的教育相去不遠，並不會遺漏各州以及人民的歷史，但是同樣都會遺漏掉一半的人類：婦女。

我完全無法接受，要把這種對過去的描述視為真理。我在課堂與私下討論中不斷質問教授，也因此我很快便成為老師與同學們揶揄的對象。如果我是剛從大學畢業的女生，很可能無法承受這種社會壓力。然而在一段時間過後，我仍替自己爭取到一席之地，甚至因為我的專業知識而贏得了某些教授的尊敬。我有時向教授學習，更常反駁他們的意見，往往都是經由不斷地犯錯來學習，我總是透過以過去生活經驗來驗證新獲得的知識。我之所以將個人擺回歷史中，與我的思想取徑密切相關，我從來無法接受將理論與實踐分開。我對於婦女史熱情的奉獻深深根植於自己的人生經驗。

羅伯特・克洛斯（Robert D. Cross）[11]和艾瑞克・麥奇翠克（Eric McKitrick）[12]擔任我的指導教授，並給予我在詮釋上的相當自由，不過他們堅持立論要有充分的文獻基礎才能服膺歷史研究的專業性，這是我始終感謝他們之處。他們還有其他教授都對婦女史不感興趣。唯一的例外是客座教授卡爾・德格勒（Carl Degler）[13]，他開設的美國社會史課程中，有一個專門討論婦女的部份。他一直以來就認為，婦女爭取改革的運動歷史是社會史中的關鍵部分。我從他身上學到許多，同時深深感謝他對於我所有興趣的接納包容。

總言之，哥倫比亞的老師們訓練我在傳統歷史和史學方法上的良好根底，這讓我在批判性地閱讀馬克思主義時，眼光更為銳利。

---

[11] 羅伯特・克洛斯（1924-2003），美國歷史學家。

[12] 艾瑞克・麥奇翠克（1919-2002）。

[13] 卡爾・德格勒（1921-），美國歷史學家，現為史丹佛大學歷史系榮譽教授。曾擔任美國歷史學會會長，並以《非黑非白：巴西與美國的奴隸與種族關係》（*Neither Black Nor White: Slavery and Race Relations in Brazil and the United States*, 1972）獲得普利茲獎。

我透過深入探討幾個例子，瞭解任何解釋方法若只提供一個原因都是有問題的。歷史事件的背後總有複雜的原因。馬克思主義的辯證法愈來愈像是一種束縛。

當我於1966年畢業時，麥奇翠克教授給予我意味深長的建議：「當妳開始求職時，千萬不要告訴任何人妳奇特的研究課題。妳說自己是名優秀的社會史家，這樣子就好了。」我從未接受這個建議，或許也是因為這種不願屈服的個性，讓我在生涯中吃了不少虧。

在經歷了優秀的傳統史學訓練後，我同時認識到其不足之處，那就是它所未思及的遺漏之處和不願承認的成見。我意識到什麼需要被改變。我也研究非裔美國人史家在過去四十年，如何正當化他們研究領域的策略。這有助我發展出一套戰略方案。

我在四十六歲時計算，自己若是夠幸運的話，還有二十年的學術時光。我思考自己能夠有幾種讓學術界改變，進而接受婦女史的方式：透過實際的研究和寫作、發掘更多史料、改善女性在史學界的地位或是證明學生對於婦女史的課程有需求並且從而設計課程以及創立研究所。我在1966年擬定好計劃時還不知道，不久後興起的婦女運動以及研究的活力、熱情與創意，使得我的計劃得以迅速地付諸實現。現在有名校證書作為後盾，我決定要解決總是必須解釋自己研究對象為何的窘境。我決定向前邁進，用自己的著作說明一切。

我在讀大學時首次接觸到瑪麗・畢爾德的《婦女作為歷史中的力量》（*Woman as Force in History*）。儘管書中有些明顯的缺失，我深深為她既簡單又深入的洞見所震撼：女性在歷史中總是充滿動能且發揮核心作用。畢爾德注意到婦女社會地位的二元性：從屬但是同時位居核心；受壓迫但仍具主動性。她最重要的貢獻在於洞察到，若是不斷將女性放在受害者的地位，將會模糊掉婦女史的真相。婦女過去是、也一直是歷史中的行動者。畢爾德同時堅持婦女史必須反映出女性在不同時代階級地位上的變化。她並不忽略女性除了被迫害以外作為迫害者的形象，還有階級與性別利益往往相互衝突的事實。閱讀瑪麗・畢爾德提昇了我的女性主義意識。我將素未謀面但是深深啟蒙我心靈的瑪麗・畢爾德視為一名史家。

本質上來說，是畢爾德創造了「婦女研究」這個概念。她對於學術成見的批判，也驅使她開始擘畫婦女教育的新藍圖。我根據時空之間的差異，將她的做法加以改變與運用。與她不同，我並不願意在自身專業中僅擔任一個業餘、邊緣的角色。我堅信為了要研究和寫作婦女史，史家必須接受最優秀的傳統訓練，同時辛勤地鍛鍊寫作技巧，最終還必須要超越它。

埋首在檔案中研究對我來說是一種特別的快樂泉源。在我的論文研究過程中，我非常幸運能夠在當時存在的最佳的私人的檔案館進行研究：即米瑞安・荷頓（Miriam Y. Holden, 1893-1977）的圖書館：她是美國婦女黨的創始成員，並且是艾麗斯・保爾（Alice Paul）[14]的親密工作夥伴。她也曾與瑪麗・畢爾德、尤金尼雅・倫納德（Eugenia Leonard）以及伊麗莎白・許勒辛格（Elizabeth B. Schlesinger）[15]一同努力成立一個國家級的婦女史資料館。她們當時的努力並未取得成果，米瑞安・荷頓的回應便是，自己大規模地蒐羅世界各國關於婦女的出版品，全部存放於她在紐約東區的家，一棟褐砂石建物中。她厭惡杜威十進位分類法，因為它讓婦女隱蔽的

[14] 艾麗斯・保爾（1885-1977），美國女權運動領袖。她和她的朋友露西・伯恩和其他朋友，成立了全國婦女黨，她們每天有三名女性在白宮前高舉標語，經過七年的努力，於1920年促使美國聯邦政府通過美國憲法第十九修正案關於女性投票權的法案。

[15] 伊麗莎白・許勒辛格（1886-1977），美國女性主義者，先生為哈佛大學歷史系教授Arthur M. Schlesinger，兒子為Arthur M. Schlesinger, Jr.，曾獲普利茲獎。伊麗莎白於二次戰後在許多期刊如：*New England Quarterly, New York History, William and Mary Quarterly, New York Historical Society Quarterly*, and *American Heritage* 鼓吹推動婦女史的研究。

歷史更難重見天日。她在自己的圖書館中拋棄用學科分類的方式，並且不去區分書籍是由女性所撰寫或是要探討女性。這間圖書館是座寶島，堂堂正正地展示著有關於女性的活動與思想。我在此了解到，婦女史的研究勢必要跨越學門，而且要採用非傳統的方法；為了要紀錄女性的過去，也必須提出全新的問題。

瑪麗・畢爾德與米瑞安・荷頓兩個人讓我直接地接觸到早期女權運動。她們啟發我去尋求與當時一般的研究所教育不同的方案。在1969年研究所學生要在學界建立名聲的方式——參與研討會的發表、評論以及出版文章——很奇怪地只能透過學生的男性導師。女性與少數族群在學術團體中的缺席明顯到了刺眼的程度。女性通常不是編委會的成員，她們無法進入任何專業組織的董事會，而且她們在各種年會上也少有出席機會。當1969年美國歷史協會開年會時這一切都有所轉變，女性史家們組織了「史學界女性協調委員會」[16]，由貝倫妮絲・卡羅爾（Berenice Carroll）[17]和我擔任主席。我們的目標是提升史學界女性的地位、反對歧視並且提倡婦女史的研究與教學。我們最早的目標之一，同時也是我們最成功的便是要改變史家被僱用的不民主方式。這是倍受阻礙的緩慢工作，但

16 「史學界女性協調委員會」（CCWHP, Coordinating Committee on Women in the Historical Profession）於1969年成立後發揮相當影響力，美國歷史協會轄下的「婦女史會議團體」（CGWH, the Conference Group on Women's History）隨後於1974年成立。由於兩者的緊密關係，兩個組織的成員於1995年決議將兩者合併為「婦女史事務協調會」（CCWH, the Coordinating Council for Women in History）。婦女史事務協調會為了鼓勵婦女史研究，設立了瓊・凱利紀念獎（Joan Kelly Memorial Prize in Women's History）凱瑟琳・普林傑獎（The Catherine Prelinger Award）以及數項獎學金（The CCWH-Berkshire Fellowship and the Ida B. Wells Fellowship）。1999年委員會為了紀念成立三十年，出版了論文集：《婦女史家之聲》(*Voices of Women Historians: The Personal, The Political, The Professional*, ed. Eileen Boris and Nupur Chaudhuri [Bloomington: Indiana University Press, 1999]).

17 貝倫妮絲・卡羅爾（1922-），美國政治學家、歷史學家。

是我們最終摧毀了「男性」網絡，還有同業團體區分階級、秘密的運作方式——這個變革對男性和女性都有幫助。對我而言，這項工作的終曲便是我於1982年成為五十年來美國歷史家學會的首位女會長。

我在1972年於莎拉勞倫斯學院（Sarah Lawrence College）[18]創立婦女史的碩士課程。正如我許多其他探險歷程，這條路也充滿困難、來自各方組織的拒絕還有必須要募集到校外資金。不過，我在莎拉勞倫斯學院所度過的十二年，在思想上接受了非常多的刺激。這項碩士課程的必修課程不僅跨學科，而且是由多名教師任教：瓊・凱利・加多（Joan Kelly-Gadol）[19]、雪莉・歐德娜（Sherry Ortner）[20]、伊娃・科麗許（Eva Kollisch）[21]還有我。不僅有我們的學生，還有鄰近學校的教師們都前來聽課。我們創立了結合講演、專題研究、一對一指導以及學生發表研究成果的教學模式。我們編撰了參考書目並且組織了許多會議，學生在其中也是教學團隊的一員。

當時有一門開設給高中教師的夏季專題研究運用了相同模式，並且成為了美國歷史協會推行至全國的標準課程。這也被史丹佛大學、北卡羅萊納大、明尼蘇達大學還有羅格斯大學所採行。1979年由美國國家人文學術基金會所贊助舉辦的「女性組織領導者夏季學院」，向四十三位女性組織的主席與會長介紹何謂婦女史。活動的

---

[18] 莎拉勞倫斯學院（Sarah Lawrence College），地處美國紐約州的Yonkers，距離紐約市僅15英哩，是一所小型的私立文理學院。自1926年建校以來，SLC始終堅持牛津劍橋教學系統，關注學生個性化發展和師生一對一交流，並通過嚴格的教學要求在美國高等教育系統中獨樹一幟。

[19] 瓊・凱利・加多（1928-1982），美國婦女史家，本名為Joan Kelly。

[20] 雪莉・歐德娜（1941-），美國文化人類學家，現為加州大學洛杉磯分校人類學系傑出教授。

[21] 伊娃・科麗許（1925-），奧裔美籍文學研究家、和平主義、女性主義者，於1940年移居美國。

成員決定將課程作業付諸實行：即將婦女歷史週推廣為全國性的年度活動。這需要在各州動員以形成政治壓力來促使國會通過年度的聯合決議，並由美國總統簽署通過。這個計劃完成了其目標：從1980年開始，婦女歷史週（現為婦女歷史月）帶動了美國有史以來最大規模的草根歷史運動之一，將探討女性的課程推廣至數以千計的社區、圖書館與公民組織。[22]這個歷史知識的擴展充分地合理化我的信念：我堅持好的歷史應該要跨出學院並且成為公共文化當中的一部分。

我在1970年代上半葉協助發起了一個改變檔案庫和圖書館關於女性史料分類方式的大計劃。結果，這個計劃不僅證明了在各州和幾乎所有檔案庫都擁有大量關於婦女歷史的史料，同時也改革檔案庫如何分類和編目與婦女相關的館藏。

我的學術研究和寫作與擔任女性史家的組織者、研究所課程主任以及教師的身分同時並進。我最先是透過寫作格林姆凱姐妹傳記開始研究歷史。這本著作讓我能夠將這對姐妹作家的寫作技巧，與我新學習到的學術技能結合在一塊。這本書《南卡羅萊納州的格林克姐妹：反抗奴隸制》（*The Grimké Sisters from South Carolina: Rebels against Slavery*）出版於1967年，並且於最近再版（2004年）。

當我在進行本書之研究時，我發現了許多關於黑人婦女參與反奴運動的一手史料。她們是另外一群被歷史所忽略的人們，出於婦女以及非裔美國人的雙重身分。當時這並不被肯定為嚴肅的研究對象與領域。我在1972年出版了《白人美國的黑人女性：一部文獻

[22] 1981年，美國國會確立了第一個全國婦女歷史週（National Women's History Week），並於1987年將全國婦女歷史週延長為全國婦女歷史月，時間為每年三月，與世界婦女日呼應。

史》（*Black Women in White America: A Documentary History*）並且附錄了一份探討研究書目的論文，指出大量有待探索的史料。

我很開心這本書推動了一個全新學術領域的開拓：非裔美國婦女的歷史。

我對於不同種族和階級女性的比較研究，讓我瞭解到若要將女性概括視為同個群體，更必須要瞭解其成員在階級、人種、種族的異同。我基於自己的生命經驗，所以能在非裔美國人學者批判婦女研究僅著重白人婦女之前便已提出此點——源自我與不同種族人們共同生活的經驗以及我與黑人婦女在機構中的共同工作經驗。我在研究與教學中始終關注差異如何被建構以及父權力量如何利用這種差異來取得主宰權。

另外一個令我與其他婦女史專家惱火的問題是如何分期。我們當中有不少人早已挑戰未經驗證的假說：歷史分期是客觀的，對男女皆一視同仁。但是真相是許多歷史上的大進展以及關鍵的轉折點，如同文藝復興、許多革命和戰爭以及工業化，對於婦女的影響與對於男性的影響大相徑庭。如果事實是如此，那什麼才是對女性而言適當的分期？我在1970年簽約撰寫一個書系當中的一本書，題目暫定為《建國時期的女性》（*Women in the Making of the Nation*）。我為了要完成黑人婦女的文獻史，便暫時將其擱置於一旁，而當回頭要繼續完成時，才發現自己面臨到了瓶頸。我就是沒有辦法在傳統紀年方式下完成這本關於婦女的書。我靈光一閃想到解決方式——我想到一個新的書名，當時還不知道會那麼貼近書的內容。《女性經驗》（*The Female Experience*）這個書名幫助我根據女性的生命階段以及女性主義逐漸成長的階段，重新組織我的研究成果。驚人的是，在新的詮釋框架下，相同的材料所提供的洞見以及啟發變得截然不同。其他學者受到此書的啟發，開始打破過去根據戰爭或征服來編年的方式，以嶄新的眼光來研究歷史中的婦女。

透過教學上的創新、挖掘過去隱蔽的史料、任職於專業組織的經驗，還有，也是最重要的，透過與同領域學者的密切合作，研究婦女史的框架逐漸成型。

在新婦女史發展的早期階段，我曾嘗試創造一個概念框架與理論原則來將女性置入歷史中。這些嘗試收錄於兩本論文集中：《多數人發現了自己的過去》（*The Majority Finds Its Past*）與《歷史為何重要》（*Why History Matters*）。後來當我開始在威斯康辛培育婦女史的博士生時，我更加重視這種訓練的新標準。我發展出「女權主義理論」的課程——在本質上是女性主義思想的史學史——成為研究所課程中的核心課程。我也創立了實習課程，讓學生能夠將理論訓練與田野調查結合。最重要的是，學生們必須學習如何提出分析性的問題，還有如何辨別出問題重要與否。

對我而言，女性之所以淪為從屬的起源問題是最重要的。傳統父權主義的答案，總是基於宗教性或生物性的理由：男性與女性生來便不相同 ，因此要在社會中發揮不同的功能。這種解釋方式助長了用天賦或自然作為理由，來合理化婦女所承受的不平等。現代女性主義者反對這種觀點，並且提出各式各樣的新解釋，其中不少說法是根據恩格斯（Frederick Engels）[23]的《家庭、私有財產與國家的起源》（*The Origin of the Family, Private Property and the State*）一書而來。我認為歷史解釋是否奠基於堅實的歷史證據十分重要。對我來說，這個計劃意味著必須要正面處理馬克思主義對自己想法的影響。

[23] 恩格斯（1820-1895），德國哲學家，馬克思主義創始人，是馬克思的摯友。

一直到赫魯雪夫（Nikita Khrushchev）發表「秘密報告」[24]之前我依然信奉馬克思主義，即使在那之前我已對老左派的政治學感到幻滅。從1950年代末期開始，我意識到馬克思主義思想在種族與民族問題上有許多錯誤，因為它堅持階級問題當中已經包括了這兩個問題。馬克思主義思想也無法適當地解釋或是改善女性的地位，因為它只關注經濟上的壓迫。

身為強烈關注婦女在歷史上能動性的提倡者，我需要理解為何數個世紀以來，女性也透過將父權制度的規則施加在兒女身上的方式，共同參與了壓迫自己的行為，我也想要理解為何女性從未建立起重要的解釋或哲學體系。

當我開始認真地探討父權體制的起源時，我發現到自己面對到過去的女性所經歷的心理障礙。我何德何能要嘗試如此困難的工作？我夠格嗎？我的腦中充滿了我必須加以辯駁的過往偉人，而並沒有任何女性指導者能夠幫助我。為了要給我自己勇氣，我閱讀這個主題的重要理論家：神學家、哲學家、社會學家與記者。我發現包括恩格斯在內的他們皆未曾受過學術訓練。這激勵我向前行。由於我擁有一年的古根漢獎助金，我利用這段時間修讀研究所的閱讀課程，瞭解人類學以及上古近東研究。不過，我仍然耗費了八年光陰方寫作出《父權體系的創造》（*The Creation of Patriarchy*），我經常覺得自己像是從懸崖跳入湍急河流中。

恩格斯主張私有財產制的發展與階級利益密切相關，導致了女性的從屬地位，這個情況被其視為必然發生的歷史事件，他稱為「世界上女性在歷史上的潰敗。」他的理論是根據現在大多都被推

[24] 這裡指的是赫魯雪夫（1894-1971）於1956年的蘇聯共產黨第二十次代表大會中對前領導人約瑟夫．史達林展開的全面批評，譴責史達林大清洗和驅逐少數族裔的罪行，猛烈抨擊了其農業政策帶來的災難，還攻擊了他軍事指揮上的無能。

翻的民族誌研究而來。我在本書的研究中發現，恩格斯假設青銅時代的農業革命，與軍事主義興起、私人財產制的出現還有父權家庭興起密切相關，這是正確的，但是他在原因論、結論、還有歷史性問題上的討論明顯不足。並不是私有制的發生，造成性別不平等還有階級的形成，而是性別壓迫（奴役女性）早於階級壓迫。女性與小孩幾乎是全世界各地最早的奴隸，因為男性開頭還不知道如何將捕獲的男人奴役成為奴隸。被俘的女性則被強暴並且與他們的孩子生活在一起。後來奴隸制度被常規化，成為一種獲取勞動力的方式，這過程教導了男人們如何將差異性（村落、種族、宗教）建構為統治的方式。被奴役的婦女與孩童是最早的財產。當上古國家形成時，他們將這些財產關係建構為法律結構，並且成為國家的基石。這個發展歷時約1500年，並且不是如恩格斯所說是對母權制的一舉「推翻」。父權社會是由婦女的同意與合作所組成，而且在當時是一個理性的機構。當科學與哲學在西元前一世紀被發明時，父權秩序早已建立好幾百年，並且被視為理所當然以及上帝所諭定的。父權社會似乎不會被挑戰。

在寫作此書時，我對馬克思主義思想最後的一點信仰完全消逝。這引領我到其它問題之上。婦女是如何在父權社會下生存的？她們是如何抗拒它的？我試著在下一本書《女性意識的創造》（*The Creation of Feminist Consciousness*）中回答這些問題。寫作此書讓我對於宗教作為一種組織，強化了女性從屬地位乃是出自神意的複雜解釋方式有更深的理解。另一方面，宗教成為婦女最為激進的解放主張所在，發展超過七百年：該主張便是上帝直接對女性說話，並且賦予她們爭取自由的正當性。

由於女性千年來被剝奪了受教育的權利，她們被否定了發展系統性知識的能力，以及決定高等教育內容的權利。最深刻的女性思想家必須要與男性對話，而且對於她們自身的歷史的權威以及知識都被否定。這對於當代的啟示是，那些想要促成女性能夠完全投入人類思想文明的人，不僅需要摧毀不平等待遇，也要移除不平等待遇在女性的思想以及社會化上所帶來的長期影響後果。

雖然我大半職業生涯都企圖改變學術機構，但我也享受到了作為局中人的好處，只是在時間上晚了些。若是沒有威斯康辛大學的慷慨補助，我無法完成這兩本著作。他們支持我創立婦女史的博士班課程，並且授與我兩個講座的頭銜，讓我在學術研究上有更充分的時間以及協助。我非常感謝這些支持，還有多年來無數幫助我的不同計劃的機構。我將這些獎助視為對於我所提倡的改變之鼓勵，它們同時說明了這些機構不光是肯定了我的理念，並且意識到後者與這些組織的最佳利益是一致的。

當我在威斯康辛大學退休後，我寫了《野草：一部政治自傳》。在這本著作中我重新用作家的口吻來寫作，並且試圖對自己解釋，或許也是向他人解釋，我是如何成為現在的自己。

直到最近，歷史作為一項專業，其姿態往往是排他性的，是一小群訓練有素的男性知識精英以自身的形象與詞語來詮釋過往。在短短的四十年間，女性學者開始挑戰以下這種荒謬的成見：那些僅呈現出一半人類數目的觀點之歷史，應該總是被視為普遍有效的。所有往昔被否認擁有歷史的團體，現在皆重獲了所應得的人性遺產。這個發展在世界歷史上確實是十分重要的事件。我們在民主化與人性化上屢有進展。我們已經指出過去的「無名氏」實有他們的聲音，並且能夠述說自己的故事。我們讓過去被忽略的史料重見天日，並且學習到新的詮釋方式。我們質疑史家定義重要事件的標準為何。我們創造了社群網絡、組織學術會議並且開設超過六十門婦女史的研究所課程。分享知識、豐富和啟發彼此以及進行尖銳且充滿批判性的辯論，這些活動經驗都令人大有收穫。理論與實踐，生活與思想已融為一體。

能夠參與二十世紀許多令人興奮的思想運動，實在是我最大的恩賜。

附記

我非常感謝史蒂芬妮・勒納（Stephanie Lerner-Lapidus）、伊莉莎白・穆妮奇（Elizabeth Kamarck Minnich）[25]與愛德華・貝萊森（Edward Balleisen）[26]對這場演講的評論與批評。

譯者　陳建元

國立台灣大學歷史系碩士、學士。研究領域為十八世紀英國史、啟蒙運動。
著有《約書亞・塔克論自由貿易與美洲革命：一種對啟蒙思想史的研究》。譯有Viren Murthy著：〈重新思考全球資本主義時代的思想史：對大衛・阿米蒂奇〈思想史的國際轉向〉的評論〉。

[25] 伊莉莎白・穆妮奇，美國哲學學者。
[26] 愛德華・貝萊森，美國歷史學者。

JOYCE APPLEBY

我們之所以不斷重新書寫歷史，是因為每一代年輕人都會向過去提出截然不同的問題。我們之所以對許多事情仍一無所知，只是因為還沒有人提出適切的問題。

喬伊斯・艾波比

1929-

1929年出生於內布拉斯加州奧馬哈，克萊蒙大學博士。

曾任教於聖地牙哥州立大學、加州大學洛杉磯分校、牛津大學，並擔任過美國歷史家學會、美國歷史學會、早期共和史學會主席，同時是美國哲學會、美國藝術與科學學院以及英國皇家學會的院士。

專長領域為經濟思想史與美國史，尤其著重美國獨立戰爭時代經濟史與思想史的互動。代表作為《十七世紀英格蘭的意識形態和經濟思想》（榮獲1978年伯克希爾獎）、《歷史視角下的自由主義與共和主義》、《繼承革命：第一代的美國人》。

Reference

1. ed., *Materialism and Morality in the American Past: Themes and Sources, 1600-1860* (Reading, Mass: Addison-Wesley Pub Co. 1974).
2. *Economic Thought and Ideology in Seventeenth-century England* (Princeton, NJ: Princeton University Press, 1978).
3. *Capitalism and A New Social Order: the Republican Vision of the 1790s* (New York: New York University Press, 1984).
4. *Liberalism and Republicanism in the Historical Imagination* (Cambridge, Mass: Harvard University Press, 1992).
5. with Lynn Hunt, Margaret Jacob eds, *Telling the Truth about History* (New York: Norton, 1994)；中譯本：薛絢譯，《歷史的真相》（台北：正中書局，1996）。
6. et al., *Knowledge and Postmodernism in Historical Perspective* (New York: Routledge, 1996).
7. ed., *Recollections of the Early Republic: Selected Autobiographies* (Boston: Northeastern University Press, 1997).
8. with Terence Ball eds., *Thomas Jefferson, Political Writings* (New York: Cambridge University Press, 1999).
9. *Inheriting the Revolution: the First Generation of Americans* (Cambridge, Mass: Belknap Press, 2000).
10. *Thomas Jefferson* (New York: Times Books, 2003).
11. *A Restless Past: History and the American Public* (Lanham: Rowman & Littlefield Publishers, 2005).
12. *The Relentless Revolution: A History of Capitalism* (New York, NY: W.W. Norton & Co, 2010)；中譯本見：宋非譯《無情的革命：資本主義的歷史》（北京：社會科學文獻出版社，2014）。
13. *Shores of knowledge: New World Discoveries and the Scientific Imagination* (New York: W. W. Norton & Company, 2013).

對於歷史真實的不斷叩問
喬伊斯・艾波比的學思歷程*

陳建元　譯

〔小傳〕

艾波比長期關注經濟發展如何影響，對人類能力的理解還有對於政治秩序的信念。她對於十七、十八世紀英格蘭、法國、美國的研究，專注在擴張的世界市場是怎麼影響人們理解社會還有自己身在其中的地位。艾波比認為，社會理論的革命也會帶來經濟活動上的革命。

艾波比是史丹佛大學學士，加州大學聖巴巴拉分校碩士，克萊蒙研究大學博士，於1967年開始任教於聖地牙哥州立大學。她於1981年開始在加州大學洛杉磯分校任教，一直到2001年退休。1990-91年，她曾在牛津大學擔任哈姆斯沃斯美國史教授，在牛津時她是皇后學院的研究員。

---

* 本文譯自：Joyce Appleby, "The Charles Homer Haskins Lecture: A Life of Learning," *ACLS Occasional Paper* No. 69 (2012).本文除標示「原注」字樣者外，所有註腳均為譯者所加。

艾波比對於美國大眾與專業史家之間複雜的關係深感興趣。她先後擔任過美國歷史家學會、美國歷史學會、早期共和史學會的主席。作為歷史新聞社的共同創辦人之一，這項計劃鼓勵歷史學家在報紙發表社論文章。作為研究美國建國時期的歷史學家，她努力要讓美國人對過去有更清楚的理解，希望這能夠使他們更理智地面對當下。

在她的博士論文《一份在巴黎的美國小冊子》（*An American Pamphlet in Paris*）中，艾波比研究這份文件在法國大革命初期辯論中所扮演的角色。這項研究也討論了約翰・亞當斯和托馬斯・傑斐遜的外交官生涯。她的第一本書《十七世紀英格蘭的意識形態和經濟思想》（*Ideology and Economic Thought in Seventeenth-Century England*）榮獲1978年伯克希爾獎（Berkshire Prize）。紐約大學在1982年邀請她擔任菲爾普斯講座，演講後來出版為：《資本主義和新社會秩序：傑斐遜對於1790年代的願景》（*Capitalism and a New Social Order: The Jeffersonian Vision of the 1790s*）。她於1984年獲得康乃爾大學的貝克講座。

她對於美國獨立戰爭年代經濟史與思想史互動的長期興趣，促使她寫作了1992年的論文集《歷史視角下的自由主義與共和主義》（*Liberalism and Republicanism in Historical Perspective*）。除了獨立戰爭之外，她也研究那些於1776年後出生的美國人的生命與事業。《繼承革命：第一代的美國人》（*Inheriting the Revolution: The First Generation of Americans*）於2000年推出。她也寫了一本傑斐遜擔任總統時的傳記。

艾波比與瑪格麗特・雅各（Margaret Jacob）和林・亨特（Lynn Hunt）合寫的《歷史的真相》（*Telling the Truth about History*）的主題，是在討論後現代主義對史學家的威脅。她於2004年出版的《不平靜的過去》（*A Restless Past*）則收錄她的就職演講以及論文。她退休之後，則於2010年出版了《無情的革命：資本主義的歷史》（*The Relentless Revolution: A History of Capitalism*）。

艾波比於1980年獲選為早期美國歷史、文化協會的理事，並於1983到1986年擔任主席。她自1993年到2001年則擔任史密森美國國家歷史博物館的理事。她也是美國哲學會、美國藝術與科學學院以及英國皇家學會的院士。

〔介紹〕

喬伊斯・艾波比是2012年的查爾斯・哈斯金斯講座得主，這個以美國學術團體聯合會的首位主席命名的年度演講也邁入了第三十個年頭。

講者被託付的任務是要「反映出作為學者的一生，動機、還有決心、以及滿足感（當然還有失落感），並且要大致探索自己的一生，還有更廣的另一面，即作為學者的學術生涯。我們不希望講者只談論自己的學術研究，而是與其他學者分享她個人的學思歷程。」

艾波比教授的學思歷程幫助我們更深入理解自己國家的歷史、革命先賢們的思想與人生，以及革命成功之後所建立的政府。她以社會理論來分析、述說革命，同時也留意到17、18世紀隨著新興的全球市場而來的經濟革命。這兩者不僅讓我們更為理解過去，也更清楚目前所處的困境。她在《繼承革命》一書中思考這些問題，她說1800年的政治世代「不會讓公共良知平靜」，而且「將完美的正常統治模式變成爭論不休的議題。」[1]

喬伊斯・艾波比獲頒許多榮譽，像是三個學術社群的主席，同時也是美國國家哲學會、美國藝術與科學研究院的院士以及——我認為這會讓她所研究的對象感到欣慰——英國皇家學會。評論她

[1] 原注：Joyce Appleby, *Inheriting the Revolution: The First Generation of Americans* (Cambridge, MA: Harvard UP, 2000), p. 55.

作品的人給予她另外的桂冠，形容她是「過去三十年最富影響力的學者之一」[2]，同時是位「尖銳的批評者、有天賦的爭論者與風格家，她的優雅又具影響力的文章是最傑出的大家之一）。[3]

艾波比教授在成為專業史學家之前曾擔任記者。所以她對於學者應該與公眾進行廣泛對話的堅持，一點都不令人驚奇。她的作品令人信服地指出，史家以及人文學者應該貢獻什麼。我在此引用她的話：

> 史家在爭取一個包容性的記憶時，乃是出於他們內心最堅強的信念：亦即歷史激起人們對於人性的好奇，教導不可預期之後果的教訓，並且強化研究生命各種複雜性的意願，同時也使研讀歷史者得以駁斥一些僅供自我安慰的簡化說法。學習歷史能夠培養好奇心、希望以及博覽理解的品味。[4]

艾波比教授在2012年哈斯金斯講座演講中，描繪史家與歷史之間充滿動能的關係，主張「歷史以一連串的故事梳理混亂的過去，並使其具有意義。」她的學思歷程所取得的成就，對於其學生以及讀者饒富意義，也讓我們歡迎所有過去的得獎者。

余寶琳（Pauline Yu）主席[5]
美國學術團體聯合會

---

[2] Michael Kammen, "Review of a Relentless Past: History and the American Public," *The Public Historian* 27:3 (Summer, 2005), p.67.

[3] Lance Banning, "Review of Liberalism and Republicanism in the Historical Imagination," *The Journal of Modern History* 67:1 (March, 1995), p. 104.

[4] Joyce Appleby, *A Relentless Past: History and the American Public* (Lanham, MD: Rowman & Littlefield, 2005), pp. 9-10.

[5] 余寶琳（1949-），以研究中國文學和文化知名的美國學者，特別是對於中國傳統詩和比較文學的研究。曾在明尼蘇達大學、哥倫比亞大學、加州大學洛杉磯分校和加州大學爾灣分校擔任教席，自2003年起擔任美國學術團體聯合會主席。

首先我要感謝所有遴選委員，獲頒哈斯金斯講座是我的榮幸。當我收到余寶琳的邀請時，正在加州大學洛杉磯分校的經濟學系教課。你們可能會問，為什麼經濟系會找一個對統計學一竅不通的史家任教呢？當時是出於緊急情況。當時他們不到一個月的時間要開始的經濟理論史課突然需要一位老師。他們的系主任想起我最近寫了一本資本主義的歷史。雖然已經有十年沒教書了，但教導一百位經濟系學生的景象實在太令人期待，所以我無法拒絕。

撰寫哈斯金斯講座講稿的過程使我自省吾身。但是反省往往不是漫無來由的。我的思索重點在於，為什麼我會寫一部資本主義的歷史。我並不是一位經濟史家。尼爾・弗格森（Niall Ferguson）[6]在一篇很難說是正面的評論中，不無嘲諷地指出我的書頁「未受任何一張表格或圖表的玷污」。[7]如果要替自己挑選一個頭銜，我會選擇思想史家，因為我始終著迷於觀察經濟發展如何影響人們解釋世界的方式。

之所以長期關注人們在日常生活中回應變化的方式，與我在大蕭條時期的成長經驗有關。當時，我的家人開車到孩提時的居住地奧馬哈（Omaha）[8]市中心時，我的父親總是指給我看排在湯廚房外的長串人龍。在那最困頓的年代，許多人到我家後門乞討食物。我的母親會為他們炒一些雞蛋與烤一些麵包。這個景象，讓我們看到一個今日已難以想像的美國。

---

[6] 尼爾・弗格森（1964-），英國歷史學家，現任教於哈佛大學。其著作近來年為中文世界大量翻譯。

[7] 原注：Niall Ferguson, "review of The Relentless Revolution: A History of Capitalism", by Joyce Appleby, *Times Literary Supplement* (July 2, 2010), p.13.

[8] 奧馬哈位於美國內布拉斯加州東部邊界密蘇里河畔，是該州最大的城市，也是道格拉斯郡的郡治所在。

聆聽富蘭克林・羅斯福（Franklin Roosevelt）[9]於1932年在阿克薩的奧馬哈牛宮發表演說，是我最早的記憶之一。我趕緊告訴你們，阿克薩這個詞就是內布拉斯加顛倒過來的拼寫。三歲的我對於那演說感到最刺激的事情是，那把掛在警察臀部上與我視線平行的左輪手槍。但我也還記得人群所展現的純粹興奮。

我的家庭在政治上是分裂的——父親屬於民主黨，母親則支持共和黨。我父親的父親是威廉・詹寧斯・布萊恩（William Jennings Bryan）[10]的朋友和同黨，同時是1900年民主黨全國代表大會布萊恩的提名人之一。我的外祖父是一個土地投機商，購買從內布拉斯加州的科爾尼到科羅拉多州的克里普爾溪的土地，也購買舊金山等地的物業，其中的一部分便是當時所謂的「遠西」。

每年夏天，我們會去拜訪姑姑們，兩個人都是羅斯福的死忠支持者。一個姑姑還有一大本滿滿都是羅斯福的剪報簿。那時從商的父親，將自己與美國人民黨（Populist）的根源稍微劃清界線。他和姑姑們會爭辯政治直至深夜。在聽他們爭辯時，我意識到姑姑們的言論是出自深刻的信念，而父親很可能只是在引她們上鉤，而從不透露自己的真正想法。

那個時候，我也在努力寫作伊利諾州伊凡斯頓黑文中學（Haven Junior High School in Evanston, Illinois）的報告。我從那時便瞭解到寫作是我想要做的事。我也強烈體會到，如果你所完成的事情能夠拿到報酬的話，別人將會更認真地看待你。身為家中備受呵護的小女兒，我渴望被認真地對待。

[9] 富蘭克林・德拉諾・羅斯福（1882-1945），美國第32任總統，是美國面臨1920、1930年代經濟危機和第二次世界大戰的中心人物之一。從1933年以迄1945年間，連續出任四屆美國總統，是唯一連任超過兩屆的美國總統。

[10] 威廉・詹寧斯・布萊恩（1860-1925），美國政治家、律師。曾三次代表民主黨競選總統。

當1950年從大學畢業後，社會的普遍認知便是，我應該要成為一個妻子和母親，並且愈快愈好。事實上那時候，我在幾個月的時間內已多次在朋友的婚禮上擔任伴娘。

《小姐雜誌》（*Mademoiselle*）[11]將我從這個命運中解救出來。我是該雜誌在各大學所徵選出，要前往紐約支援開學特刊的二十名人選之一。我後來便繼續留在《小姐雜誌》的廣告部門。由於辦公室位於麥迪遜大道上，我想這也讓我成了一位「廣告女狂人」[12]。這份工作讓我處於一個五光十色世界的邊緣——與杜魯門・卡波特等名流共乘電梯——但時尚和廣告等對我而言實在太過輕浮。

我當時認為出版業應該會比較好：至少我會是一位認真的作家。因此，我將履歷投遍紐約市電話簿上的所有出版社。年輕的小哈羅德・麥格勞（Harold McGraw Jr., 1918-2010）答應錄取我，但我還沒來得及前往麥格羅・希爾公司（McGraw-Hill）[13]上班，傳統的壓力又催促我回洛杉磯結婚。

我的電話簿求職法在紐約收到良好成效，所以我想在洛杉磯如法炮製，不過這裡的出版社少多了。但我也接到《西部酒店和餐廳報導》要我去面試的電話，這是一間位於比佛利山莊的房屋仲介公司所辦的產業雜誌。

當我的面試開始幾分鐘後，抽雪茄的地產經紀人便說：「你可以來上班了」。

我有點害羞地問道「我的工作是什麼呢？」

「編輯的工作。」他答道。

---

[11] 《小姐雜誌》，創立於1935年的時尚雜誌，也以刊登著名作家（如福克納〔William Cuthbert Faulkner, 1897-1962〕）的短篇作品聞名。

[12] 艾波比指的是美國影集《廣告狂人》（*Mad Men*），該劇即以廣告業為中心。

[13] 麥格羅・希爾公司，是一家總部設於美國紐約市洛克菲勒中心的著名跨媒體上市公司，其主要業務在於教育、出版、廣播、財經與商業服務等面向。

即便我後來發現工作還包括排版，交付拷貝文件給印刷廠，以及寄送訂閱通知，我依然欣喜若狂。

在我第一個孩子出生以及搬家到帕薩迪納後，我開始在《星新聞報》（*Star News*）擔任南帕薩迪納（South Pasadena）的特派記者。這是可以在家中進行的兼職工作，只要每天早晨打電話報告整理警方逮捕記錄簿的成果，便可收到稿費。我也會去出席教育局以及市議會的會議。（我告訴你們這些是因為我之所以成為歷史學家，與沒有繼續當記者關係密切。）

有一天，南帕薩迪納發生了一件令人震撼的事情。一個真實的故事發生在我身上。一名十四歲的男孩開槍打傷了朋友，當時他們兩人都在玩槍。在總部編輯要求下，我火速趕往傷者的家，並且要設法取得他的照片以供隔日的報紙刊登。他家不到一英哩遠。

當我按了門鈴後，一位老婦人來應門。我向她說明了自己為何前來。她說她是傷者的祖母，並邀請我進去。當我一進門，便注意到壁爐架上相框中的男孩照片。她好像已經要答應我的要求，但後來有所猶豫。她說，「男孩的父母都在醫院，如果他們回來之後，知道我將心愛的照片給了妳，該怎麼辦？」

我很清楚什麼是記者的處理方式。我讀過本・赫克特（Ben Hecht）[14]和查爾斯・麥克阿瑟（Charles MacArthur）[15]所寫作的「頭版」（Front Page）劇本，其中的記者會偷走遺體，還有拘禁嫌犯。我如果想加入他們的行列，就必須將奶奶推開，搶了照片後迅速離開。但是，我同情她。我同意若是照片不見了，他的父母肯定會非常難過。我慢慢地走出客廳，空手回到家裡，但對自己有了重要的

[14] 本・赫克特（1894-1964），美國小說家、劇作家、電影編劇，亦是一位猶太復國主義者（Zionist）和人權運動者。
[15] 查爾斯・麥克阿瑟（1895-1956），美國劇作家、電影編劇。

新認識：我沒有記者所必需的厚臉皮。此時我想起自己對歷史的熱愛，而且歷史學家也是在從事寫作。

我又再一次搬家，開始在克萊蒙特・麥肯納學院[16]攻讀博士，此時我已經有三個孩子。當時的我相當幸運。倘若當時附近沒有提供博士學位的學校，我也不會走上學術之路。幸運的是，當時這個機構是存在的，我得以與三位一流學者學習：殖民史家道格拉斯・阿戴爾（Douglass Adair）[17]、美國宗教史重要史家西德尼・米德（Sidney Mead）[18]以及政治學家馬丁・戴蒙（Martin Diamond）[19]。

阿代爾向我強調，如果只注意美國自身的歷史，不可能對美國史有深刻的理解。他的意思是必須理解形塑新大陸歐洲移民的母國，於是我開始研究十七、十八世紀的英國和法國。這讓我擁有極佳的立足點，使我日後有能力隨著自己的好奇心肆意探索。

我的博士論文探討法國大革命爆發後的頭幾個月，美國的建國對於英國與法國政治所產生的影響。這是我在東岸花了兩個星期蒐集資料後，能夠在加州艾斯康迪多市（Escondido）[20]處理的題目。論文題目是《一本在巴黎的美國小冊子》，探討一群稱自己為「美國人」（Américains）的法國人，如何利用美國這個新國家暴得的美名，達到自己的政治目的。

---

[16] 克萊蒙特・麥肯納學院（Claremont McKenna College），成立於1925年，是位於加利福尼亞州克萊蒙特市的一所私立非營利文理學院。

[17] 道格拉斯・阿戴爾（1912-1968），美國歷史學家，主要研究美國立國時期的共和主義以及《聯邦黨人文集》（*Federalist Papers*），其博士論文則於2000年出版面世。見：Douglass Adair and Mark E. Yellin, eds., *The Intellectual Origins of Jeffersonian Democracy: Republicanism, the Class Struggle, and the Virtuous Farmer* (Lanham, MD: Lexington Books, 2000)，該書由艾波比撰寫引言。

[18] 西德尼・米德（1904-1999），美國宗教史家。

[19] 馬丁・戴蒙（1919-1977），美國政治學家。

[20] 艾斯康迪多是美國加州聖地牙哥郡中西部的一個城市。

這些「美國人」將原先56頁的《檢驗政府》（*Examination of Government*）譯為291頁充滿註解的法文本，藉此抨擊支持兩院制度立法機構的「熱愛英國者」（Anglomanes）。這本小冊子雖未明說對於一院制議會的偏好，但他嚴厲抨擊特權並且疾呼要採行民主自治，這對那些死命反對英國式議會的法國人來說，已經相當足夠。

我於1967年開始任教於聖地牙哥州立大學，這是一個適當的時間點。當時人文領域的男教授較諸其他領域，十分樂意接納女性同事。儘管如此，我被認同的身分則是一位幸運的妻子與母親，只不過在星期一、三、五能夠離開家裡去講授四堂歷史課。

關於好奇心我思索了很多。它是我們求知的理由。我常常告訴學生，他們在大學裡所學到的每件事，都能夠解答某個問題。我們之所以不斷重新書寫歷史，是因為每一代年輕人都會向過去提出截然不同的問題。我們之所以對許多事情仍一無所知，只是因為還沒有人提出適切的問題。

當我在1968年舉辦了引介新興的非裔美國人歷史給高中教師的書展和訓練計畫後，這個想法變得更為清晰。我又寫信給所有的出版商——一股經常湧現的衝勁——索取任何關於此課題的書籍。我收到了一大批五花八門的書籍，只有少部份是學術書籍。時至今日，我需要三個大房間才能容納所有探討非裔美國人經歷的書籍，因為已有數以千計的歷史學家在探索這塊領域。

我先生看著我一路取得博士，他決定也要攻讀博士學位。（我們在大一的西方文明史課上認識）出乎意料的是，這件事也讓我接受了第二次的研究所教育。我的教授們年紀比我大，而安迪的教授們則是二十多歲和三十出頭。他們沉浸的方法與議題是，如何將歷史寫作從十九世紀時常春藤盟校的盎格魯－撒克遜裔白人新教徒所施加的，那充滿中上階級自滿意味的限制中解放出來。

當我在撰寫第一年講演課課綱時，安迪回到家時便與我談論模型、隊列以及數據。模型一詞讓我想到小男孩所做的輕木飛機。這些新概念與詞彙，都在挑戰我。不——是在威脅我。我身為一個新科博士，被一位研究生弄得感覺自己已經過時，即便他是我的丈夫。但我也因此間接從他的導師們那學到不少。

聖地牙哥州大的美國史入門課程，對我日後的研究產生相當重要的影響。我們將學生分作許多討論小組，各組都使用相同文本。《人民將會判斷》（*The People Shall Judge*）[21]一書蒐集了自由主義的經典文章，從清教徒的講道詞，到霍布斯[22]、洛克[23]、亞當・斯密、托馬斯・潘恩，接著跨海到獨立戰爭時的小冊子以及聯邦黨人文集。

我在教學中注意到自己學識不足之處，更有趣的是發現到文獻紀錄當中的空白。十七世紀初的清教徒嚴厲批判世上男女的衝動、不可靠和充滿原罪。但將時間快轉一個世紀半後，史密斯筆下的男女則是具有不斷進步，並且理性地追求自利的能力。這驚人的轉變使我開始追問，此種對人性的重新評估究竟是何時以及如何發生的。

我們因安迪研究之故前往倫敦一年，我在這發現了重要的文本，它能夠解釋《仲夏夜之夢》（*A Midsummer Night's Dream*）[24]中善

---

[21] Staff, Social Sciences I, eds., *The People Shall Judge* (Chicago: University of Chicago Press, 1949), 2 vols.

[22] 霍布斯（1588-1679），英國政治哲學家，創立了機械唯物主義的完整體系，認為宇宙是所有機械運動的物體總和。他提出「自然狀態」和國家起源說，認為國家是人們為了遵守「自然法」而訂立契約所形成的，是一部人造的機器人，當君主可以履行該契約所約定的保證人民安全的職責時，人民應該對君主完全忠誠。

[23] 洛克（1632-1704），英國哲學家。在知識論上，洛克與喬治・巴克禮（George Berkeley）、大衛・休謨（David Hume）三人被列為英國經驗主義的代表人物，同時也在社會契約理論上做出重要貢獻。

[24] 《仲夏夜之夢》，為莎士比亞（William Shakespear, 1564-1612）約莫在1590-1596年間創作的浪漫喜劇。它描繪了以雅典大公忒修斯（Theseus）和希波呂忒

變任性的男女，如何轉變為《國富論》[25]中頭腦清明的交易者。我首先閱讀當時數量不斷增加的相關評論，它們都在討論這種形塑了十七世紀英格蘭市場經濟的新現象。大英博物館有著豐富的書籍、小冊子和廣告傳單館藏，我在馬克思撰寫《資本論》的閱覽室內，坐在淡藍色的真皮座椅上瀏覽這些刊物。

我得以解開困惑的一個線索是，斯密從未解釋追求利益的屠夫和麵包商如何面對競爭。他充滿信心地說：「每個人都為了改善自身處境而持續不斷地努力。」他宣稱「促使我們儲蓄的力量是出自改善自身處境的渴望……打從我們生來便具有，直到進了墳墓也不曾消失。」[26]

埃德蒙・柏克（Edmund Burke）[27]的說法與斯密遙相呼應。他向作為朋友的斯密吐露：「像你這種基於觀察人類長久相同的本性所建立的理論將歷久彌新，而那些基於不斷變化的人言之理論則很快就被遺忘。」[28]

我肯定斯密從未意識到，這種情感並不是那麼理所當然。因為這個從清教徒式罪人到斯密式理性消費者的巨大轉變，在斯密的前兩個世代便已完成。當時的作家們歷經數十年對人們在市場當中如

（Hippolyta）婚禮為中心的一系列故事。包括四名雅典戀人和六個業餘演員的冒險經歷，而森林裡的仙子們則在背後操作它們的命運。

[25] 《國富論》（*Wealth of Nations*）全名為《國民財富的性質和原因的研究》（*An Inquiry into the Nature and Causes of the Wealth of Nations*），蘇格蘭經濟學家暨哲學家亞當・斯密的一本經濟學專著。

[26] 原注：Adam Smith, *An Inquiry into the Nature and Causes of the Wealth of Nations*, ed. Edwin Canaan (New York: Random House [Modern Library], 1937), pp. 306, 313, 328.

[27] 埃德蒙・柏克（1729-1797），愛爾蘭的政治家、作家、演說家、政治理論家和哲學家，曾在英國下議院擔任了數年輝格黨（the Whig）的議員。他最為後人所知的事蹟包括反對英王喬治三世（George III）和英國政府、支持美國殖民地運動與其後美國革命的立場，以及對於法國大革命的批判。

[28] 原注：Edmund Burke, *Selected Letters of Edmund Burke*, ed. Harvey Mansfield (Chicago: University of Chicago Press, 2000), pp. 92-93.

何相處之觀察後，開始將人們描繪成理性的並且給予善於計算此特點正面評價。

這種說法最初只是以此來解釋人類的經濟行為，後來卻被廣泛地用來解釋一切事物。一位小冊子作者如此寫道：「上到國王下至農夫，所有人都是商人。」其他作者則聲稱「貿易的本質是自由的，並且自己能夠找到最好的發展路線。」經濟應該放任其自然發展，公共政策不應介入的觀念逐漸生根。秩序自然而然便會出現，引導它的往往是非預期的後果（unintended consequences）。

沒有什麼事情會比在過去人們的言論中證實了自己的預感更讓人興奮。霍布斯和洛克替這種將個人主義視為自然的想法奠定了基礎。這很快便成為盎格魯美國人一個未曾被檢驗過的定見。但是當時的人十分清楚這些主張所代表的創新性。一位對《利維坦》[29]抱持懷疑的讀者寫道：「我認為（霍布斯先生）對人的討論，將他們視為陸源（Terrigene）一般，誕生的過程就像種子，與其他人類毫無關聯。人類生來就是可憐無助的孩子，所以必須信任並且服從父母。」[30]洛克認為許多經濟的重要原理存在於自然狀態中，這引來另一位批評者嘲諷他謊稱「政府在政治事務中所具有的權力，比起在自然事物中還來得少。」[31]

---

[29] 《利維坦》是托馬斯．霍布斯於1651年出版的一本著作，全名為《利維坦，或教會國家和市民國家的實質、形式和權力》（*Leviathan or The Matter, Forme and Power of a Common Wealth Ecclesiastical and Civil*；又譯《巨靈論》）。「利維坦」原為《舊約聖經》中記載的一種怪獸，在本書中用來比喻強勢的國家。該書系統闡述了國家學說，探討了社會的結構，其中的人性論、社會契約論，以及國家的本質和作用等思想在西方產生了深遠影響，是西方最著名和有影響力的政治哲學著作之一。

[30] 原注：William Lucy, *Observations, Censures and Confutation of Notorious Errours in Mr. Hobbes His Leviathan*. (1663), p. 139. [Available in EEOB facsimile ed. (ProQuest), 2011.]

[31] 原注：Henry Layton, *Observations Concerning Money and Coin, and Especially Those of England* (London: [Printed for Peter Buck.], 1697), p.

我在哈佛大學商學院貝克圖書館逐一查對《十七、十八世紀英格蘭的經濟思想與意識形態》（*Economic Thought and Ideology in Seventeenth-Century England*）一書的註腳。我在那裡才體會到了自外於其他學者獨自寫作的代價。圖書館員將我的手稿拿給著名的歐洲銀行史家弗里茨・瑞德利奇（Fritz Redlich）[32]閱讀。一天早上，年歲甚高身材瘦小的瑞德利奇朝我走來，拿著一大本快壓垮他的德國人名辭典，指著一個十九世紀的德國經濟學家條目對我說：「他寫過了，早已經寫過了。」

另一方面，《商業史評論》（*Business History Review*）的編輯艾爾博・馬丁（Albro Martin）則鼓勵我說，他很高興能瞭解到原來那麼多人所景仰仿效的史密斯，也是站在許多人的肩膀上。

史密斯對人性的看法，不僅在經濟學界中具有影響力，也形塑了一般大眾對人性的看法。英語世界許多人都相信他的假設，亦即人類追求自由、進步的天性是驅使事物改變的動力。雖然有些人有注意到迷信，但是迷信往往象徵了必須被改進的落後。觀念是透過被真理不斷地檢驗所鍊成的。人們可以主宰自己內心的想法。

我成長在鼓勵磨練天性的文化氛圍下。各種族之間之所以不同會被解釋成是出於本性而與社會形態的差異無關。經濟是基於人類天性所建立的自然體系，它自然有能力在受到衝擊之後重新取得平衡。在大衰退時期的經驗使我對後者存疑，但是訴諸自然天性來定義女性角色的作法則讓我感到興奮。因為我瞭解這種對於女性本質的描述並不正確，我也對於社會上所認知的何為自然抱持質疑態度。我主張，柏克對史密斯的推崇是錯誤的，因為人性並非從未改變。

---

15. [Available in EEOB facsimile ed. (Ann Arbor: University of Michigan Press, 2011.]

[32] 弗里茨・瑞德利奇（1892-1979），德裔美國經濟史家。

我當時雖然不知道建構這個詞，但是我的確是在深入探討真實如何被社會所建構，這種建構從啟蒙時代以來便主宰了西方思想。當我完成討論英格蘭經濟思想的書時，在早期美洲史研究領域中有一種關於現實的新說法開始出現。伯納德・貝林（Bernard Bailyn）[33]在《美國革命的意識形態起源》（*Ideological Origins of the American Revolution*）[34]一書中徹底駁斥了美洲殖民者是出於反對課稅起而反抗的說法。他書中論述了殖民者地主們乃是出於特定的心理與思想，才會將英帝國的改革解釋成為腐敗的英國內閣所施行的非法法令。

貝林認為美國的開國者乃是訴諸古典共和的信念作為政治病理學的語彙，來預言暴政、混亂、篡奪以及陰謀的發生。洛克在他的解釋中成了一位邊緣人物，其討論重點是一套承襲自文藝復興，基於對權力慾望的恐懼而來的解釋方式。

古典共和主義涉及幾項假設：變遷往往會帶來墮落甚至更糟的結果，此外歷史的發展往往呈現出政治秩序的不穩定性。要求領袖將公共利益置於個人利益之上的公民美德，是對抗腐化的唯一堡壘。戈登・伍德（Gordon Wood）[35]在其《美國共和的創造》（*The Creation of the American Republic*）一書如此結語：「美國共和主義代表了最後一次企圖要對抗新興個人主義社會的行動，他們認為這個新興社會將摧毀長久以來被文明人士視為人類理想的共同體與利他精神。」[36]

---

[33] 伯納德・貝林（1922-），美國歷史學家，以研究美國革命與建國初期的歷史著名。哈佛大學歷史系退休教授，於1968與1987年兩度獲頒普立茲獎，並於2010年獲得國家人文獎章（National Humanities Medal）。

[34] 中譯本見：涂永前譯，《美國革命的思想意識淵源》（北京：中國政法大學出版社，2007）。

[35] 戈登・伍德（1933-），美國歷史學家，主要研究美國革命時代以及十九世紀初政治思想。

[36] 原注：Gordon S. Wood, *The Creation of the American Republic, 1776-1787* (Chapel Hill: University of North Carolina Press, 1969), pp. 418-419.

歷史學家對於美國革命的意識形態而非思想起源的強調，代表出他們已經拋棄理性人的假設，但同時也將馬克思從意識形態的概念中除去。社會學家塔爾科特・帕森斯（Talcott Parsons）[37]和人類學家克利弗德・紀爾茲（Clifford Geertz）適時地填補了這塊空白。

帕森斯教導歷史學家將社會視為互相影響的結構羣——家庭、政治、宗教——之骨架。他也將馬克思・韋伯（Max Weber）[38]譯介給史家們。韋伯認為人類「與生俱來一種內在衝動，欲將世界理解為一個有意義的宏大秩序，並且知道應該以什麼態度來面對。」紀爾茲在優雅的〈意識形態作為文化體系〉（Ideology as a Cultural System）一文中，建立起這個關於人類本能的觀念。他聲稱，人（我總是假定他也包括女人）是「懸在他自己所編織的意義之網中的動物。」[39]

文化不再意味著教養品味，而是開始擔負起在概念上解釋所有事情的責任。波考克將這句話在認識論上做了一些轉變，他寫道：「人類沒有能力去做那些他無法述說的事情，他們有能力做的事情，必然在某種程度上是他們能夠言說，並且能夠理解那是什麼。」[40]

---

[37] 帕森斯（1902-1979），美國哈佛大學著名的社會學者，美國二次世界大戰後統整社會學理論的重要思想家，二十世紀中期頗富盛名的結構功能論典範之代表人物。

[38] 韋伯（1864-1920），德國政治經濟學家和社會學家，咸認是現代社會學和公共行政學最重要的創始人之一，被譽為是二十世紀最為全面的通才。韋伯最初在柏林洪堡大學開始教職生涯，並陸續於維也納大學、慕尼黑大學等大學任教。他對於當時德國的政界影響極大，曾前往凡爾賽會議代表德國談判，並且參與了威瑪共和國憲法（即威瑪憲法）的起草設計。

[39] 【原注】Clifford Geertz, "Ideology as a Cultural System," in *Ideology and Discontent* (Glencoe, Illinois: Free Press, 1964), p. 64.

[40] J. G. A. Pocock, quoted in Norman Birnbaum, "Conflicting Interpretations of the Rise of Capitalism: Marx and Weber," *British Journal of Sociology 4* (1953), p. 134; and "Virtue and Commerce in the Eighteenth Century," *Journal of Interdisciplinary History 3* (1972), p. 118.

研究印尼的紀爾茲，也試圖解釋為何美國領袖堅持古典共和理念。他說：「當社會擺脫傳統的束縛時，意識形態便會萌芽並且生根茁壯。」紀爾茲的「深描」（thick description）刺激了史學家，這是透過批判性的省視將意義之網中的經緯編織而成的敘述。他當時暴得大名，不僅充滿警世意味，而且勢不可擋。

美國加州大學爾灣分校（the University of California, Irvine）歷史系過去有一門春季社會理論課程。有一年在評論勞倫斯・史東（Lawrence Stone）[41]發表的報告時，我鄭重地宣佈：雖然可以引用紀爾茲來讓評論更為有力，但是我放棄引用……因為當時是四旬期。[42]

我的博士論文考察約翰・亞當斯[43]和托馬斯・傑弗遜[44]於1780年代擔任外交官時，如何作為將美國政治思想傳佈到歐洲的媒介。這項研究讓我有兩個理由不接受共和主義的修正說法：其一，亞當斯與傑弗遜並不生活在同一個思想時空中，所以我懷疑古典共和主義是否符合人類學所謂的世界觀。此外，傑弗遜對於人類的信心與亞當斯對於人類的陰鬱批判形成強烈對比。

我的論點引起了一場學術辯論。我認為，除了被復興的市民人文主義，還有另一股自由派的力量存在。對我而言，進入美國人認知中的自由主義，混雜著十七世紀企業家精神以及啟蒙運動對自由與理性的鼓吹。由於大自然賦予人類思考自身以及獨立行事的能

---

[41] 勞倫斯・史東（1916-1999），英國歷史學家，曾在牛津大學與普林斯頓大學任教。主要研究領域為近代早期英國史。

[42] 一般基督徒認為在四旬期應較平時更努力做善工，包括勤於祈禱、守齋和施捨，不僅救贖自己和別人的罪，也有助克服邪惡的勢力。艾波比在這裡的意思是，在當時要忍耐不引用頗具影響力的紀爾茲，是需要像守齋一般的毅力。

[43] 約翰・亞當斯（1735-1826）美國政治家、第一任副總統（1789-1797），其後接替華盛頓成為美國第二任總統（1797-1801）。亞當斯亦是獨立宣言簽署者之一，被美國人視為開國元勳其中一位。

[44] 傑弗遜（1743-1826），美國第三任總統（1801-1809）。同時也是《獨立宣言》（*United States Declaration of Independence*）的主要起草人，以及美國開國元勳中最富影響力者之一。

力，所以代議式政府在他們眼中相當完美。不同於古典共和主義對於社會創傷的關注，自由主義是樂觀的，作為一個理性、自我進取的個人向前邁進，並被賦予自然權利在許多層面自由揮灑。

傑弗遜是我如此判斷的根據。他斷言：「在未來，人民不會將一代人的權利視為是上一代透過文字規定而來的。」他在評估謝司叛亂（Shays' Rebellion）[45]時堅持「自由之樹必須時常用愛國者和暴君的血來灌溉，它是自由之樹的天然肥料。」他在論及語言時同樣果敢，「我認為對純粹性的堅持將破壞一個語言的精髓與美感，引介新詞則能夠改善這兩者，並讓它們更加興盛。」當傑弗遜分享了一些他的信仰時，亞當斯皺眉地回應道：「你的眼光相當明智，尤其是偏好未來之夢想而非歷史往昔。」

這場激動人心的學術辯論，歷時約五年。我從中認識到，當你跟自己最尊敬的人爭論時將獲益匪淺。結果是，我對於這兩位革命精英所發揮的影響力，有了更深入的理解。這場辯論對我而言也是生命的某個分界線。在安迪心臟病發時，我們兩人都在聖地牙哥州立大學任教。他去世後，我被延攬至加州大學洛杉磯分校，並在那任教了二十年。

閱讀馬克思・韋伯的《新教倫理與資本主義精神》（*The Protestant Ethic and the Spirit of Capitalism*）[46]開啟了我在史學上的另外一

[45] 謝司叛亂，美國麻薩諸塞州中西部地區在1786-1787年發生的一場叛亂。叛亂領導者是丹尼爾・謝司（Daniel Shays），是前美國獨立戰爭軍官。叛亂的原因是麻薩諸塞州政府對農民的漠視，以及亂收選舉人頭稅等。1786年8月29日，叛軍攻擊了幾座法院，防止法院審判並監禁債務人。9月，600名叛軍攻佔斯普林菲爾德法院，遭州長詹姆斯・鮑登派遣4400名民兵鎮壓。1787年1月25日，2000名起義軍攻佔軍火庫，被謝巴德將軍領導的1200名政府軍鎮壓，叛軍領袖被俘虜並判處死刑，但不久就被赦免。

[46] 此書中譯本可見：于曉、陳維綱等譯本（台北：谷風出版社，1988年；台北：左岸文化，2001年）；彭強、黃曉京譯本（北京：陝西師範大學出版社，2002年）；康樂、簡惠美譯本（台北：遠流出版社，2007年）。

個大轉變。我不斷地在思考有關意識的一切——意識是如何進入一連串的事件當中，亦即我們所稱的歷史的——而當我看見這句引人注意的話時：「人並非天生希望多多地掙錢，他只是希望像他已經習慣的那樣生活，掙得為此目的所必需掙到的那麼多錢。」[47]我興奮到顫抖地不斷重讀這個句子。

為了讓各位體會韋伯的言論為何讓我的感官失去控制，我們必須追溯在驅動進步鎖鏈轉動的論證，其歷史發展為何。史密斯與其他蘇格蘭知識分子為了解釋人類社會如何從漁獵、游牧、農業逐漸演進到他們當時所處的商業社會，創造了一種臆測史學（conjectural history），此種歷史解釋天衣無縫地推論人類文明必然向前邁進。

西方人從此開始堅信歷史必然會朝進步的方向演進。於是，工業化在二十世紀便被視為最終目的，如同所有歷史道路都將共同通往的城市一般。學者幾乎完全略去人類歷史上對於進步沒有幫助的品味或習慣。我們的歷史是輝格式、被預定的，所有人類都被描述成朝向一個更好的將來邁進。

但韋伯並非如此。他認為前資本主義社會的文化，能夠阻止任何改變的發生。在別人眼中的必然命運之開展，在韋伯眼中則是可能性不高，必須加以分析的發展。

韋伯說法背後所暗示的問題是，假若人類不是生來就想不斷累積財富，那麼為何會變成如此？他的回答是：這是一連串預期之外的結果所造成的。新教徒將他們苦行般的道德習慣帶入了傳統社會中的各個角落，運用如手術刀一般的理性切除天主教的繁文縟節，同時也將死氣沉沉的習俗一併割去。他們行事的高度理性，受到其對得救的強烈緊張所激化。他們徹底轉變所到之處的工作習慣，因

---

[47] 原注：Max Weber, *The Protestant Ethic and the Spirit of Capitalism*, trans. by Talcott Parsons (New York: Scribner, 1958), pp. 47-62.

此造就了資本主義新精神的誕生。較以上論旨更具爭議性的，韋伯洞察到男人和女人對於未來其實無所寄託，他們只依戀於當下和不久前的過去。變化並不被期待，因為它令人煩躁不安。

並不是持續進步的個人帶來了現代性，兩者之間是互相影響的。歷史學家並不擅長於解釋連續發展過程。巧合的是，社會科學能夠提供幫助。斯圖爾特・休斯（H. Stuart Hughes）[48]後來被坡布斯・麥瑞爾出版社（Bobbs-Merrill）將其獨立出版成冊的文章《歷史學家與社會科學家》（*The Historian and the Social Scientist*），巧妙地捕捉到1963年當時的時代精神。

休斯在斯坦福大學的行為科學高級研究中心進修了一年，他認為自己有必要將在那裡所學習到的東西讓其他史家知道。他帶著一位轉宗者的熱情，決定要讓同儕們學習像是建立模型等社會科學的技巧。回想起他在文章中的亦步亦趨，不禁令人會心一笑。他在用了數十頁的篇幅談論蘭克[49]、狄爾泰[50]、克羅齊[51]以及柯林烏[52]後，最終方小心翼翼地切入「如何將社會科學的理念應用到歷史」的議題。雖然史學家注重的是特定事件，但休斯巧妙地指出，他們採用如工業化、革命與國族等詞彙，其實已經是在概括化事物了。他更進一步大膽地倡議，史家應該也要採用民意調查、採樣設備以及內容分析。[53]

---

[48] 休斯（1916-1999），美國歷史學家，曾倡導將心理分析的取徑導入歷史研究，對於心理史學的提倡與研究不遺餘力。

[49] 蘭克（1795-1886），十九世紀德國最重要的歷史學家，也是西方近代史學的重要奠基者之一，被譽為「近代史學之父」。

[50] 狄爾泰（1833-1911），德國哲學家、歷史學家、心理學家和社會學家。

[51] 克羅齊（1866-1952），義大利著名文藝批評家、歷史學家和哲學家。

[52] 柯林烏（1889-1943），英國哲學家和歷史學家，因為《歷史的理念》（*The Idea of History*, 1946）一書聞名於世，為二十世紀觀念史（history of ideas）研究的重要學者之一。

[53] H. Stuart Hughes, "The Historian and the Social Sciences," in *Generalizations in Historical Writing* (Philadelphia: Bobbs-Merrill, 1963), pp. 35, 48. [Bobbs-

從後來的發展來看，休斯其實是在將一扇已開啟的門推得更開，研究生們早已經在門內了。我們可以想像他急忙讓出路來，以閃避衝向IBM打孔卡的年輕量化學家們的景象。這些年輕學者擁有電腦以及良好的視力，開始建立長時段的資料庫，如教區出生、結婚、死亡紀錄、移民的船舶艙單、奴隸買賣帳單、城市指南還有稅收清單。

社會科學將社會流動、人口圖形以及階級結構理論化，提供了史家許多需要被檢驗的假說。新一代的社會史家擁有了大批移民、奴隸、女性、勞工生活的資料。他們精通師長輩未曾聽聞的技巧，開始替那些過去在歷史中失語的底層人民發聲。他們的師長輩多隱身在博學多聞的學者形象後頭，新一代的社會史家則詳盡地將自己研究的各個步驟呈現給讀者。我很期待有一天可以讀到一篇文章的開頭是告訴讀者如何前往紐伯里圖書館（the Newberry Library）[54]。儘管如此，他們對於將研究程序說明清楚的強調，確實讓史學界開始對此留心。

這些充滿熱情的量化學者創造了一個富有貶義的名詞「文學性證據」（literary evidence）來稱呼前輩學者所使用的史料。老一輩的學者抱怨他們切割了美國興起的故事，「現在一切都成了碎片，所有的一致性都煙消雲散了。」眾人後來才明白，我們現在擁有了更為寬廣完整的美國人歷史經驗之敘事。

社會科學在我討論英格蘭作為資本主義經濟開拓者之時最有幫助。一旦沒有了持續進步的假設，討論現代性如何以及為何出現，便成了一大難題。那些被習俗所限制，被世襲階層所統治而且經濟資源匱乏的社群，究竟是如何越過那些阻礙他們改變的高牆？

Merrill Repeat Series in European History.]

[54] 紐伯利圖書館是一所私人捐贈的圖書館，位於美國伊利諾州的芝加哥市。

讓我舉兩個難題為例。若是農業部門沒有大幅度的進步，工業化不可能發生。因為若要讓傳統社會所有人溫飽，需要耗費該社會八成以上的人力與金錢。唯有當農民有能力以更少的人力及資本來提升農作物產量，他們才有可能將金錢轉投資在製造和銷售上頭。對於幾乎沒有創新條件的農村鄉民而言，這些無疑是一座座高牆。

透過仔細研究土地管理以及農村規定找出這是如何發生後，又帶出另外一個難題：為何更多的農穫所帶來的人口成長，沒有引發所謂的馬爾薩斯陷阱（Malthusian trap）[55]？在學者的艱辛研究後有了答案。透過重組各個教區的家庭資料後，這些資料顯示當時全歐洲都有晚婚的跡象。這對於人口成長有緩衝的作用。與世界其他地方有著顯著的差異，歐洲的新婚夫婦並未與父母同住建立一個大家庭。核心家庭是當時社會約定俗成的形式，所以年輕人往往在新郎有能力養家後才會結婚。

看到過去的人們毫無準備地走向未知未來，說這令人大開眼界亦不為過。在我所研究的早期美國史領域，重新檢視早期獲得特許狀的殖民者們之意圖，將會對於所謂美國甫一建國便「自由、富有以及現代」的說法改觀。史學家開始注意到那些將舊世界的傳統移植到新世界殖民地的不凡努力。

我一向愛好涉獵社會理論。我曾經開玩笑說，如果將我的4*6英寸筆記卡一字排開，可以從洛杉磯來回法蘭克福。當德希達（Jacques Derrida）[56]與傅柯（Michel Foucault）[57]衝擊整個學術圈時，我也被激起興趣。兩位哲學家以啟蒙運動的遺產作為目標，各自試

---

[55] 馬爾薩斯陷阱：以政治經濟學家托馬斯・羅伯特・馬爾薩斯命名，認為對大部分人類歷史來說，收入停滯的原因是因為技術的進步與發現，僅僅造成人口的增加卻沒有提高人類的生活水平。

[56] 德希達（1930-2004），法國哲學家，解構主義代表人物。

[57] 傅柯（1926-1984），法國哲學家，挑戰理性主義，探討語言、知識與權力的關係。

圖以不同方式徹底撼動現代西方的思想基礎。

啟蒙哲士尋求與專制君主制、教會主導的教育體制以及制度化的酷刑——簡言之舊政權的「惡名」徹底決裂。他們試圖說服當代人還有繼承他們思想的後人相信，自然是人類事物如何能達到最佳秩序最好的導引；此外，也要他們相信理性能夠使人分辨社會領域以及物理宇宙中的真偽。

一個世紀後的尼采如此評價這種信仰：「把大自然視為上帝善意與呵護的明證，把歷史詮釋為對於道德秩序的不斷見證，這一切都一去不復返了，因為它們無不違背良知。」[58]然而，他與其他少數被啟蒙緊身衣所惹惱的人所提出的看法，並未點燃起一場動亂。如今回頭來看，兩場世界大戰、大屠殺以及冷戰，使得對啟蒙真理的批評聲浪更加激化與強烈，也讓1980年終於到來的推翻啟蒙遺產的力量更強。

加入傅柯和德希達行列的理查・羅蒂（Richard Rorty）[59]和海登・懷特（Hayden White）[60]，與其說他們殺了啟蒙運動，不如說是為其寫下訃聞。他們將自主的個人換成了「主體」。他們認為所謂「自我的一致性」非常有問題。男人和女人被視為其社會文化的倉庫，他們徹底反轉了培根式的觀點，反對「知識就是力量」這種想法，堅持是社會的權力決定了人的知識。

承襲啟蒙傳統的史家眼中的持續進步，在後現代主義者看來則充滿斷裂與不連續性。對他們而言，作為社會黏著劑的語言已經崩

---

[58] 原注：Friedrich Nietzsche, quoted in Karl Löwith, *Meaning in History: The Theological Implications of the Philosophy of History* (Chicago: U of Chicago Press, 1949), p. vii.

[59] 理查・羅蒂（1931-2007），美國思想家、哲學家，曾在普林斯頓和史丹佛大學任教。

[60] 海登・懷特（1928-），美國歷史學家，以後現代歷史學研究著名。

解。字詞充滿了「指涉之不確定性」。它們因為失去再現外部世界的能力，已經不再能夠捕捉真實。文字只能指涉其他文本或論述。語言已經無法繼續作為再現自身周遭以外事物的中立工具。

作者的意圖也被消滅，讀者與作者間的鴻溝、背叛的可能性以及文本中無意的指涉都造成閱讀的多種可能性。德希達堅稱並不是我們在講述語言，而是語言以它特有的邏輯為規矩讓我們發聲。

當我開始吸收這些新說法時，梅隆基金會提供四萬美金邀請我來談論他們眼中的問題：後現代主義減緩了歷史研究生取得學位的速度。我提議開設一門以歷史視角探討後現代主義的專題討論課。我不認為後現代主義影響了取得學位的時間，因為歷史學研究生們並不熟悉這些新詞，不過在他們取得教職後或與文學系同事碰面時肯定就會遇到。

帶領了三次這門專題討論課的經驗，讓我在瑪格麗特・雅各布（Margaret C. Jacob）[61]和林・亨特（Lynn Hunt）[62]邀請我合作寫書時已有充足準備，我們希望這本書能作為解藥，來緩解史學同儕因為後現代主義而起的眩暈。畢竟比起研究文本的文學學者，史學家在這些議題上擁有更多的材料。我們重建了那些確實發生過的事件、生活以及事物發展的軌跡。

我們在《歷史的真相》一書中試圖要做的便是，將後現代主義對於真理及其相關觀念的懷疑，與實證主義對其的肯定放在一起，並從這些極端之中摸索出一條中庸之道。我們把它稱為「求實精

[61] 瑪格麗特・雅各布（1943-），美國歷史學家，任教於加州大學洛杉磯分校。研究方向主要關注於牛頓對於宗教、政治意識型態、工業發展以及文化實踐的綜合，所產生的意義及其影響。

[62] 林・亨特（1945-），美國歷史學家，曾任教於加州大學柏克萊分校，之後轉費城賓州大學任教迄今。為推動新文化史研究之重要旗手，曾任美國歷史協會會長（2002）。

神」。與後結構主義者不同，我們強調文字在說話者與各種對象溝通時所提供的功能。

我們拋棄了培根所謂眼睛是一面反射現實的鏡子之說法，轉而主張歷史學家都企圖追求精確以及完整，他們對證據的嚴格省視，正是一股持續追求真理的動力。我們主張，這個受民主政治下言論自由支撐的職業道德，能夠保衛歷史不淪為「只是一個論述」。

史家必須要面對已經消逝的過去，但他們還可以運用文字以外的材料，像是墓地、城市規劃、碳定年還有呈現出農地分佈的空照圖，這讓布洛克（Marc Bloch）得以寫出其法國農村史傑作。[63]我們早已放棄所謂「科學的」方法，並且承認從後現代主義對語言使用的尖銳批判中學到許多，但是我們也絕不會忘記被困在當下的恐懼。

歷史學家很少自己提出理論，往往是向別人借取。由於我們對於經驗主義的重視，往往在交還理論時將其弄得支離破碎。後現代主義的挑戰跟先前提到的社會對現實的建構，還有不憑藉輝格式的進步觀假說的對現代化的詳細解釋，完全不同。不過頂尖史家在這三個領域都有卓越表現：他們能夠拋棄那些殘破不堪的元敘事向其他學科尋找幫助，同時又能夠在學術界劇烈變化時堅持自己的想法。

我是後來才逐漸體會到，寫作並且教導自己國家的歷史，代表了一個特殊的知識事業，這跟研究德國、中國或是奈及利亞不同。不同之處在於，美國史是一個相對開放的探尋，但會與許多基於國家利益充滿警戒心的審查者相衝突。

國家——藉由其各種官方與非官方的代表——無法對我們學術界對於美國歷史的言論視若無睹，因為我們共享一種理解——你

[63] 布洛克（1886-1944），法國歷史學家，專治中世紀法國史，年鑑學派創始人之一。二次大戰法國遭納粹德國佔領期間，布洛克因其猶太人血統以及投身法國抵抗運動，遭到特務組織蓋世太保槍殺。

的與我的——來自於我們相信什麼才是這個國家真實的歷史。

人類學家瑪莉・道格拉斯（Mary Douglas）[64]曾恰當地描述這個情況：「任何組織若要維持其形象，必須就要控制其成員的記憶；（因此）這讓他們遺忘掉那些不符合所謂正當形象的過往經驗，並且將能夠維持這種認識的事情灌輸予眾人……也就是頌揚其本身的性質。」事實證明她是對的。

社會史家的創見在學術界獲得肯定，卻不受政客以及某些專業人士的認同。因為那些關於奴隸、女性、勞工、移民以及其他邊緣族群無情甚至殘酷的故事，具有破壞美利堅民族英雄般地傳說繼續存在的威脅。美國參議院在通過譴責後來的1996年國家歷史課程標準（National History Standards）的決議時，肯定便是如此想的。[65]

由我的同事蓋瑞・納什（Gary Nash）[66]主編的這個課程標準，使他們注意到過去二十五年來的開創性研究。參議員們並不歡迎讓一些新人物如哈莉特・塔布曼（Harriet Tubman）[67]和索傑納・特魯思（Sojourner Truth）[68]進入教科書。

這是一個存在已久的歧見界限，我在1965年對地方一神論教會

---

[64] 瑪莉・道格拉斯（1921-2007），英國人類學家，因其對於人類文化與象徵主義的作品而聞名於世。她的領域是社會人類學；她被認為是涂爾幹的追隨者與結構主義分析的提倡者，作品廣泛討論宗教比較研究。

[65] 這是指美國衆議院於1995年1月以99比1的票數決議否決並譴責蓋瑞・納什等人於1994年年底所提出的新課程標準草案，不負責任而且充滿惡意（irresponsible and malevolent）。推動新課程標準的國家歷史教育中心（the National Center for History in the Schools）於1996年將1994年的草案加以修正，並於同年通過。國家歷史標準由國家歷史標準委員會（National Council for History Standards）主管，並接受美國國家人文學術基金會以及美國教育部的資金補助。

[66] 蓋瑞・納什（1933-），美國歷史學家，主要研究美國革命時期以及當時的政治社群如何形成，加州大學洛杉磯分校教授。

[67] 哈莉特・塔布曼（1820-1913），美國廢奴主義者，傑出的黑人廢奴主義運動家。本人曾是奴隸，在逃跑獲得自由後曾幫助許多黑人奴隸逃亡，被稱為「黑摩西」或「摩西祖母」。

[68] 索傑納・特魯思（1797-1883），美國廢奴主義、女性主義者，在南北戰爭時協助招募黑人士兵替聯邦政府作戰，並在戰後替黑奴的土地權益喉舌。

發表首次公開演講時便已指出。我選擇美國人共享的價值觀，以及這些價值觀為何與政治摩擦作為講題。我引用馬丁・戴蒙的妙語：美國史的教學，若能以美國精神遺產還有後代人對其不斷爭奪詮釋權的角度進行，一定會更加豐富精采。那個星期天我還談到，那些重視平等但更尊重自由的人，與持相反意見的人之間的緊張關係。共同的信念並不會讓他們體會對方感受。相反地，對於不同事情的優先順序反而加劇彼此的對立。這場美國精神遺產真正傳人的爭奪，甚至能夠上溯到美國立國之時。

美國人在1776年創造了國家意識，後來其他國家也隨之仿效。在法國的一年時光，讓我清楚地觀察到這一點。我的大兒子就讀於一所以地理研究著稱的學校。他的地理課本有一張特別的跨頁圖片，描繪一對對男人和男孩如一串紙娃娃們般跨越過兩張頁面。最左邊的男人和男孩顯然是一對父子，身穿當代服裝的男人牽著穿著短褲還有及膝靴的男孩。男孩的另一隻手則牽著另一個穿著1940年代雙排扣西裝的父親。下一對父子則以二十世紀初的風格出現，這串圖片就依循此順序一路回溯到穿著緊身上衣與緊身褲的加洛林王朝。

這個課本插圖捕捉到法蘭西民族情感的精髓。他們在這塊土地上長期居住並且世代延續。這令人想到美國獨立前夕的對比。美國人不僅沒有長期居住在這塊土地上，而且土地過去還是屬於其他人的。而且，這些外國人仍然居住在鄰近的土地。不同於法國，美國人的民族情感仰賴的是眾人對獨立宣言的信仰：所有人生而平等，並由上帝賦予不可侵犯的權利，如生命、自由以及追求幸福。

我剛剛說發現自己不適合新聞業的故事，或許讓人聽起來歷史是第二選擇。我在隨後的五十三年，逐漸體會到這是讓自己生命一以貫之的天職。我陶醉於歷史橫跨人文學與社會科學的特質。亞里斯多德的《詩論》（*Poetics*）[69]說，戲劇家必須使可能性看起來更加有機會成真。對於歷史學家，挑戰則在於如何讓真實令人信服。同時，不同於社會科學家對精準的要求，歷史學家必須忠實呈現出過去人事的不可預測性以及混亂。

記憶與歷史之間的關係錯綜複雜。我們的記憶中只有一小部份是真實發生過的事情，所以歷史必須要填補記憶的不足之處。但是歷史不是記憶。過去不再被定義為一連串已發生的事件，因為過去的影響力仍充斥於當下之中。史家以存留下來的物質遺跡以及文字紀錄作為證據來回答他們的問題。這些東西從來不會自己說話。不過，某些遺跡離地表不遠，很容易被偏離眾人所踏之路的迷途研究者發現。接著，它們如同被發現的匆忙掩埋的寶藏或安裝不完全的地雷，引起騷動。

記憶和遺忘決定了我們所敘說的歷史。或許也可以說，歷史以一連串的故事梳理混亂的過去，並使其具有意義。當歷史學家們回首自己的著史生涯——還有，學思歷程時——如果對被壓抑的混亂感覺良好並且對所說的故事有信心，那麼他是幸運的。

譯者　陳建元

國立台灣大學歷史系碩士、學士。研究領域為十八世紀英國史、啟蒙運動。
著有《約書亞，塔克論自由貿易與美洲革命：一種對啟蒙思想史的研究》。譯有Viren Murthy著：〈重新思考全球資本主義時代的思想史：對大衛・阿米蒂奇〈思想史的國際轉向〉的評論〉。

[69]《詩論》，古希臘哲學家亞里斯多德的著作，主要討論悲劇和史詩。

CHARLES TILLY

沒有歷史學的社會學就仿若一齣好萊塢的布景：間或有光彩炫麗、壯闊的畫面安排，但卻沒有任何人、事、物居於其間。

查爾斯・提利

1929-2008

1929年生於美國伊利諾州倫巴底，2008年因病逝世。1950年進入哈佛大學就讀，並於1958年取得哈佛大學社會學博士學位。曾任職於德拉瓦大學、哈佛大學、多倫多大學、密西根大學以及紐約社會新學院，最後轉任哥倫比亞大學。

其學術興趣與創獲環繞在大規模的社會變遷，以及這樣規模的變遷如何與抗爭政治產生關聯，特別究心於1500年以降的歐洲社會。一生編寫超過50本專書和專題論文，學術論文則高達600到700篇之譜，同時也是許多重要學術組織的成員，並曾榮膺許多獎項，逝世後榮獲2008年「社會科學研究委員會」的「阿爾伯特・赫希曼獎」藉以表彰提利不凡的學術人生。

Reference

1. *Recent Changes in Delaware's Population.* (Newark, Delaware: Delaware Agricultural Experiment Station, DAES Bulletin No. 347, 1962).
2. *The Vendée.* (Cambridge: Harvard University Press; London: Edward Arnold, 1964.) [Paperback editions, New York: Wiley, 1967 and Cambridge: Harvard, 1976; French version, Paris: Arthème Fayard, 1970; Italian version, Turin: Rosenberg & Sellier, 1976]
3. *Migration to an American City.* (Newark, Delaware: Division of Urban Affairs and School of Agriculture, University of Delaware, 1965).
4. with Wagner Jackson & Barry Kay, *Race and Residence in Wilmington* (New York: Teachers College Press, 1965).
5. with James Rule, *Measuring Political Upheaval.* (Princeton: Center of International Studies, Princeton University, 1965).
6. with David Landes ed. & co-author, *History as Social Science.* (Englewood Cliffs: Prentice-Hall, 1971).
7. with Joe Feagin & Constance Williams, *Subsidizing the Poor: A Boston Housing Experiment.* (Lexington, Massachusetts: D.C. Heath, 1972).
8. *An Urban World.* (Boston: Little, Brown, 1974).
9. with Edward Shorter, *Strikes in France, 1830-1968.* (Cambridge & New York: Cambridge University Press, 1974). [Spanish version, Madrid: Ministerio de Trabajo y Seguridad Social, 1985]
10. ed. and co-author, *The Formation of National States in Western Europe.* (Princeton: Princeton University Press, 1975). [abridged Italian version, Bologna: Il Mulino, 1984]
11. with Louise A. Tilly & Richard Tilly, *The Rebellious Century, 1830-1930.* (Cambridge: Harvard University Press, 1975). [Spanish version, titled El siglo rebelde, Prensas Universitarias de Zaragoza, 1997. Croatian version, Buntovno Stoljeće, Zagreb: Jesenkski i Turk, 2002]

12. *From Mobilization to Revolution.* (Reading, Massachusetts: Addison-Wesley, 1978). [Japanese edition, Tokyo: Asahi Shobo, 1985]

13. ed. and co-author, *Historical Studies of Changing Fertility.* (Princeton: Princeton University Press, 1978)

14. Louise A. Tilly & Charles Tilly, eds. and co-authors, *Class Conflict and Collective Action.* (Beverly Hills: Sage, 1981).

15. *As Sociology Meets History.* (New York: Academic Press, 1981)

16. *Big Structures, Large Processes, Huge Comparisons.* (New York: Russell Sage Foundation, 1985). Selected by Choice as one of its' Outstanding Academic Books of 1984-1985'. (Spanish edition, Madrid: Alianza, 1991).

17. *The Contentious French.* (Cambridge: Belknap Press of Harvard University Press, 1986). French version: *La France Conteste. Paris: Arthème Fayard, published simultaneously*. (Italian version: La Francia in Rivolta. Naples: La Guida, 1990)；中譯本：劉絮愷譯，《法國人民抗爭史》（上）（下）（台北：麥田，1999）。

18. co-edited with Philip E. Tetlock et al, *Behavior, Society, and Nuclear War, Volume I.* (New York: Oxford University Press, 1989).

19. Leopold Haimson & Charles Tilly, eds. and co-authors, *Strikes, Wars, and Revolutions in an International Perspective. Strike Waves in the Late Nineteenth and Early Twentieth Centuries.* (Cambridge: Cambridge University Press, 1989).

20. *Coercion, Capital, and EuropeanStates, A.D. 990-1990.* (Oxford: Blackwell, 1990; Revised paperback version, 1992). [Italian version (title: L'Oro et la spada) Florence: Ponte alle Grazie, 1991; French version (title Contrainte et capital dans la Formation de l'Europe), Paris: Aubier, 1992; Spanish version (Coerción, capital y los Estados europeos), Madrid: Alianza, 1992; Korean version, Seoul: IPS, 1994; Portuguese version, São Paulo: Editora da Universidade de São Paulo, 1996; Turkish version, Ankara: Imge

Kitaveni, 2001; 中譯本：魏洪鐘譯，《強制、資本和歐洲國家：公元990～1992年》（上海：上海人民出版社，2007; 2012）。

21. co-edited with Philip E. Tetlock, et al, *Behavior, Society, and Nuclear War, Volume II.* (New York: Oxford University Press, 1991).

22. *European Revolutions, 1492-1992.* (Oxford: Basil Blackwell, 1993). [Italian version: Laterza 1993; German version: Beck 1993; French version: Seuil 1993; Spanish version: Critica 1995; Turkish version: Yayincilik A.S. 1995; Portuguese version: Presença 1996; Greek version, Ellenika Grammata 1998]

23. co-edited with Philip E. Tetlock et al, *Behavior, Society, and International Conflict, Volume III.* (New York: Oxford University Press, 1993).

24. with Wim Blockmans, eds. and co-authors., *Cities and the Rise of States in Europe, AD 1000-1800.* (Boulder: Westview Press, 1994)

25. *Popular Contention in Great Britain, 1758-1834.* (Cambridge: Harvard University Press, 1995). [see revised edition in 2005]

26. ed., and co-author, *Citizenship, Identity and Social History.* (Cambridge: Cambridge University Press, 1995). International Review of Social History Supplement 3, published as journal issue and as separate volume

27. *Roads from Past to Future.* (Lanham, Maryland: Rowman & Littlefield, 1997).

28. with Chris Tilly, *Work Under Capitalism.* (Boulder: Westview Press, 1998).

29. *Durable Inequality.* (Berkeley: University of California Press, 1998). [Spanish-language version 2000, Buenos Aires: Manantial; Swedish version 2000, Lund: Arkiv förlag]

30. co-edited with Marco G. Giugni & Doug McAdam, *From Contention to Democracy.* (Lanham, Maryland: Rowman & Littlefield, 1998).

31. with Joan M. Nelson & Lee Walker, eds. and co-authors, *Transforming Post-Communist Political Economies.* (Washington: National Academy Press, 1998).

32. with Michael P. Hanagan eds. and co-authors, *Extending Citizenship, Reconfiguring States.* (Lanham, Md.: Rowman & Littlefield, 1999).

33. with Marco Giugni & Doug McAdam, eds. and co-authors, *How Social Movements Matter.* (Minneapolis: University of Minnesota Press, 1999).

34. with Doug McAdam & Sidney Tarrow, *Dynamics of Contention.* (Cambridge: Cambridge University Press; 2001). [Spanish version forthcoming from Hacer.];中譯本：李義中、屈平譯，《鬥爭的動力》（南京：譯林出版社，2006）。

35. co-author with Ronald Aminzade et al., *Silence and Voice in Contentious Politics.* (Cambridge: Cambridge University Press, 2001).

36. *Stories, Identities, and Political Change.* (Lanham, Maryland: Rowman & Littlefield, 2002).

37. *The Politics of Collective Violence.* (Cambridge: Cambridge University Press; 2003). [Czech version, Prague: SLON, 2006; 中譯本：謝岳譯，《集體暴力的政治》（上海：上海人民出版社，2006; 2011）; Spanish version forthcoming from Hacer, Turkish version from Phoenix Yayinevi.]

38. *Contention and Democracy in Europe, 1650-2000.* (Cambridge: Cambridge University Press, 2004). [Italian version forthcoming from Bruno Mondadori; 中譯本：陳周旺、李輝、熊易寒譯，《歐洲的抗爭與民主（1650-2000）》（上海：格致出版社，2008）]

39. *Social Movements, 1768-2004.* (Boulder: Paradigm Publishers; 2004). [Spanish and Catalan versions forthcoming from Hacer, Turkish from Babil Yayinlari, Greek from A&S Savalas, Arabic from National Translation Project, Egypt, 中譯本：胡位鈞譯，《社會運動，1768-2004》（上海：上海人民出版社，2009）]

40. with Maria Kousis, eds. and co-authors, *Economic and Political Contention in Comparative Perspective.* (Boulder: Paradigm Publishers; 2005). [Greek version forthcoming from Epikentro.]

41. *Trust and Rule*, (Cambridge: Cambridge University Press; 2005). [Spanish version forthcoming from Amorrortu Editores España; 中譯本：胡位鈞譯，《信任與統治》（上海：上海人民出版社，2010）

42. *Identities, Boundaries, and Social Ties,* (Boulder: Paradigm Publishers, 2005)；中譯本：謝岳譯，《身份、邊界與社會聯繫》（上海：上海人民出版社，2008）

43. *Paperback edition (with new introduction) of Popular Contention in Great Britain, 1758-1834,* (Boulder: Paradigm Publishers, 2005). (see original edition in 1995)

44. *Why?* (Princeton: Princeton University Press; 2006). [Italian version forthcoming from Rizzoli, Turkish version from Detay Yayincilik.]

45. with Robert Goodin, eds. and co-authors, *Oxford Handbook of Contextual Political Analysis.* (Oxford:Oxford University Press, 2006).

46. *Regimes and Repertoires.* (Chicago: University of Chicago Press, 2006); 中譯本：胡位鈞譯，《政權與鬥爭劇目》（上海：上海人民出版社，2012）.

47. with Sidney Tarrow, *Contentious Politics,* (Boulder: Paradigm Publishers; 2006). [Italian version forthcoming from Bruno Mondadori; 中譯本：李義中譯，《抗爭政治》（南京：譯林出版社，2010）]

48. *Democracy*, (Cambridge: Cambridge University Press, 2007); 中譯本：魏洪鐘譯，《民主》（上海：上海人民出版社，2009）]

49. *Credit and blame. Princeton;* (Woodstock: Princeton University Press, 2008).

50. *Contentious performances.* (Cambridge: Cambridge University Press, 2008).

51. *Explaining social processes.* (Boulder; London: Paradigm Publishers, 2008).

52. *Social movements, 1768-2008.* (Boulder; London: Paradigm Publishers, 2009).

53. with John Coatsworth, Juan Cole, Michael Hanagan, Peter Perdue, and Louise A. Tilly, *Politics, Exchange, and Social Life in World History,* (Wadsworth-Thomson learning Publishing, 2011).

54. "Tributes to Charles Tilly(1929-2008)" http://essays.ssrc.org/tilly/

站在歷史學與社會科學的交界上
查爾斯・提利的學思歷程*

陳建守　譯

> 沒有歷史學的社會學就彷若一齣好萊塢的布景：間或有光彩炫麗、壯闊的畫面安排，但卻沒有任何人、事、物居於其間。社會學僅能被視為是一門關於現在的科學——或者更糟的是——一門沒有時間性的科學；社會學喪失了該學門最重要的能力：處理時間中的因果關係。此致，社會學喪失其在歷史思考層面上的重要影響力，這是種關於社會機制如何在特定時空中不間斷運轉的影響力。
>
> （Tilly 2008c: 120）

查爾斯・提利上述的意見，出自一篇名為〈歷史學與社會學的想像〉（History and Sociological Imagining）的文章。對於提利來說，此想法更適用於一般的社會科學。在提利卷帙浩繁的系列作品，以及超過五十本以上之作品的序言或導論中，這些文字就如同作者對

* 本文譯自：Craig Calhoun and Andreas Koller, "Charles Tilly's Interdisciplinary Influence," *Swiss Political Science Review* 15:2 (Jan., 2009), pp. 333-339. 本文作者對於原來的標題和內容略為進行了修改。本文所有註腳均為譯者所加。

自身之思想、智識軌跡與學思歷程的不變證言，這當中還包括對己身先前的錯誤與不足所進行的縝密思索。提利或許是精確地依循著自己的格言：「智者總是迅速且完善地修正自己的錯誤。」（Tilly 1997: 39）。然而，在其一系列的作品中，除去提利對於反思性（reflexivity）的不間斷實踐外，可能還有一項最為突出的特點，就是他對於「跨越歷史學與社會科學疆界的共同合作，將會產生對於社會進程更臻完善的詮釋」的信念與永恆實踐（Tilly 2008c: 202）。可以這麼說，提利的成就可被理解為：終其一生立足於史學和社會科學的學科交界上所進行研究的成果，其目的是為了成就更臻完善的詮釋。

提利此般跨越學科界線的作法，始於其第一部開創性作品《旺代》（*The Vendee,* Tilly 1964）。其後，提利接受美國社會科學研究會（Social Science Research Council）[1]與美國國家科學院（National Academy of Sciences）[2]的獎助，在1967到1969年間擔任美國行為和社會科學調查委員會（Behavioral and Social Sciences Survey Committee）歷史小組的共同主席期間，出版了一本名為《作為社會科學的歷史學》（*History as Social Science*），從該書可見提利對這項課題初步綱要式的說明。提利試圖探索「一種嶄新且社會科學化之諸般層面的歷史學，包括概念、理論和假設的明確陳述；標準化的測定與確證，以及隨著時空推移的審慎對比。」

爾後，提利在1969年接受美國社會科學研究委員會中的比較政治委員會（Comparative Politics）主席加布列爾・奧蒙德（Gabriel

1　美國社會科學研究會，於1923年在紐約市成立，宗旨在於深化社會科學之研究，定期提供年輕學者獎助金。

2　美國國家科學院，於1863年在華府成立，由美國傑出科學家所組成的組織，其成員在任期內無報酬地作為全國科學、工程和醫藥的顧問。

Almond）[3]的徵詢，引領歷史學與歷史學家進入社會科學的對話。比較政治委員會從那時起運作了十五個年頭，並且對於比較研究的發展，特別是新興獨立國家面臨的挑戰，發揮了不可勝數的影響力。比較政治委員會帶動了概括通則（generalizations）的發展，甚至是「國家建構」的理論，以及開發中國家所面臨的挑戰。提利的責任是帶領一個團隊檢視歐洲歷史，觀察其中是否確實存在概括通則，以及歷史是否能給予比較研究少許或者更多的幫助。這項研究成果結成一本「另闢蹊徑」（path-breaking）的作品，名為《西歐民族國家的型構》（*The Formation of National States in Western Europe*）〔Tilly 1975〕。這本書挑戰了當時主流當令的「發展主義」（developmentalism）[4]，確切指出有多少國家消逝於歐洲史上，衝突與挑戰是如何頻繁，戰爭的進程是何等重要。這本書推翻了一些比較政治委員會先前關於概括通則的研究，且並不僅止於將論述推往「特殊主義」（particularism）的方向。而是提供了相當程度的嶄新詮釋。這些解釋實質地聚焦於，在衝突中尋求生存的對抗程度，是如何超越國家內部建構的力量，進而形塑歐洲各個國家。然而，這項研究計畫並不僅有實質性的影響力。它還協助創建一個歷史社會科學（historical social science）或社會科學歷史學（social science history）的領域。就此而論，提利肯定是這個領域內，近三十年來少數的先行實踐者其中之一。

在同樣的心境與同一時段之下，提利啟動了一套如同前述「另闢蹊徑」的叢書編纂計畫。此套叢書名之為《社會不連續性的研究》（*Studies in Social Discontinuity*），企圖挑戰政治發展主義（political

[3] 加布列爾・奧蒙德（1911-2002），美國政治學家，以比較政治研究著名，並首次提出「政治文化」的概念。

[4] 一種認為經濟成長為社會進步先決條件的意識形態，風行於二戰後至1960年代的美國。

developmentalism）與現代化理論（modernization theory）[5]。這套叢書亦包括提利本人一本名為《當社會學遇上歷史學》（*As Sociology Meets History*）之作，提利於該書中表述了他對於「歷史社會學」（historical sociology）這個從未被「闡發明述」（invented）詞彙的盼望，因為該詞錯誤地暗示，歷史學與社會學是分屬兩個不同的研究領域。與之相反的，提利認為，所有的社會學與社會科學在致力於處理社會進程的關係時，都應該是「歷史的」（historical）〔Tilly 1981:100〕。提利賡續其對「歷史的」社會科學領域的工作計畫，出版一本名為《宏大結構、長期進程、鉅觀比較》的書（*Big Structures, Large Processes, Huge Comparisons*）〔Tilly 1984〕，該書強調針對宏大結構與長期進程的分析，需要以具體的時間、空間和人物為其指涉的對象來進行分析，進而從頭理解時間在當中所引發的作用。當事物受某一連續進程的影響，此般連續的進程如何促使事物之發生，並且如何在時間之流的最近點上，限制可能出現的結果。（Tilly 1984: 14f）

提利的研究實作，早期以關注方法論面向來理解社會進程（Calhoun 1996），其後則轉而著重透過「分析敘事」（analytical narratives）〔Tilly 2007: 72〕來理解該進程，這部分的成果，便展現在如《民主》（*Democracy*）〔Tilly 2007〕一書中。在他人生的最後階段，提利關於「歷史的」社會科學的工作計畫之成果，集結在一本名為《詮釋社會進程》（*Explaining Social Processes*）〔Tilly 2008c〕的書中。提利並非倡導要將歷史學與社會科學這兩門學科融合為一。對他而言，大多數的社會科學家應該繼續分析不同社會情境中

[5] 現代化理論乃是基於社會達爾文主義（Social Darwinism）的社會發展理論，對於人類社會發展所提出的看法。該理論認為所有社會均遵循相同的軌跡、發展的過程，以及朝向同樣的目標進行發展。各個社會的發展雖然遲速有別，但均是同處於一條進化的道路上。

的特殊進程，例如移民或是抗爭政治；而大多數的歷史學家則應該專精於時間與空間之中的相關研究。但是，提利仍提倡歷史學與社會科學之間應有一種親緣性的結盟。時間與空間如何影響社會進程的運轉，此一環節應在歷史學與社會科學兩門學科中同樣扮演著重要角色，兩者的合作將構築出對於社會進程益臻完美的詮釋。

當歷史社會學尚未成為學科規範認可的研究取徑時，提利早已投身其中。當時，提利在帕森思（Talcott Parson）功能論（functionalism）[6]所主宰的論域下，研究「衝突」（conflict）的成因。彼時的帕森思，的確在哈佛大學佔有一席之地。而喬治・霍曼斯（George Homans）和巴林頓・摩爾（Barrington Moore）[7]之流的人物，則是稍被排擠於學術主流之外的人士。據此，提利理應選擇遠離學界的論爭，理應決定作一個沉默的效忠者（loyalist）藉以獲取一份好教職。反之，提利決定採取阿爾伯特・赫緒曼（Albert O. Hirschman）[8]為我們所闡明的第三種選擇：「發聲」（voice）[9]。提利的「聲音」改變了好幾個場域，不論是主要的論爭亦或少數的衝突，迄今仍清晰地留下其

---

[6] 帕森思（1902-1979）的功能論，又可稱之為「結構功能論」（structural functionalism），是當代最有影響力的社會學與社會人類學理論觀點之一。帕森思的結構功能論主要從宏觀的取徑來研究社會現象，強調分析大規模的社會、文化體系結構與功能，關注的是社會系統的整體，以及社會結構和制度對社會系統的影響。

[7] 喬治・霍曼斯（1910-1989）和巴林頓・摩爾（1913-2005）是提利的博士論文指導教授。

[8] 阿爾伯特・赫緒曼（1915-2012），德裔美國經濟學家與思想家，以政治經濟學、發展經濟學和政治意識形態研究著名。

[9] 這裡所說的「發聲」借用自赫緒曼的著作，見：Albert O. Hirschman, *Exit, voice, and loyalty : responses to decline in firms, organizations, and states*（Cambridge, Mass. : Harvard University Press, 1970）.「退出」通常適用於市場經濟，指消費者不再購買某公司商品，亦可延伸為退出某組織，放棄對某政黨的支持等；而「發聲」則適用於政治場域，代表所有意圖改變現狀而不退出的必要手段。

身影。此外，提利對於己身之「發聲」該如何產生實際作用，亦下了不少工夫，並以之作為實際例證。

一般來說，提利除了對「歷史的」社會科學領域產生「場域建構」（field-building）的影響力外，他還在為數眾多的知識範疇內重新塑造出新的研究領域。在其法國史系列作品中，從《旺代》（*The Vendee*）〔Tilly 1964〕到《法國人民抗爭史》（*The Contentious French*）〔Tilly 1986〕中的「反革命」相關研究，提利對於傳統上被細密劃分為近代早期（early-modern）、革命（revolutionary）與工業化（industrialising）等歷史時段的法國史作品，做出了原創性的貢獻。提利分析的眼界，得以讓其在兩個有所區別之集體行動的「劇碼」之間，挖掘出最主要的歷史轉型。提利關於法國史的相關論述，稍晚被收編集結於《大不列顛的民眾抗爭》（*Popular Contention in Great Britain, 1758-1834*）〔Tilly 1995〕一書中。

在提利關於國家型構與轉型的作品中，從《西歐民族國家的型構》（Tilly 1975）、富有影響力的論文〈製造戰爭與建造國家：有組織的罪行〉（War Making and State Making as Organized Crime）〔Tilly 1985〕到《強制、資本和歐洲國家》（*Coercion, Capital and European States*）〔Tilly 1985〕，提利挑戰了政治發展主義，強調「資源汲取」（extraction）與「控制」（control），綜合與對照歐洲史上國家如何型構的選擇進程。在提利最後一本未完成的書稿計畫《世界史上的城市與國家》中（*Cities and States in World History*），他又回頭著手於早年關於國家型構與轉型的工作。提利其他對於歐洲史研究的貢獻，包括《歐洲革命（1492-1992）》（*European Revolutions, 1492-1992*）〔Tilly 1993〕與《歐洲的抗爭與民主（1650-2000）》（*Contention and Democracy in Europe, 1650-2000*）〔Tilly 2004〕，分析革命局勢的成因、形式和事件中的變動關係。

從1970年代晚期起，在《由動員到革命》（*From Mobilization to Revolution*）〔Tilly 1978〕的脈絡下，提利發展了關於抗爭「劇碼」的系統性研究取徑，使之成為該領域的主要標誌，並在其後的《抗爭展演》（*Contentious Performances*）一書中達致頂峰（Tilly 2008a）。提利從1990年代開始從事理論化「抗爭政治學」（contentious politics）的工作，稍後則與悉德尼・塔羅（Sidney Tarrow）[10]與道格・麥亞當（Doug McAdam）[11]展開合作關係。（McAdam, Tarrow and Tilly 2001; Aminzade, Goldstone, McAdam, Perry, Sewell Jr., Tarrow and Tilly 2001; Tilly and Tarrow 2006）。提利明確地打造出一個關於抗爭政治學的跨學科領域（Tarrow 2008）。藉由抗爭政治，提利表示「集體、公眾的主張然若成形，假使可以被理解的話，勢必會影響到那些主張的客體之利益。」（Tilly 2002:6）。如此，這便從僅對社會運動做單純的詮釋，轉而針對各種形式的抗爭政治（包括革命、種族動員以及抗議的週期）進行詮釋，進而改變了研究議題的定義。抑有進者，提利對抗爭政治採取的研究取徑，認為問題的定義與政治政權是休戚與共的，此論最後則集結為一本名為《政權與劇碼》（*Regimes and Repertoires*）之作（Tilly 2006a），證明了政治抗爭的質量是徹底地隨政權組織而改變的。

提利的其他主要作品，還包括他對「類別範疇的不平等」（categorical inequality）、「民主化」（democratization）、「故事」（stories）、「認同與疆界」（identities and boundaries）以及「詮釋和方法論」（explanation and methodology）等概念的討論。在其《經

---

[10] 悉德尼・塔羅（1938-），著名政治學家和社會學家，專長為比較政治、政治社會學、社會運動和政治團體等研究領域，現為康乃爾大學榮退教授。

[11] 道格・麥亞當，社會學家，被認為是將政治進程模式，用以分析社會運動的早期引路人之一，研究著眼於美國民權運動、社會運動的網絡以及集體行動等，現任教於史丹佛大學。

久的不平等》（*Durable Inequality*）〔Tilly 1998〕一書中，提利提供了一項研究持續性社會不平等（persistent social inequality）的新取徑。他主張，如男性／女性或黑人／白人等，成對和不平等的類別範疇，是由橫跨不同人群網絡界限之間的不對稱的關係所組成，常見的影響便是，其中一個人際網絡控制了資源，並且將另一個網絡排除在外。這種類別範疇的不平等，肇因於四種機制的不同結合：「剝削」（expolitation）、「機會獨享」（opportunity hoarding）、「仿效」（emulation）以及「適應」（adaptation）。至於討論民主化的作品，提利自認為《民主》（Tilly 2007）一書是其關於此課題的集大成者，確證了過去數百年間，三種漫佈在世界各個國家，影響民主化（democratization）和去民主化（de-democratization）的普遍進程。這些進程，如同提利首次在《信任與規則》（*Trust and Rule*）一書中所展現的一樣（Tilly 2005b），是將信任的網絡（trust network）整合進公眾政治（public politics）中；而關於公眾政治從類別範疇的不平等的隔離，以及對自主的強制力量中心的壓制，則可見諸提利首次在《經久的不平等》中所表述的內容。

在其他著作的相關方針上，從《故事、認同與政治變遷》（*Stories, Identities and Political Change*）〔Tilly 2002〕和《認同、疆界與社會紐帶》（*Identities, Boundaries and Social Ties*）〔Tilly 2005a〕到《為什麼？》（*Why*）〔Tilly 2006b〕和《讚揚與責備》〔*Credit and Blame*〕（Tilly 2008b），提利分析了「說故事」（storytelling）、「提出動機」（giving reasons）、「共有的理解」（shared understandings）和「集體認同」（collective identities）的動力，是如何限制與形塑社會互動，以及社會互動如何藉由非預期性的結果、間接效應、增量效應、環境效應和反饋效應等，依序改變上述的現象。最後，提利晚期針對詮釋與方法論的作品，則是挑戰了當時盛行的詮釋形式，例如「涵蓋律模式」（covering law model）[12]或「相關分析」（correlational analysis）[13]以及基於變量的詮釋方式。然而，對於提利來說，「相關分析」的取徑可以適當地確認何者需要詮釋，但無法提供之，理由在於「相關分析」的取徑將變動的結果與變動的情況連結在一起，卻無法明確說明兩者之間的因果鏈。對提利而言，對於社會進程的適切詮釋需要其所稱之為「機制－進程」（mechanism-process）的研究取徑，它能展現出不變機制中的變動連結與序列，如何在不同的情境下產生出變動的結果。（Tilly 2008c）

提利的影響力亦立基於他所打造的跨學科網絡之上，特別是環繞著一個其於密西根大學所組織的著名工作坊；以及其人生最後階段於哥倫比亞大學與社會研究新學院（New School for Social Research）所組織的關於抗爭政治的工作坊（Workshop on Contentious Politics）。更為重要的是，提利的影響力可從他所擔任的論文指導教授頭銜與論文指導委員的驚人數量上看出端倪，這些數目已可與1960年代晚期，著名社會學家理查・桑內特（Richard Sennett）[14]在哈佛大學所掛名的論文指導委員的頭銜相比肩。

2008年，為了表彰提利跨領域的工作成果以及治學的廣袤，在他過世前幾週，提利獲頒美國社會科學研究會的阿爾伯特・赫

[12] 涵蓋律模式，是於1948年由德裔美國哲學家漢培爾（Carl Gustav Hempel）與奧本漢（Paul Oppenheim）所提出之理論，意指以普遍定律來涵括待說明的事件或現象，或是使用更普遍的定律來涵蓋待說明的定律。在給予前提條件下，透過一般法則的演繹和預測結果並加以驗證，因果與法則則相生相隨。

[13] 相關分析，利用綜合變數之關係來反映兩組指標（兩件事物）之間的相關係數（coefficient of correlation）的統計分析法。

[14] 理查・桑內特（1943-），美國社會學家，主要研究領域為城市中的社會紐帶以及現代世界中的城市生活如何對個人產生影響，現任教於紐約大學與倫敦政治經濟學院。

緒曼（Albert O. Hirschman Prize）獎項[15]。這座獎項意味著提利不凡學術生涯的頂峰以及頌揚他對社會科學投注的心力。提利早在1960年代就擔任美國社會科學研究會論文研究人員（SSRC dissertation fellows）的導師，並鼓勵獲得研究培訓獎學金的歷史學家瓊恩・史考特（Joan Scott）[16]從事跨學科的訓練。其實提利1955到1956年期間在法國從事檔案調查研究時，就是美國社會科學研究會論文研究獎學金的獲獎者，這段在法國的檔案研究時光，後來也促成他的第一本書《旺代》的出版。

提利最後一部關於「歷史的」社會科學、方法論與詮釋的著作是《詮釋社會進程》（Tilly 2008c），在此書的跋語中，提利表達其對於「少數具有雄心壯志的讀者在閱畢此書後，能夠被說服去跨越史學與社會科學之間疆界」的深切盼望（Tilly 2008c:203）。查爾斯・提利，就是這樣一位熟於跨越兩者界線的能士。為表彰與頌揚他與路易絲・提利（Louise Tilly）[17]畢生的貢獻，美國社會科學研究會與社會科學史協會（the Social Science History Association）[18]合作創設了查爾斯・提利、路易絲・提利社會科學史基金（The Charles Tilly and Louise Tilly Fund for Social Science History），目標在於提倡跨學科領域的「歷史的」社會科學，促使歷史學和社會科學致力於己身的學術事業。這個基金的任務在於，延續提利跨學科研究的學術

[15] 阿爾伯特・赫緒曼獎（Albert O. Hirschman Prize）用以授予卓越的社會科學研究者。首位得主為2007年的Dani Rodrik，最新得主則為2011年的Benedict Anderson。

[16] 瓊恩・史考特（1941-），美國歷史學家，以性別史研究蜚聲於世，現任職於普林斯頓高等研究院。

[17] 路易絲・提利（1930-）美國歷史學家，主要研究以結合社會學與歷史學的跨學科取徑為要務，曾任美國歷史學會會長。夫婿為本文傳主查爾斯・提利，並與其育有四子。

[18] 美國社會科學研究會與社會科學史協會成立於1976年，該會宗旨在於將不同學科，但皆對社會生活、歷史學、社會科學方法感興趣的學者相互連結，研究對象則是從中世紀的日常生活到當代全球政治。

遺產，期盼協助未來世代的學者繼續在跨越歷史學與社會科學界線的探索上努力，以及追尋對於社會進程更臻致完美的詮釋。

參考書目**

Aminzade, R., Goldstone, J., McAdam, D., Perry, E., Sewell Jr., W., Tarrow, S. and C. Tilly (2001). *Silence and Voice in the Study of Contentious Politics*. New York: Cambridge University Press.

Calhoun, C. (1996). The Rise and Domestication of Historical Sociology. In McDonald, T. (ed.), *The Historic Turn in the Human Sciences: Essays on Transformations in the Disciplines*. Ann Arbor: University of Michigan Press (305-38).

Hirschman, A. (1970). *Exit, Voice and Loyalty: Responses to Decline in Firms, Organizations and States*. Cambridge: Harvard University Press.

Landes, D. and C. Tilly (1971), (eds.). *History as Social Science*. Englewood Cliffs: Prentice Hall.

McAdam, D., Tarrow, S. and C. Tilly (2001). *Dynamics of Contention*. New York: Cambridge University Press.

Tarrow, S. (2008). Charles Tilly and the Practice of Contentious Politics. *Social Movement Studies* Vol. 7: 225-46.

Tilly, C. (1964). *The Vendee: A Sociological Analysis of the Counter-Revolution of 1793*. Cambridge, Mass.: Harvard University Press.

—— (1975), (ed.). *The Formation of National States in Western Europe*. Princeton: Princeton University Press.

—— (1978). *From Mobilization to Revolution*. New York: McGraw-Hill.

—— (1981). *As Sociology Meets History*. Series: Studies in Social Discontinuity. New York: Academic Press.

** 編按：此書目為原文所附。

—— (1984). *Big Structures, Large Processes, Huge Comparisons*. New York: Russel Sage Foundation.

—— (1985). War Making and State Making as Organized Crime. In Evans, P., Rueschemeyer, D. and T. Skocpol (eds.), *Bringing the State Back In*. Cambridge: Cambridge University Press (169-86).

—— (1986). *The Contentious French*. Cambridge: Belknap.

—— (1992). *Coercion, Capital and European States, AD 990-1992*. Series: Studies in Social Discontinuity. Cambridge: Blackwell.

—— (1993). *European Revolutions, 1492-1992*. Cambridge: Blackwell.

—— (1995). *Popular Contention in Great Britain, 1758-1834*. Cambridge: Harvard University Press.

—— (1997). *Roads from Past to Future: With a Review Essay by Arthur L. Stinchcombe*. Lanham: Rowman and Littlefield Publishers.

—— (1998). *Durable Inequality*. Berkeley: University of California Press.

—— (2002). *Stories, Identities and Political Change*. Lanham: Rowman and Littlefield Publishers.

—— (2004). *Contention and Democracy in Europe, 1650-2000*. New York: Cambridge University Press.

—— (2005a). *Identities, Boundaries and Social Ties*. Boulder: Paradigm.

—— (2005b). *Trust and Rule*. New York: Cambridge University Press.

—— (2006a). *Regimes and Repertoires*. Chicago: The University of Chicago Press.

—— (2006b). *Why?: What Happens When People Give Reasons ... and Why*. Princeton: Princeton University Press.

—— (2007). *Democracy*. Cambridge: Cambridge University Press.

—— (2008a). *Contentious Performances*. Cambridge: Cambridge University Press.

—— (2008b). *Credit and Blame*. Princeton: Princeton University Press.

—— (2008c). *Explaining Social Processes*. Boulder: Paradigm.

Tilly, C. and S. Tarrow (2006). *Contentious Politics*. Boulder: Paradigm.

譯者　陳建守

1981年生於台南。國立台灣師範大學歷史學系學士、碩士。現為國立台灣大學歷史學研究所博士候選人。2014-2015哈佛大學費正清研究中心訪問學員。

研究興趣為中國近現代思想文化史、中國近現代學術史以及當代西方史學理論。樂於觀察傳統與現代交會下，極度扭曲的人性樣態。著有《燕京大學與現代中國史學發展》，主編《史家的誕生：探訪西方史學殿堂的十扇窗》、《德／賽先生．五四運動研究書目》。另有〈近代中國概念詞彙之研究與展望：以『文藝復興』和『啟蒙運動』為例〉等單篇論文、翻譯及書評三十篇。

曾獲2013年中央研究院歷史語言研究所「黃彰健院士學術研究獎金」、2012-2013中央研究院近代史研究所博士候選人培育計畫訪問學員。

人名索引[*]

[*] 本索引擷取範圍僅限十位學者的學思歷程正文，不含序文、篇前導讀、書目及參考資料。

D

E

F

G

K

S

T

U

V

W

Do歷史06　PC0387

時代的先行者
——改變歷史觀念的十種視野

譯　　者／林俊宏、莊勝全、陳禹仲、陳建元、陳建守、傅揚、黃璐、
韓承樺、謝柏暉
主　　編／陳建守
責任編輯／鄭伊庭
圖文排版／詹凱倫、楊家齊
封面設計／秦禎翊

出版策劃／獨立作家
發 行 人／宋政坤
法律顧問／毛國樑　律師
製作發行／秀威資訊科技股份有限公司
地址：114 台北市內湖區瑞光路76巷65號1樓
電話：+886-2-2796-3638　傳真：+886-2-2796-1377
服務信箱：service@showwe.com.tw
展售門市／國家書店【松江門市】
地址：104 台北市中山區松江路209號1樓
電話：+886-2-2518-0207　傳真：+886-2-2518-0778
網路訂購／秀威網路書店：https://store.showwe.tw
國家網路書店：https://www.govbooks.com.tw

出版日期／2014年5月　BOD一版　**定價**／360元

|獨立|作家|
Independent Author

寫自己的故事，唱自己的歌

時代的先行者：改變歷史觀念的十種視野 / 陳建守主編；
林俊宏等合譯. -- 一版. -- 臺北市：獨立作家, 2014.05
面； 公分. -- (Do歷史；PC0387)
BOD版
ISBN 978-986-5729-10-3 (平裝)

1. 史學家 2. 學術思想 3. 文集

607 103005328

國家圖書館出版品預行編目

讀者回函卡

感謝您購買本書，為提升服務品質，請填妥以下資料，將讀者回函卡直接寄回或傳真本公司，收到您的寶貴意見後，我們會收藏記錄及檢討，謝謝！

如您需要了解本公司最新出版書目、購書優惠或企劃活動，歡迎您上網查詢或下載相關資料：http:// www.showwe.com.tw

您購買的書名：________________________________

出生日期：________年________月________日

學歷：□高中（含）以下　□大專　□研究所（含）以上

職業：□製造業　□金融業　□資訊業　□軍警　□傳播業　□自由業

□服務業　□公務員　□教職　□學生　□家管　□其它_____

購書地點：□網路書店　□實體書店　□書展　□郵購　□贈閱　□其他

您從何得知本書的消息？

□網路書店　□實體書店　□網路搜尋　□電子報　□書訊　□雜誌

□傳播媒體　□親友推薦　□網站推薦　□部落格　□其他__________

您對本書的評價：（請填代號　1.非常滿意　2.滿意　3.尚可　4.再改進）

封面設計____　版面編排____　內容____　文／譯筆____　價格____

讀完書後您覺得：

□很有收穫　□有收穫　□收穫不多　□沒收穫

對我們的建議：________________________________

____

____

____

請貼
郵票

11466
台北市内湖區瑞光路 76 巷 65 號 1 樓
獨立作家讀者服務部 收

（請沿線對折寄回，謝謝！）

姓　　名：__________ 年齡：______ 性別：□女　□男

郵遞區號：□□□□□

地　　址：____________________

聯絡電話：（日）__________ （夜）__________

E-mail：____________________